Java™ in der Anwendungsentwicklung

Gerald Ehmayer studierte bis 1993 Informatik an der Universität Linz. Anschließend war er Assistent am Forschungsinstitut für Angewandte Wissensverarbeitung in Hagenberg und ist seit 1995 an der Abteilung für Informationssysteme der Universität Linz. Hier – und seit 1997 an der Fachhochschule Hagenberg – lehrte er im Bereich Java und für den Lehrgang Medientechnik und Design zum Thema »Java und relationale Datenbanken«. Seit 1998 ist er als Mitarbeiter der Firma Servo Data (Wien, Linz, Graz, München, USA) im Bereich der Anwendungsentwicklung mit Web-Technologie tätig.

Siegfried Reich studierte Wirtschafts- und Verwaltungsinformatik an der Universität Linz und promovierte 1995 an der Universität Wien. Seit 1995 ist er Universitätsassistent an der Abteilung für Informationssysteme der Universität Linz. Derzeit absolviert er einen zweijährigen Forschungsaufenthalt an der Multimedia Research Group der Universität Southampton. Seine Forschungsinteressen umfassen offene Hypermedia-Systeme, Datenbankanbindung im World Wide Web und elektronisches Publizieren.

Gerald Ehmayer • Siegfried Reich

Java™ in der Anwendungsentwicklung

Objektorientierung, Verteilung, Datenbanken

Gerald Ehmayer
Abteilung für Informationssysteme
Johannes Kepler Universität Linz
Altenbergerstr. 69
A-4040 Linz
E-Mail: geh@servodata.co.at

Dr. Siegfried Reich
Abteilung für Informationssysteme
Johannes Kepler Universität Linz
Altenbergerstr. 69
A-4040 Linz
E-Mail: sre@ifs.uni-linz.ac.at

Lektorat: Dr. Michael Barabas
Satz: FrameMaker-Dateien der Autoren
Copy-Editing: Ingrid Erdmann, Düsseldorf
Herstellung: Josef Hegele
Umschlaggestaltung: Helmut Kraus, Düsseldorf
Druck: Koninklijke Wöhrmann B.V., Zutphen, Niederlande

Die Deutsche Bibliothek – CIP-Einheitsaufnahme
Ehmayer, Gerald:
Java in der Anwendungsentwicklung : Objektorientierung, Verteilung, Datenbanken / Gerald Ehmayer ; Siegfried Reich. – Heidelberg : dpunkt-Verl., 1998
   ISBN 3-920993-84-5

1. Auflage 1998
Copyright © 1998 dpunkt – Verlag für digitale Technologie GmbH
Ringstraße 19
69115 Heidelberg

JAVA und JDK sind eingetragene Warenzeichen der Firma Sun Microsystems.

Die vorliegende Publikation ist urheberrechtlich geschützt. Alle Rechte vorbehalten.
Die Verwendung der Texte und Abbildungen, auch auszugsweise, ist ohne die schriftliche Zustimmung des Verlags urheberrechtswidrig und daher strafbar. Dies gilt insbesondere für die Vervielfältigung, Übersetzung oder die Verwendung in elektronischen Systemen.

Alle Informationen in diesem Buch wurden mit größter Sorgfalt kontrolliert.
Weder Autor noch Verlag können jedoch für Schäden haftbar gemacht werden,
die in Zusammenhang mit der Verwendung dieses Buches stehen.

In diesem Buch werden eingetragene Warenzeichen, Handelsnamen und Gebrauchsnamen verwendet. Auch wenn diese nicht als solche gekennzeichnet sind, gelten die entsprechenden Schutzbestimmungen.

Das verwendete Papier ist aus chlorfrei gebleichten Rohstoffen hergestellt
und alterungsbeständig.

Vorwort

›The Network is the Computer‹ – dieser von Sun Microsystems sogar als Warenzeichen geschützte Begriff steht stellvertretend für eine Sichtweise von Informationssystemen, die der gegenwärtig vorherrschenden widerspricht. Sogenannte ›Thin Clients‹ – also schlank gehaltene Programme – sind angetreten, die bestehende Software abzulösen. Offene Standards sollen verhindern, daß ein Hersteller oder ein System dominiere. Gleichzeitig soll aber auch die Interoperabilität dieser Systeme gewährleistet werden. Und, wenn auch einige der Ideen so neu nicht sind, wie es vielleicht erscheinen mag, so kann man dennoch festhalten, daß insbesondere durch die gestiegene Popularität des Internet eine neue Welt eröffnet wurde. Global verteilte und dabei konsequenterweise interoperable Informationssysteme sind *das* Thema unserer Informationsgesellschaft!

Java hat zu dieser Entwicklung sicherlich einen großen Beitrag geleistet. Viele Endanwender denken bei Java vor allem an Applets, die die Gestaltung ›cooler‹ Web-Seiten erlauben. Aber mehr und mehr setzt sich die Idee plattformunabhängiger, verteilter Anwendungen auch in jenen Bereichen durch, wo Software das kommerzielle Überleben von Unternehmen garantiert.

Dieses Buch wendet sich an alle jene, die an Java als objektorientierter Programmiersprache zur Realisierung von Komponenten verteilter datenbankbasierter Informationssysteme interessiert sind. Das wesentliche Anliegen dieses Buches ist es, Konzepte Javas und deren beispielhafte Implementierung aufzuzeigen. Das Buch stellt daher keine komplette Referenz der Klassen des Java Development Kits dar, und auch die zahlreichen Beispiele beschränken sich auf den Kern der Problemlösung. Wir haben diese Einschränkung bewußt gewählt, um den Umfang des Buches überschaubar zu halten und dennoch eine umfassende Beschreibung der Konzepte Javas geben zu können.

Über dieses Buch

Seit etwa 1994 ist die Programmiersprache Java in aller Munde. An der Abteilung für Informationssysteme der Johannes Kepler Universität Linz haben wir durch unsere Forschungsschwerpunkte einerseits sowie durch unsere Lehrveranstaltungen andererseits alsbald Interesse an Java gefunden. So haben wir uns zum Beispiel dazu entschlossen, ab dem Wintersemester 1996 Java als Programmiersprache in der Grundausbildung der Linzer Informatikstudenten einzusetzen.

Neben dem Einsatz von Java in der Lehre haben wir Java auch in einer Reihe von Projekten zur Entwicklung von Komponenten von verteilten, datenbankbasierten Informationssystemen eingesetzt. Neben den Konzepten der Sprache waren wir als Entwickler auch an der eigentlichen Implementierung – also dem Quellcode – interessiert. Dieses Buch folgt dieser Philosophie. Es beschreibt die wesentlichen Konzepte Javas und versucht, das Verständnis dieser Konzepte durch einfache Beispiele in Quellcode zu untermauern.

Das Buch besteht im wesentlichen aus folgenden Teilen:

- Zu Beginn wird in die objektorientierten Konzepte der Programmiersprache Java eingeführt. Die Werkzeuge, die zur Erstellung von Java-Programmen erforderlich sind, werden erklärt und die für viele Anwendungen wesentlichen Kernklassen vorgestellt.
- Als nächstes werden Anwendungsszenariern verteilter Informationssysteme dargestellt und – darauf aufbauend – die Realisierung des Datenmanagements im World Wide Web beispielhaft herausgegriffen.
- Erweiterte Konzepte und deren Realisierung in Java wie die Parallelisierung von Programmabläufen, die Komponentenarchitekur JavaBeans oder das Behandeln von Ausnahmen, um nur einige zu nennen, bilden den Schwerpunkt des folgenden Abschnitts.
- Der abschließende Teil beschreibt Praxis-Erfahrungen mit dem Einsatz Javas einerseits und versucht andererseits, einen Ausblick in die absehbare Zukunft der Entwicklung Javas zu geben.

Neben dem linearen Aufbau des Buches erlauben ein umfangreiches Glossar, ein Index sowie viele Querverweise ein nichtsequentielles Lesen.

Danksagung

Wir möchten uns bei einer ganzen Reihe von Personen bedanken, die zur Entstehung dieses Buches beigetragen haben.

Unser erster Dank gilt den Mitarbeitern des *dpunkt.verlags*: Christa Preisendanz, die uns davon überzeugt hat, dieses Buchvorhaben zu starten; unser Hauptbetreuer und Ansprechperson, Dr. Michael Barabas, der uns insbesondere durch seine Geduld und ständige Präsenz via E-Mail begeistert hat und ohne den wir wahrscheinlich immer noch Java-Beispiele austesten würden; und Josef Hegele, der uns in Sachen FrameMaker tatkräftig unterstützt hat.

Auch unsere Kollegen der Abteilung für Informationssysteme haben zur Fertigstellung dieses Buches beigetragen. Prof. Gerti Kappel hat uns dabei unterstützt, dem Buch Struktur zu verleihen; Dipl.-Ing. Birgit Schröder hat uns durch Korrekturlesen und ihre Java-Kenntnisse ausgeholfen. Herbert Zaunmair hat immer darauf geachtet, daß wir eine lauffähige Systemumgebung hatten, in der wir unsere Beispiele testen konnten. Und Birgit Hauer hat uns tatkräftig bei den Editierarbeiten unterstützt.

Linz, im Mai 1998   Gerald Ehmayer
                                                               Siegfried Reich

Inhaltsverzeichnis

1	Einleitung	1
1.1	G'schichterln über Java	2
1.2	Aufbau und Inhalt des Buches	6
1.3	Konventionen	8

2	**Einführung in Java**	9
2.1	Die Programmiersprache Java	9
	2.1.1 Grundlagen der Objektorientierung	9
	2.1.2 Konzepte und Begriffe der Objektorientierung	10
	2.1.3 Aufbau von Java-Programmen	14
	2.1.4 Klassen	14
	2.1.5 Variablen und Methoden	15
	2.1.6 Instanziierung	17
	2.1.7 Konstruktor und Destruktor eines Objekts	18
	2.1.8 Ableitung und Vererbung	22
	2.1.9 Interfaces	26
	2.1.10 Innere Klassen	28
	2.1.11 Packages	29
	2.1.12 Zugriffsrechte auf Packages, Klassen, Methoden und Variablen	31
2.2	JDK-Entwicklungsumgebung	32
	2.2.1 Basiswerkzeuge	34
	2.2.2 RMI-Werkzeuge	46
	2.2.3 Werkzeuge zur Unterstützung von Mehrsprachigkeit	48
	2.2.4 JAR-Werkzeuge	48
	2.2.5 Sicherheitswerkzeuge	50
	2.2.6 IDL-Werkzeuge	50
	2.2.7 Servlet-Werkzeuge	51
	2.2.8 Selbständige Anwendungen	52
2.3	Produkte rund um Java	52

3 Kernklassen des JDK ... 55
3.1 Ein- und Ausgabe ... 55
3.1.1 Ein- und Ausgabe auf Dateien ... 56
3.1.2 Gefilterte Ein- und Ausgabe ... 58
3.1.3 Objektserialisierung ... 59
3.1.4 Pipes ... 61
3.1.5 Verketten von Datenströmen ... 62
3.2 Grafische Benutzeroberflächen ... 63
3.2.1 Allgemeines zu Application Frameworks ... 63
3.2.2 Prinzipieller Aufbau von GUIs ... 66
3.2.3 Anzeige der Komponenten ... 72
3.2.4 Kontrolle durch Ereignisbehandlung ... 74
3.2.5 Ereignisbehandlung des AWT 1.1 ... 77
3.2.6 Layout-Manager ... 79
3.2.7 Arbeiten mit Grafiken ... 87
3.3 Applets ... 92
3.3.1 Applet zu Applet-Kommunikation ... 95
3.3.2 Applets und JavaScript ... 96
3.3.3 Ereignis und Ereignisbehandlung mit JavaScript ... 98
3.3.4 Aufruf von Applet-Methoden aus JavaScript ... 99
3.3.5 Kommunikation von Applet zu HTML Seiten ... 100
3.4 Netzwerk ... 101
3.4.1 Allgemeines über Netzwerke ... 103
3.4.2 Arbeiten mit URLs ... 105
3.4.3 Datagrams ... 106

4 Anwendungsszenarios und Datenmanagement ... 109
4.1 Szenario ›Multimedialer Informationskiosk‹ ... 109
4.2 Szenario ›Multimediales Lernen‹ ... 111
4.3 Szenario ›Buchungssystem‹ ... 111
4.4 Szenario ›Software-Agenten‹ ... 113
4.5 Datenmanagement ... 116
4.5.1 Komponenten ... 117
4.5.2 Datenbankanbindung ... 119
4.5.3 Kriterien zur Datenbankanbindung ... 120
4.5.4 CGI – Common Gateway Interface ... 121
4.5.5 SSI – Server Side Include ... 122
4.5.6 Datenbank als HTTP-Server ... 123
4.5.7 Direkter Zugriff mit Java ... 124
4.5.8 Datenbankzugriff mit Hilfe externer Anwendungen ... 126
4.5.9 Datenbankzugriff mit Plug-Ins ... 126
4.5.10 Proxy-basierte Datenbankanbindung ... 126
4.5.11 Datenbankanbindung in HyperWave ... 127
4.5.12 Zusammenfassung ... 128

| 5 | Realisierung erweiterter Konzepte | 131 |

- 5.1 Middleware 131
  - 5.1.1 CORBA 131
  - 5.1.2 DCOM 133
  - 5.1.3 RMI 134
- 5.2 Parallelisierung 141
  - 5.2.1 Threads als Objekte 141
  - 5.2.2 Synchronisation von Threads 143
  - 5.2.3 Thread-Gruppen 145
  - 5.2.4 Ein simpler HTTP-Server 147
- 5.3 JavaBeans 149
  - 5.3.1 Das Bean Development Kit 151
  - 5.3.2 Eigenschaften 153
  - 5.3.3 Ereignisse 155
  - 5.3.4 Analyse einer Komponente 156
- 5.4 JDBC 157
  - 5.4.1 Laden eines JDBC-Treibers 159
  - 5.4.2 Der Verbindungsaufbau 159
  - 5.4.3 SQL-Kommandos an das DBMS senden 160
  - 5.4.4 Abfrageergebnisse verarbeiten 161
  - 5.4.5 Applets und JDBC 162
- 5.5 Ausnahmebehandlung 164
  - 5.5.1 Das Verwenden von Ausnahmen 165
  - 5.5.2 Java-Klassen für die Ausnahmebehandlung 167
  - 5.5.3 Eigene Klassen für die Ausnahmebehandlung 168
  - 5.5.4 Zur Problematik von Ausnahmebehandlungen 169
  - 5.5.5 Die Kosten von Ausnahmebehandlung 170
- 5.6 Erweiterbarkeit 170
  - 5.6.1 Funktionsumfang von Java Core Reflection 171
  - 5.6.2 Entwicklung kompatibler Anwendungen 173
- 5.7 Sicherheit 175
  - 5.7.1 Sicherheit und die Programmiersprache Java 176
  - 5.7.2 Sicherheit und die Java Virtual Machine (JVM) . 177
  - 5.7.3 Sicherheit und der Java-Klassenlader 178
  - 5.7.4 Sicherheit und die Java-Klassenbibliothek 178
  - 5.7.5 SSL und SHTTP 183
  - 5.7.6 Sicherheit in ActiveX 183
  - 5.7.7 Entwicklung sicherer Anwendungen mit Java 184
  - 5.7.8 Applets 186
- 5.8 Intelligente Agenten 187
  - 5.8.1 Java als Implementierungsplattform
    für Software-Agenten 188
  - 5.8.2 Entwicklungsplattformen in Java für Java 188
  - 5.8.3 Ein Java-Agent, der Schlüsselwörter
    aus Textdokumenten extrahiert 190
  - 5.8.4 WIDL – Web Interface Definition Language 191

6 Zusammenfassung und Ausblick **193**
6.1 Erfahrungen mit Java 193
6.2 Absehbare Entwicklungen 197

Literaturverzeichnis **203**

Glossar **213**

Reservierte Schlüsselwörter **227**

Index **229**

Abbildungsverzeichnis

Abb. 1–1	Java – Hauptinsel Indonesiens	2
Abb. 1–2	Der Duke	3
Abb. 1–3	Plattformunabhängigkeit	4
Abb. 2–1	Datenbankzugriff mit Hilfe der Java C-Schnittstelle	40
Abb. 2–2	Generierte Header-Datei	41
Abb. 2–3	Der Java-Appletviewer	45
Abb. 2–4	Der Browser HotJava	46
Abb. 3–1	Java-Klassen zur Eingabeverarbeitung	56
Abb. 3–2	Java-Klassen zur Ausgabeverarbeitung	57
Abb. 3–3	Aufruf von Funktionen aus einer Bibliothek durch ein Anwendungsprogramm	64
Abb. 3–4	Application Framework	64
Abb. 3–5	MVC-Paradigma in ET++	66
Abb. 3–6	Klassenhierarchie der Komponenten	67
Abb. 3–7	`Component`-Beispiele: `Menu`, `Canvas`, `Label`, `TextArea`, `List`, `TextField`, `Button`, `Checkbox`, `Choice`	68
Abb. 3–8	Schema eines Frames und dessen Kompenenten in der ersten Ebene	69
Abb. 3–9	Aufbau von Menüleiste und Menüpunkten	71
Abb. 3–10	Beispiel für die grafische Ausgabe in einem Applet	73
Abb. 3–11	Kontrollfluß nach Auslösen eines Events	75
Abb. 3–12	Klassenhierarchie der Layout-Manager in Java	79
Abb. 3–13	Beispiel für die Anzeige von `BorderLayout`	80
Abb. 3–14	Beispiel für die Anzeige von `CardLayout`	81
Abb. 3–15	Beispiel für die Anzeige von `FlowLayout`	82
Abb. 3–16	Beispiel für die Anzeige von `GridLayout`	82
Abb. 3–17	Beispiel für die Anzeige von `GridBagLayout`	85
Abb. 3–18	Koordinatensystem in Komponenten	87
Abb. 3–19	Beispiel für die Verwendung von `Graphics`-Objekten mit `EventHandling` in den Komponenten `Scrollbar` und `Canvas`	89
Abb. 3–20	Beispiel der Einbindung eines Applets in eine HTML Datei	93
Abb. 3–21	Lebenszyklus eines Applets	94
Abb. 3–22	Objekthierarchie in JavaScript	98

Abb. 3–23	Java-Klassen für Netzwerkanwendungen	102
Abb. 3–24	ISO/OSI-7-Schichten Modell	103
Abb. 3–25	Netzwerkzugriff über Ports	104
Abb. 4–1	Ein typisches Infoterminal	110
Abb. 4–2	Datenbankanbindung mit CGI	121
Abb. 4–3	Datenbankanbindung mit SSI	122
Abb. 4–4	Datenbank als HTTP-Server	123
Abb. 4–5	Datenbankzugriff mit JDBC	124
Abb. 4–6	Datenbankzugriff mit externen Anwendungen	126
Abb. 4–7	Datenbankzugriff in HyperWave	127
Abb. 5–1	CORBA — Common Object Request Broker Architecture	133
Abb. 5–2	Client/Server-Beispiel mit RMI	135
Abb. 5–3	Architektur des RMI-Systems	138
Abb. 5–4	Zustandsänderung eines Threads mit den entsprechenden Messages	142
Abb. 5–5	JavaBeans	150
Abb. 5–6	BeanBox mit drei Komponenten	151
Abb. 5–7	Auswahl des Ereignisses für den Button Stop	153
Abb. 5–8	Zur Auswahl stehende Methoden des Jugglers zur Ereignisbehandlung	153
Abb. 5–9	Datenbankzugriffe mit JDBC	158
Abb. 5–10	Ausnahmen als first-class-Objekte	165
Abb. 5–11	Spezifikation von Ausnahmen	165
Abb. 5–12	Java-Framework-Klassen für die Ausnahmebehandlung	167
Abb. 5–13	Dynamisches Abfragen und Aufrufen von Methoden	172
Abb. 5–14	Java-Bytecode und Verifikationsprozeß	177
Abb. 5–15	Lesen der Datei `/etc/passwd`	179
Abb. 5–16	Individuelles Anpassen der Zugriffsrechte mit Internet Explorer	182
Abb. 5–17	Anwendung des Finger- Dienstes mit Hilfe der Aglets WorkBench	189
Abb. 5–18	Beispiel einer Anwendung mit WIDL	192
Abb. 6–1	›SubArctic-lense‹ zum Debuggen von Benutzerschnittstellen	195
Abb. 6–2	Zeitaufwand typischer Anwendungen für Garbage Collection, Synchronisation und Interpretation	198

Tabellenverzeichnis

Tab. 2–1 Objektorientierte Konzepte in Java, C++ und SmallTalk ... 12
Tab. 2–2 Zugriffsrechte auf Variablen und Methoden 32
Tab. 4–1 Varianten der Datenbankanbindung und ihre Merkmale... 128
Tab. 5–1 Zuordnung von SQL-Datentypen in JDBC 162
Tab. 5–2 `SecurityManager` und Zugriffsmöglichkeiten für
 Applets.. 180
Tab. 5–3 Systemoptionen und Lesezugriff für Java-Applets 181
Tab. 5–4 Systemoptionen und nicht erlaubte Lesezugriffe
 für Java-Applets................................ 181
Tab. 5–5 Sicherheitskategorien und betroffene Methoden......... 185
 Reservierte Schlüsselwörter in Java 227

1 Einleitung

Java hat als objektorientierte Programmiersprache innerhalb kurzer Zeit viel Aufregung hervorgerufen. Einer der Gründe dafür liegt sicherlich in Javas Verbindung mit dem Internet beziehungsweise dem World Wide Web. Andere Merkmale Javas wie die Plattformunabhängigkeit oder auch das parallele Abarbeiten von Programmcode, um nur einige zu nennen, haben ebenfalls zum ›Hype‹ um die Sprache Java beigetragen – auch wenn viele dieser Konzepte aus anderen Sprachen und Entwicklungsumgebungen bekannt waren und dort realisiert sind.

Java in der Anwendungsentwicklung konzentriert sich auf drei wesentliche Merkmale Javas: die *Objektorientierung*, die Unterstützung von Konzepten für *Verteilung* sowie die *Datenbankanbindung*. Dies wird auch durch den Untertitel ausgedrückt.

Objektorientierte Konzepte [KAPP96] wie Vererbung, Datenkapselung und Polymorphismus sind für die Realisierung vieler Merkmale Javas wesentlich. Die Vererbung und das Überschreiben von Klassen und Methoden beispielsweise erlaubt das Wiederverwenden und gleichzeitig das Anpassen bestehender Funktionalität an spezifische Anforderungen. Die Datenkapselung ermöglicht das Definieren von Zugriffsrechten. Der Polymorphismus wiederum stellt eine Kerneigenschaft zur Realisierung der Plattformunabhängigkeit dar.

Wie bereits im Vorwort angedeutet, sind *verteilte,* interoperable Informationssysteme aus technischer Sicht eine der wesentlichen Herausforderungen an die Informationsgesellschaft. Als Definition für ein verteiltes System verwenden wir jene von *Bal* [BAL90]: ›*Ein verteiltes System besteht aus mehreren autonomen Prozessen, die sich keinen (Haupt-)Speicher teilen, aber durch Senden von Nachrichten über ein Netzwerk kommunizieren.*‹

Diese Definition mag relativ allgemein erscheinen. Das Internet als verteiltes System läßt sich aber damit ausgezeichnet beschreiben: *Prozesse* (z.B. ein Web-Browser) kommunizieren durch Senden von *Nachrichten* (z.B. die GET-Methode des Hypertext Transfer Protocol) über ein *Netzwerk* (das Internet) mit anderen *Prozessen* (z.B. einem Web-Server). Sie teilen sich dabei keinen Speicher. Auf dieselbe Art und Weise verlaufen auch Kommunikation und Datenmanipulation in den Szenarios, die unter anderem die Grundlage dieses Buches bilden (siehe *Anwendungsszenarios und Datenmanagement*, S. 109).

Das dritte wesentliche Merkmal Javas ist die *Datenbankanbindung*. Der Hauptgrund dafür liegt nicht so sehr darin, daß wir an der Abteilung für Informationssysteme einen Forschungsschwerpunkt im Bereich Datenbanken setzen, sondern vielmehr in der Tatsache, daß Datenbanken über essentielle Eigenschaften für Informationssysteme verfügen. Dazu zählen beispielsweise die Persistenz, die Mehrbenutzerfähigkeit, die Verteilung, das Transaktionsmanagement und das Recovery. Aus der Sicht eines Java-Entwicklers erscheint es sinnvoll, diese bestehende Funktionalität und darüber hinaus auch existierende Daten zu verwenden. Java dient dabei als verbindende Komponente verteilter Informationssysteme und stellt teilweise auch selbst einfache Merkmale von Datenbanken zur Verfügung. Als Beispiel seien die Objektserialisierung und die sogenannten Java Spaces genannt (siehe auch *Objektserialisierung*, S. 59 und *Java Spaces*, S. 219).

1.1 G'schichterln über Java ...

James Gosling ist Mitentwickler des UNIX emacs und des NeWS Window-Systems

James Gosling – einer der Hauptentwickler von Java – hatte ›seine‹ Sprache ursprünglich *oak* genannt (vor seinem Büro bei Sun Microsystems gibt es einen großen Eichenbaum). Als später der Name oak von Sun geschützt werden sollte, stellte man fest, daß es bereits eine Programmiersprache mit diesem Namen gab. Nach etwas Brainstorming, verbunden mit einem Besuch in einem Coffee-Shop, war der Name *Java* gefunden. Java bedeutet übrigens wirklich ›Kaffee‹ beziehungsweise bezeichnet die Hauptinsel Indonesiens und ist keine Abkürzung für ›Just Another Vague Acronym‹ [HOFF96].

*Abb. 1–1
Java – Hauptinsel Indonesiens*

Im allgemeinen Verständnis ist Java eine Programmiersprache für das Internet. Ursprünglich jedoch wurde die Sprache von Sun für den Einsatz im

Bereich der Haushaltselektronik entwickelt. Die Idee dabei war, möglichst unabhängig von der Hardware zu sein und eine robuste Sprache zur Verfügung zu haben, die leicht erlernbar ist. Die Hauptanforderungen entstanden dabei dadurch, daß

- die Komponenten von Haushaltselektronikgeräten sich rasch ändern und bei einer Änderung nicht jedesmal der Quellcode neu übersetzt und adaptiert werden sollte.
- übersetzende Sprachen wie C oder C++ nur durch Neuübersetzen an geänderte Klassenbibliotheken angepaßt werden können.
- Software in Haushaltselektronik besonders benutzerfreundlich und sicher sein muß.
- Haushaltselektronikgeräte eine lange Lebensdauer haben – zumindest im Vergleich zu Software-Produkten – und somit die Erweiterbarkeit beziehungsweise Austauschbarkeit bei Wartung oder Reparatur gegeben sein muß.

So wurde 1991 begonnen, Erweiterungen zur Sprache C++ zu entwickeln. Diese Erweiterungen erwiesen sich allerdings als nicht zielführend im Hinblick auf Plattformunabhängigkeit, Sicherheit und Robustheit. Das Ergebnis war eine neue Programmiersprache: Java.

Das erste Projekt, in dem Java eingesetzt wurde, nannte sich *Green Project*. Es diente zum Experimentieren mit grafischen Benutzerschnittstellen für den Heimbereich, also für Videorecorder, Telefone, Fernseher usw. Dazu wurde ein eigenes Hardwaredisplay geschaffen, auf dem ein animierter Wohnraum dargestellt wurde. Benutzer konnten durch Antippen mit dem Finger die einzelnen Geräte manipulieren. Die komplette Software wurde in Java erstellt. Das Java-Maskottchen Duke stammt übrigens von den für das Projekt angefertigten Animationen.

Abb. 1–2
Der Duke

Im Jahre 1994 begann das World Wide Web, sich so richtig durchzusetzen. Die Entwickler von Java erkannten, daß sie mit ihrer Sprache und Programmierumgebung sehr einfach einen ›coolen‹ Browser entwickeln konnten. Dieser Browser – HotJava – wurde im Mai 1995 im Rahmen der Messe ›Sun World‹ vorgeführt, und der Run auf Java begann.

Aus Sicht des Programmierers ist Java gekennzeichnet durch wenige Sprachkonstrukte (besonders etwa im Vergleich zu C oder gar C++). So verfügt Java über keine `goto`-Statements (auch wenn das Wort `goto` als Schlüsselwort reserviert ist), es gibt keine `header`-Dateien, kein `struct` oder `union`, keinen `preprocessor` und auch keine Zeiger. Dadurch ist die Sprache weniger komplex und somit leichter lernbar – und auch weniger fehleranfällig.

In einer Kurzübersicht lassen sich die wesentlichen Merkmale von Java folgendermaßen zusammenfassen [BACK96]:

- Objektorientierung: Java ist ›voll‹ objektorientiert, d.h., die Sprache unterstützt alle wesentlichen objektorientierten Konzepte (siehe auch *Grundlagen der Objektorientierung*, S. 9).
- Interpretation: Java wird interpretiert und ist damit relativ plattformunabhängig (siehe auch Abb. 1–3). Spezielle Entwicklungen für Echtzeitanwendungen (Just-in-time Übersetzer) erlauben auch das Übersetzen von Javacode.
- Robustheit: Java verfügt über Mechanismen, die die Robustheit unterstützen. Zu ihnen zählen das Vermeiden von Zeigern, automatische Garbage-Collection, strenge Typprüfung und das Unterstützen von Ausnahmen.
- Sicherheit: Bei der Definition der Sprache Java wurde besonderer Wert darauf gelegt, sprachbezogene Sicherheitslücken, wie sie aus C und C++ bekannt sind, zu schließen. Zu den Sicherheitsmerkmalen der Programmiersprache Java zählen Verzicht auf Zeigerarithmetik, nur geprüfte Typumwandlungen, sichere Speicherverwaltung durch automatische Garbage-Collection und erzwungene Initialisierung von Variablen (siehe auch *Sicherheit*, S. 175).

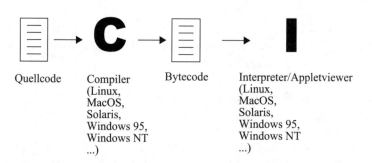

Abb. 1–3
Plattformunabhängigkeiteit in Java.

Quellcode — Compiler (Linux, MacOS, Solaris, Windows 95, Windows NT ...) — Bytecode — Interpreter/Appletviewer (Linux, MacOS, Solaris, Windows 95, Windows NT ...)

Die Objektorientierung ist eine wesentliche Eigenschaft von Java. Gemeinsam mit dem Konzept des Application Frameworks lassen sich nach einer entsprechenden Einlernzeit sehr einfach und schnell Programme erstellen.

Ausschlaggebend für den Erfolg von Java ist aber die Verbindung mit dem Internet und die daraus resultierende mitgelieferte Funktionalität. Das Java Framework stellt eine Reihe von Klassen und Methoden zur Verfügung, die auf einfache Weise das Erstellen von Client/Server-Anwendungen für Internet und Intranet erlauben. So ganz ›nebenbei‹ wird auch noch Multithreading unterstützt, also das gleichzeitige Ausführen verschiedener Programmteile.

Die Programmiersprache Java bildet den Kern einer Reihe von Produkten, die alle um diese Sprache herum entstanden sind beziehungsweise noch entstehen. Zu ihnen zählen:

- die Entwicklungsumgebung: Mit JDK, Übersetzer, Debugger und Dokumentationswerkzeug.
- der Browser HotJava: Der Browser erlaubt die plattformunabhängige Darstellung von HTML-Seiten.
- die Java Virtual Machine: Die virtuelle Maschine bildet die Basis für alle Java-Programme. Sie interpretiert den Bytecode und ist auch für das Einhalten der Sicherheitsrestriktionen verantwortlich.
- das Betriebssystem JavaOS: Ein eigenes Betriebssystem, das low-level-Befehle zur Verfügung stellt, auf die dann die Java Virtual Machine aufbaut. JavaOS wurde insbesondere für die sogenannten Personal Digital Assistants (PDAs) wie z.B. den Apple Newton entwickelt, um auch auf diesen Maschinen Java-Programme laufen lassen zu können.
- die JavaChips: JavaChips sind spezielle Prozessoren, die Java-Befehle verarbeiten können. Durch die Verarbeitung der Befehle auf Maschinenebene wird die Leistung von Java-Programmen erhöht. Da diese JavaChips billig herzustellen sind, wird durch sie der sogenannte ›Netzwerk-Computer‹ möglich.
- die JavaBeans: Eine Programmierschnittstelle, die ein Komponentenmodell in Java implementiert, vergleichbar mit Microsofts OLE/ActiveX oder Apples OpenDoc (siehe auch *JavaBeans*, S. 149).

ActiveX, Inferno und JavaScript

Die größten Kontrahenten von Java heißen ActiveX von Microsoft und Inferno von Lucent Technologies. Ziel von ActiveX ist die Integration von Desktop- und Web-Technologie. Dadurch sollen interaktive Anwendungen schneller und leichter erstellt werden können. ActiveX ist derzeit allerdings nur unter Windows 95/NT verfügbar.

Inferno zielt eher auf die Integration von Komponenten für den Video-On-Demand-Markt mit dem Internet ab. Inferno verfügt über eine eigene Programmiersprache und ebenfalls das Konzept der virtuellen Maschine; Portierungen für Windows 95/NT und UNIX existieren.

In diesem Zusammenhang muß auch JavaScript erwähnt werden, obwohl es mit ActiveX und Inferno nicht verglichen werden kann. JavaScript und Java haben etwa gleich viel gemeinsam wie C und die C-Shell. JavaScript ist ein eigenständiges Produkt, das interaktive HTML-Seiten ohne größeren Programmieraufwand ermöglicht. Während Java eine vollwertige, objektorientierte Programmiersprache darstellt, die gewisse Erfahrung im Software-Entwurf voraussetzt, ist JavaScript eine objektbasierte Skriptsprache. JavaScript-Programme werden direkt in HTML-Dokumente eingebettet und vom Browser interpretiert. Somit können dynamische beziehungsweise interaktive WWW-Seiten auf einfache Art realisiert werden.

Die eher lose Verwandtschaft zur Sprache Java ergibt sich – neben der Namensähnlichkeit – aus einer teilweise analogen Syntax, wie zum Beispiel der Benutzung des "+" zur Zeichenverkettung.

1.2 Aufbau und Inhalt des Buches

Das Buch folgt im wesentlichen einer linearen Struktur. Beginnend bei der Sprache Java und den Werkzeugen zur Programmentwicklung in *Kapitel 2*, beschreibt das folgende *Kapitel 3* die Kernklassen, die Sie bei der Erstellung jeder Anwendung brauchen. *Kapitel 4* beschreibt dann einige beispielhafte Anwendungsszenarios, die auf die Merkmale verteilter Informationssysteme hinweisen. Das Datenmanagement im World Wide Web wird als Beispiel möglicher Realisierungen von Datenbankanbindungen herausgegriffen und es werden verschiedene Architekturvarianten erklärt. Als nächstes hat *Kapitel 5* die Realisierung erweiterter Konzepte Javas wie etwa die Parallelisierung und die Sicherheit zum Schwerpunkt. *Kapitel 6* gibt eine Zusammenfassung unserer Erfahrungen mit Java und versucht einen Ausblick auf die kommenden Jahre im Bereich der Entwicklung Javas und seiner Anwendungen.

Wenn auch der grundsätzliche Aufbau linear ist, so können Sie als Leser dennoch überall ›einsteigen‹: Sind Sie mit den objektorientierten Eigenschaften Javas und den Werkzeugen schon vertraut, können Sie gleich zu den Kernklassen verzweigen; oder Sie sind an der Realisierung erweiterter Konzepte in Java interessiert, dann wird Kapitel 5 das richtige sein. Wir haben uns bemüht, durch viele Querverweise auch das Hin- und Herspringen zwischen den einzelnen Abschnitten des Buches zu erleichtern. Darüber hinaus haben wir im Anhang ein umfangreiches *Glossar* zum Nachschlagen sowie einen *Index* zum schnellen Auffinden von Informationen erstellt.

Die Kapitel im einzelnen haben folgenden Aufbau und Inhalt:

- ❑ Kapitel 2 *Einführung in Java* führt in die Programmiersprache Java ein. Es beschreibt die zur Erstellung von Java-Programmen notwendigen Werkzeuge und gibt eine Übersicht über Produkte rund um Java. Die objektorientierten Konzepte Javas sowie eine Gegenüberstellung mit C++ und SmallTalk bilden den Schwerpunkt des ersten Abschnitts. Ziel dieses Kapitels ist einerseits, Programmierer mit den speziellen Konzepten von Java vertraut zu machen und

1.2 Aufbau und Inhalt des Buches

andererseits soviel Wissen aufzubauen, daß die Beispiele in den folgenden Kapiteln des Buches selbst getestet beziehungsweise erweitert werden können.

- Kapitel 3 *Kernklassen des JDK* beschreibt jene Teile des Java Development Kit, die für viele Anwendungen grundsätzliche Funktionalität zur Verfügung stellen. Dazu zählen Klassen für die Ein- und Ausgabe, Klassen zur Gestaltung grafischer Benutzerschnittstellen, Klassen zur Kommunikation über Netzwerke sowie Applets. Neben der Beschreibung der funktionalen Merkmale der jeweiligen Klassen werden auch die zugrundeliegenden Konzepte erklärt. Diese umfassen Frameworks im allgemeinen, die Ereignisbehandlung im Bereich Benutzerschnittstellen, das TCP/IP-Netzwerk sowie Applets. Ziel dieses Kapitels ist es, den Entwickler mit jenen fundamentalen Klassen des Java Development Kit vertraut zu machen, deren Kenntnis in beinahe allen Anwendungen erforderlich ist.

- Kapitel 4 *Anwendungsszenarios und Datenmanagement* beschreibt vier beispielhafte Anwendungen verteilter Informationssysteme, nämlich einen Informationskiosk, multimediales Lernen, ein Buchungssystem sowie Software-Agenten. Aufbauend auf diesen Szenarios werden die wesentlichen Architekturkomponenten verteilter Informationssysteme beschrieben. Der Anbindung von Datenbanken an das World Wide Web kommt dabei besondere Bedeutung zu. Nicht zuletzt deshalb, weil der richtige Einsatz eines Datenbanksystems wesentlich zum Erfolg eines Informationssystems beiträgt. Verschiedene Varianten der Datenbankanbindung werden erklärt und deren Vor- und Nachteile gegenübergestellt. Ziel dieses Kapitels ist es aufzuzeigen, daß es nicht eine ideale Lösung beziehungsweise Implementierungsform der Datenbankanbindung gibt, sondern eine Reihe von Alternativen, deren Stärken und Schwächen in den jeweiligen Anwendungsszenarios zum Tragen kommen.

- Kapitel 5 *Realisierung erweiterter Konzepte* befaßt sich mit den erweiterten Konzepten Javas sowie deren Implementierung. Zu diesen Konzepten zählen die Verteilung mit RMI, die Parallelisierung von Programmabläufen mit Threads, das Komponentenmodell JavaBeans, die Datenbankanbindung mit JDBC, das Behandeln von Ausnahmen, die Erweiterbarkeit und die Sicherheit. Ziel dieses Kapitels ist es, die grundsätzliche Funktionsweise sowie die Einsetzbarkeit der erweiterten Konzepte aufzuzeigen. Auf mögliche Probleme, die bei der Implementierung auftreten, wird eingegangen.

- Kapitel 6 *Zusammenfassung und Ausblick* faßt die wesentlichen praktischen Erfahrungen zusammen, die wir an der Abteilung für

Informationssysteme mit Java gemacht haben, und geht dann auf neuere beziehungsweise künftig absehbare Entwicklungen rund um Java ein. Dieses Kapitel reflektiert die tatsächliche Einsetzbarkeit Javas.

Im Anhang finden sich ein Literaturverzeichnis (*Literaturverzeichnis*, S. 203), ein umfangreiches Glossar (*Glossar*, S. 213), eine Tabelle der reservierten Schlüsselwörter Javas (*Reservierte Schlüsselwörter*, S. 227) sowie ein Index (*Index*, S. 229).

1.3 Konventionen

Folgende Konventionen wurden für die Darstellung der Beispiele verfolgt. Befehle, Dateinamen usw., die direkt im Text vorkommen, werden in `Courier 9 Punkt` dargestellt, also etwa:

```
javac HelloWorld.java
```

Grundsätzlich werden englische Bezeichner verwendet. Variablennamen beginnen mit einem Kleinbuchstaben. Zur semantischen Trennung innerhalb eines Namens werden Großbuchstaben verwendet, also etwa:

```
int noOfDays;
```

Methodennamen (mit Ausnahme der Konstruktoren) beginnen mit einem Kleinbuchstaben, Klassennamen beginnen mit einem Großbuchstaben, Instanzennamen mit einem Kleinbuchstaben, also etwa:

```
public class PrintManager extends Object {
   private Dictionary printers = new Dictionary[ 10] ;
   private Printer currentPrinter;
public PrintManager(){
}
public void installPrinter (String name) {
}
```

Sämtliche Beispiele dieses Buches wurden auch ausprogrammiert. Als Programmierumgebung wurde dabei der Java Development Kit (JDK) in den Versionen 1.0.2 bis 1.2 verwendet. Als Betriebssystem benutzten wir Solaris 2.5, Windows 95 sowie MacOS 7.6.1. Im allgemeinen sollten alle Beispiele auf jeder dieser Plattformen lauffähig sein. Falls plattform- oder versionsspezifische Besonderheiten berücksichtigt werden müssen, ist dies explizit angemerkt.

2 Einführung in Java

Java ist eine objektorientierte Programmiersprache. Wie bei jeder anderen Programmiersprache auch, sind Java-Entwickler daher auf Bibliotheken beziehungsweise Frameworks angewiesen, die die Entwickler bei der Erstellung von Software-Systemen unterstützen.

Dieses Kapitel führt somit in Java als Programmiersprache ein. Die Grundlagen, Konzepte und Begriffe der objektorientierten Programmierung werden erklärt und die wesentlichen objektorientierten Konzepte Javas mit jenen von C++ und SmallTalk verglichen.

Nach der Einführung in Java als Programmiersprache erfolgt eine Übersicht über die Werkzeuge, die zur Erstellung beziehungsweise zum Ablauf von Java-Programmen notwendig sind. Die Werkzeuge wurden dabei in Kategorien eingeteilt und die grundsätzliche Funktionsweise beziehungsweise der Einsatzzweck eines jeden Werkzeugs beschrieben.

Der letzte Abschnitt dieses Kapitels beschreibt überblicksartig Produkte, die rund um Java existieren oder im Entstehen begriffen sind.

2.1 Die Programmiersprache Java

Java ist eine objektorientierte Programmiersprache, die in Verbindung mit einer Reihe von Frameworks und Werkzeugen eine mächtige Entwicklungsplattform darstellt. Der folgende Abschnitt widmet sich der Programmiersprache Java und hier vor allem den objektorientierten Konzepten der Sprache.

2.1.1 Grundlagen der Objektorientierung

Die Software-Krise, die 1968 bei einer NATO-Konferenz ›festgestellt‹ wurde, diente als Ansporn für neue Entwicklungen im Bereich der Software-Technik. Das Paradigma der objektorientierten Programmierung löst jenes der funktionsorientierten Programmierung ab: Funktionsorientiert bedeutet, daß die Daten eine untergeordnete Rolle spielen. Ein Anwendungssystem wird im Laufe des Entwurfs von allgemeiner Funktionalität (z.B. ›Datei öffnen‹) bis zur Funktionalität auf unterster Ebene (z.B. `›readByte(FILEHANDLE)‹`) herabgebrochen. Objektorientiert bedeutet, daß Daten und Funktionen nicht getrennt werden, folglich betrachtet man beim Software-Entwurf in erster Linie die beteiligten Objekte und jene Daten, die zur Abbildung dieser Objekte benötigt werden.

Top Down Design, funktionale Zerlegung und schrittweise Verfeinerung stellen die Eckpunkte der funktionalen Programmierung dar. Folgende Probleme können dabei auftreten [HITZ92]:

- ❑ Oft ist es schwer, auf höchster Ebene zerlegbare Funktionen zu finden. Beispiel Betriebssystem: Wie kann man sagen, welche Funktionen notwendig sind, damit nicht nur eine funktionale Zerlegung erreicht wird, sondern die Lösung auch effizient und wartbar ist.
- ❑ Die Dekomposition resultiert oft in schwer wiederverwendbaren Komponenten, weil ein und dieselbe Funktionalität oft mehrmals programmiert wird. Funktion Z wird beispielsweise in die Funktionen X und Y zerlegt, das gleiche passiert etwa auch mit C (Zerlegung in A und B). Durch die Zerlegung von Z und C in ihrem jeweiligen Kontext kann leicht übersehen werden, daß etwa A und X Gemeinsamkeiten haben. Selbst wenn Gemeinsamkeiten festgestellt werden, ist es dann oft zu umständlich, eine gemeinsame Funktion zu verwenden, weil es doch kleine Unterschiede gibt.
- ❑ Änderungen auf hoher Ebene müssen bis in untere Schichten durchgezogen werden und sind daher oft aufwendig zu implementieren.

Bertrand Meyer [MEYE88] spricht bei objektorientierter Programmierung auch vom ›Einkaufslistenansatz‹

Bei der objektorientierten Programmierung (OOP) liegt das Hauptaugenmerk auf den Daten, die Funktionen werden aber selbstverständlich auch berücksichtigt. Bewährte Konzepte wie etwa die Datenkapselung und das Geheimnisprinzip werden wiederverwendet.

2.1.2 Konzepte und Begriffe der Objektorientierung

Im folgenden werden die objektorientierten Konzepte, wie sie im weiteren Verlauf dieses Buches benötigt werden, definiert und erklärt (siehe auch [KAPP96]):

- ❑ Objekte: Wer oder was ein Objekt darstellt, ist Entscheidung im Design-Prozeß. Im Grunde kann alles Konkrete oder Abstrakte ein Objekt darstellen. Die Menge aller Objekte bildet ein objektorientiertes System.
- ❑ Klassen: Klassen fassen gleichartige Objekte zusammen. Sie stellen benutzerdefinierte Datentypen dar, die Objekte beschreiben,

und basieren auf einer Erweiterung der Darstellungsweise von Datenstrukturen in funktionalen Programmiersprachen.
- Instanzen: Jedes Objekt stellt die Instanz einer Klasse dar. Wird zur Laufzeit ein Objekt generiert, spricht man von der Instanziierung einer Klasse, die jenes Objekt definiert.
- Instanzvariablen: Instanzvariablen enthalten Ausprägungen (Daten) einer Instanz, d.h. eines Objekts.
- Klassenvariablen: Klassenvariablen enthalten Ausprägungen einer Klasse, die für alle Instanzen dieser Klasse gleich sind (z.B. Name der Klasse).
- Methoden und Messages: Die Methoden einer Klasse entsprechen ausführbaren Funktionen. Von einer Message spricht man, wenn ein Objekt die Methode eines anderen Objekts aufruft. Objekte können auch sich selbst eine Message schicken.
- Abgeleitete Klassen, Unterklassen: Abgeleitete Klassen stellen verschiedene Spezialisierungen einer bestimmten Klasse dar. Jede Unterklasse erbt die Eigenschaften ihrer Superklasse, d.h. jener Klasse, von der abgeleitet wurde.
- Vererbung: Daten und auch Funktionen können durch Ableiten vererbt werden, das heißt, eine Unterklasse kennt die Daten und Methoden ihrer Superklasse inklusive jener Daten und Methoden, die diese Superklasse durch eventuelles Ableiten wiederum geerbt hat, usw.
- Klassenhierarchie: Klassenhierarchien gibt es mit einer Wurzel, das heißt, es gibt nur eine Klasse, die keine Superklasse besitzt (Baumstruktur oder Einfachvererbung, z.B. in SmallTalk und Java), oder mit beliebig vielen Wurzeln (Waldstruktur oder Mehrfachvererbung, z.B. in C++).
- Mehrfachvererbung: Mehrfachvererbung liegt dann vor, wenn eine Klasse mehrere Superklassen hat, also von mehr als einer Klasse abgeleitet wurde. Es ergibt sich eine erhöhte Komplexität im Verhalten solcher Klassen und ist auch technisch nur mit hohem Aufwand realisierbar! Java unterstützt keine Mehrfachvererbung.
- Überladen (overloading): Als Überladen bezeichnet man die Tatsache, daß für eine bestimmte Klasse gleichnamige Methoden definiert werden können, die sich in mindestens einem Eingabeparameter unterscheiden. Beim Aufruf einer solchen Methode wird anhand der Typen der übergebenen Parameter entschieden, welche Implementierung auszuführen ist. In C++ können auch Operatoren wie beispielsweise "+" oder "-" überladen werden (operator overloading). Java erlaubt diese spezielle Art des Überladens von Operatoren nicht.
- Virtuelle Methoden (Überschreiben/overriding): Eine bestimmte Methode kann auf jeder Ebene in der Klassenhierarchie implemen-

tiert werden. Von einer virtuellen Methode spricht man, wenn sie zwar für eine Superklasse aufgerufen werden kann, jedoch die Implementierung jener Unterklasse ausgeführt wird, der das jeweilige Objekt zur Laufzeit angehört.

- Dynamisches Binden (auch spätes Binden): Dynamisches Binden ist für die Realisierung von virtuellen Methoden notwendig. Dynamisches Binden bedeutet, daß erst zur Laufzeit entschieden wird, welche Methode auszuführen ist.
- Abstrakte Klassen: Abstrakte Klassen sind Klassen, die nicht instanziiert werden können.
- Polymorphismus (Vielgestaltigkeit): Polymorphismus bezeichnet die Fähigkeit, verschiedene Gestalt anzunehmen. Polymorphe Operationen (= virtuelle Methoden) können auf heterogene Objekte (beliebig spezialisierte Objekte mit gemeinsamer Superklasse, welche meistens abstrakt ist) angewendet werden.
- Kapselung: Kapselung bezeichnet die gemeinsame Definition von Daten und Operationen, also Struktur und Verhalten eines Objekts.
- Geheimnisprinzip (Information Hiding): Information Hiding heißt, daß der Zustand eines Objekts vor unerlaubtem Zugriff geschützt wird. Die Manipulation eines Objekts erfolgt über eine eindeutige Schnittstelle zur Außenwelt. Dies wird durch die Unterscheidung nach öffentlichen (jeder kann zugreifen), geschützten (nur die erbenden Klassen), sowie privaten (niemand außer der Klasse selbst) Instanzvariablen und Methoden realisiert.

Tabelle 2–1 faßt die aufgeführten objektorientierten Konzepte für die Programmiersprachen Java, C++ und SmallTalk noch einmal zusammen:

Tab. 2–1
Objektorientierte Konzepte in Java, C++ und SmallTalk

Konzept	Implementierung in Java	in C++	in SmallTalk
Klasse	class	class	class
Instanz	dynamisch erzeugtes Objekt	Variable oder dynamisch erzeugtes Objekt	dynamisch erzeugtes Objekt
Instanzvariable	data-member einer Klasse	data-member einer Klasse	instance variable einer Klasse
Klassenvariable	static data-member einer Klasse	static data-member einer Klasse	class variable

Konzept	Implementierung in Java	in C++	in SmallTalk
Methode und Message	Spezifikation und deren Aufruf	member-function und deren Aufruf	Methode und deren Aufruf
Klassenmethode	static member-function	static member-function	Klassenmethode und deren Aufruf
Protokoll (Schnittstelle)	Deklaration einer Klasse	Deklaration einer Klasse	Deklaration einer Klasse
Vererbung	abgeleitete Klassen (Einfachvererbung; eine Hierarchie)	abgeleitete Klassen (Einfach-, Mehrfachvererbung; beliebig viele Hierarchien)	abgeleitete Klassen (Einfachvererbung; eine Hierarchie)
Abstrakte Klasse	Klasse ohne Instanzen, wird zwingend durch Spezifikation mit ›abstract‹.	Klasse mit rein virtuellen Methoden, ohne Instanzen	Klasse ohne Instanzen
Parametrisierte Typen	–	Schablonen (Templates)	–
Polymorphismus	Überschreiben von Funktionen, virtuelle Methoden (jede Methode ist automatisch virtuell)	Überschreiben von Funktionen, Operatoren, virtuelle Methoden	Überschreiben von Funktionen, Operatoren, virtuelle Methoden (jede Methode ist automatisch virtuell)
Dynamisches Binden	Virtuelle Methoden	Virtuelle Methoden	alles ist dynamisch

Konzept	Implementierung in Java	in C++	in SmallTalk
Zugriffsrechte auf Instanzvariablen und Methoden	`private`, `private protected`, `protected` und `public` Mechanismen, Packages	`private`, `protected`, `public` Mechanismen und friends	Instanzvariablen sind grundsätzlich `private`, Methoden `public`

2.1.3 Aufbau von Java-Programmen

Der Quellcode eines Java-Programms wird in mindestens einer Datei mit der Endung `.java` abgelegt.

→ Dateinamen für Java-Quellcode: `<name>.java`

Jede Quellcodedatei stellt in Java eine sogenannte Übersetzungseinheit (compilation unit) dar. Alle Java-Programme werden für gewöhnlich aus mehreren Übersetzungseinheiten gebildet, wobei jede einzelne Klasse in einer separaten Datei abgelegt werden kann. Als Beschränkung für Dateinamen gilt dabei unter Solaris 255 Zeichen und unter Windows 95 sowie MacOS 255 Zeichen für Dateiname *inklusive* Pfadausdruck.

→ Dateinamen für einzelne Klassen: `<Klassenname>.java`

Werden mehrere Klassen zu einer Bibliothek zusammengefaßt, bilden diese ein sogenanntes Package. Jede Übersetzungseinheit setzt sich aus einer Kombination der folgenden vier Elemente zusammen:

- ❏ Package-Deklaration: Zuordnung zu einer Bibliothek
- ❏ Import-Anweisungen: Einbindung anderer Klassen
- ❏ Klassen-Deklaration: Implementierung der Klasse
- ❏ Interface-Deklaration: Definition eines Interfaces

2.1.4 Klassen

Die grundlegende Syntax zur Deklaration von Klassen lautet:

→ Klassendeklaration: `[public] class <Klassenname>`
  `{ <Variablen & Methoden> }`

Eine Klasse beschreibt ein oder mehrere gleichartige Objekte, indem sie deren gemeinsame Daten und Funktionen zusammenfaßt. Man spricht in diesem Zusammenhang auch von benutzerdefinierten Datentypen. In Java können Daten und Funktionen nur innerhalb einer Klasse existieren. Klassen realisieren somit ein wichtiges objektorientiertes Prinzip, die Kapselung.

2.1.5 Variablen und Methoden

Bei der Deklaration von Variablen und Methoden muß grundsätzlich angegeben werden, welche Zugriffsrechte bestehen, welchen Typ das Objekt aufweist (bei Methoden entspricht dies dem Rückgabewert) und welchen Namen die Variable beziehungsweise Methode trägt:

→ Variablen: `<Zugriffsrecht> <Objekttyp> <Name>;`

→ Methoden: `<Zugriffsrecht> <Objekttyp> <Name> { <Implementierung> };`

Zugriffsrechte werden durch die Schlüsselwörter `public`, `private` und `protected` definiert. Mit `public` beispielsweise wird uneingeschränkter Zugriff erlaubt, `private` hingegen ist das extreme Gegenteil, solche Variablen und Methoden können nur innerhalb der jeweiligen Klasse verwendet werden (siehe *Zugriffsrechte auf Packages, Klassen, Methoden und Variablen*, S. 31). Ist auf Variablen Zugriff erlaubt, bedeutet dies immer, daß sie auch verändert werden können (Lesen und Schreiben ist möglich). Um für die Außenwelt ausschließlich Lesezugriff auf eine Variable zu realisieren, muß diese `private` deklariert und eine spezielle Methode für den Lesezugriff angeboten werden.

Mit den Kombinationsmöglichkeiten von Zugriffsrechten und Methoden (auch für Zugriffe auf Variablen) kann Information Hiding (das Geheimnisprinzip) realisiert werden.

Im Sinne einer ›sauberen‹ software-technischen Lösung sollte man Instanzvariablen und Klassenvariablen immer als `private` und jene Methoden – also das Verhalten von Objekten –, die das Manipulieren der Instanzvariablen, d.h. des Objekts an sich erlauben, als `public` deklarieren. Falls Hilfsmethoden verwendet werden, die nach außen nicht sichtbar sein sollen, kann man diese als `private` deklarieren. Alle Zwischenstufen der Zugriffsmechanismen, die Java bietet (keine Angabe, `private protected`, `protected`), sollten daher im allgemeinen nicht verwendet werden.

Methoden haben genauso wie Variablen einen Objekttyp, der den Typ des Rückgabewerts bestimmt. Im Implementierungsteil der Methoden erfolgt der eigentliche Programmablauf beziehungsweise wird hier das Verhalten der Objekte definiert. Mit dem Schlüsselwort `return` wird eine

Methode beendet und das dazu angegebene Objekt an den Aufrufer übergeben.

Methoden, die keinen Rückgabewert vorsehen, müssen in der Deklaration für den Objekttyp das reservierte Schlüsselwort `void` angeben. Da kein Rückgabewert definiert ist, kann der Befehl `return` auch entfallen. Die Methode wird beim Erreichen des Blockendes (›} ‹) automatisch beendet.

Klassenvariablen und Klassenmethoden

Eine spezielle Form von Variablen und Methoden bilden jene, die, auch ohne daß ein Objekt von der jeweiligen Klasse existiert, verwendet werden können. Für diesen Fall ist die Klasse selbst als Objekt zu sehen; darauf anwendbare Methoden werden als Klassenmethoden bezeichnet. Anwendung finden Klassenvariablen und Klassenmethoden zur Abbildung von Daten und Verhalten, die für alle Objekte einer Klasse gleich sind. Für die Deklaration ist dazu das Schlüsselwort `static` vorgesehen:

→ Klassenvariable:

```
<Zugriffsrecht> static <Objekttyp> <Name>;
```

→ Klassenmethode:

```
<Zugriffsrecht> static <Objekttyp> <Name>
{ <Implementierung> };
```

Meta-Klassen, also Klassen, deren Instanzen wiederum Klassen sind, werden von Java nicht unterstützt. Zu Meta-Klassen siehe auch [KLAS95].

Überladen von Methoden (overloading)

Ein wichtiges Prinzip von objektorientierten Systemen ist das Überladen von Methoden einer Klasse. Das heißt, Funktionen werden nicht nur nach ihrem Namen unterschieden, sondern auch nach ihren Parameterlisten (nach Reihenfolge und Objekttyp der Parameter). Dadurch kann eine bestimmte Methode für verschiedene Kontexte definiert werden.

Die spezielle Klassenmethode `main()`

Applets haben keine `main()`-Methode (siehe auch Applets, S. 92)

Der Bezeichner `main()` für Methoden ist in Java wie auch in C/C++ zur Implementierung des sogenannten Hauptprogramms reserviert. Wird ein Java-Programm gestartet, sucht der Java-Interpreter nach dieser Methode und führt sie aus. Ausgenommen sind Applets, hier wird `main()` vom

Appletviewer beziehungsweise Internet-Browser implementiert. Die Methode `main()` ist folgendermaßen definiert:

→ Methode zum Starten von Programmen:

```
public static void main (String argv[]) {...};
```

Da der Programmname mit dem Namen jener Klasse übereinstimmen muß, die für den Start vorgesehen ist, muß auch in dieser Klasse die Methode `main()` implementiert sein. Sie ist immer `public` und als Klassenmethode (`static`) zu definieren. Parameter, die beim Programmaufruf in der Kommandozeile angegeben werden, werden in einem Feld aus Zeichenketten an `main()` übergeben (`String argv[]`, erster Parameter in `argv[0]`, Anzahl der Parameter in `argv.length`).

Der Java-Interpreter läuft so lange, bis `main()` beendet wird oder der letzte parallel laufende Prozeß terminiert (siehe auch *Parallelisierung*, S. 141).

2.1.6 Instanziierung

Objekte sind Instanzen von Klassen. Da Klassen alleine kein lauffähiges Programm ausmachen (ausgenommen es sind Klassenvariablen und Klassenmethoden definiert), stellt die Erzeugung, aber auch die Zerstörung von Objekten einen wichtigen Punkt in der objektorientierten Programmierung dar.

Beim Implementieren von Klassen wird ein neuer Datentyp definiert. Variablen werden deklariert durch Anwendung von Datentypen, z.B.:

```
Date d; int i; ...
```

Die Variable `d` stellt in diesem Beispiel lediglich eine Referenz auf ein Objekt des Typs `Date` dar. Es wurde jedoch noch kein Objekt für `d` erzeugt, das heißt, es ist dafür auch noch kein Speicher reserviert. Mit dem Schlüsselwort `new` wird erst der benötigte Speicherplatz eingerichtet.

→ Instanziierung ist die Erzeugung von Objekten mit `new`, wobei jedem Objekt sein individueller Speicherplatz zugeordnet wird.

→ Referenzierung ist die Identifikation von Objekten durch entsprechend deklarierte Variablen.

Durch die Zuweisung einer Referenz auf den mit `new` reservierten Speicherplatz kann mit dem instanziierten Objekt weitergearbeitet werden.

Eine alternative Form der Instanziierung bietet die Klasse `java.lang.Class`, welche Klassen und Interfaces zur Laufzeit einer Java-Anwendung repräsentiert. Mit der statischen Methode `forName()` kann eine Klasse oder ein Interface geladen und dynamisch in die Anwen-

Zur dynamischen Erweiterung siehe auch Erweiterbarkeit, S. 170

dung eingebunden werden. Das Instanziieren eines durch `Class` repräsentierten Typs kann mit der Methode `newInstance()` ausgeführt werden. Ein Objekt der Klasse `Date` könnte somit anstelle von `new Date()` auch in folgender Weise erzeugt werden:

```
Class c = Class.forName("Date");
Date d = (Date) c.newInstance();
```

Der Rückgabeparameter der Methode `newInstance()` ist zwar als `java.lang.Object` definiert, referenziert im Beispiel jedoch ein Objekt vom Typ `Date`. Bevor dieses Objekt als Datum verwendet werden kann, muß ein sogenannter *Cast* auf den Typ `Date` durchgeführt werden (siehe *Cast von Objekten*, S. 23).

Eine Ausnahme bei der Instanziierung bilden die fundamentalen Datentypen. Sie werden schon bei der Deklaration implizit instanziiert. Für das vorhergehende Beispiel (`int i;`) bedeutet dies, daß bereits nach der Deklaration für `i` der entsprechende Speicherplatz reserviert wurde, allerdings muß eine Initialisierung explizit erfolgen.

Variablen können an jeder beliebigen Stelle innerhalb eines Blocks (`{ <Block> }`) deklariert werden. Sie bleiben so lange erhalten, bis der jeweilige Block verlassen wird, und sind auch in verschachtelten Blöcken bekannt. Die Lebensdauer von Objekten hängt eng mit der Gültigkeit von Variablen zusammen. Gibt es keine gültigen Variablen mehr, die ein Objekt referenzieren, wird das jeweilig Objekt freigegeben (siehe auch *Garbage Collector*, S. 21).

2.1.7 Konstruktor und Destruktor eines Objekts

Konstruktoren sind Methoden, die **nur** bei der Instanziierung eines Objekts automatisch ausgeführt werden. Sie dienen meist zur Initialisierung von Variablen, können aber auch individuelles Verhalten implementieren.

→ Konstruktor:`[<Zugriffsrecht>] <Klassenname> ( <Parameterliste> ) { <Implementierung> };`

Ein Konstruktor unterscheidet sich bei der Definition von anderen Methoden dadurch, daß kein Objekttyp für die Rückgabe spezifiziert werden darf und der Konstruktorname gleich dem Klassennamen sein muß. Der eigentliche Aufruf entspricht der Syntax für das `new`-Kommando. Sollten beispielsweise bei der Instanziierung eines `Date`-Objekts zugleich die Werte für Jahr, Monat und Tag übergeben werden können, muß ein Konstruktor mit entsprechender Parameterliste definiert werden.

Für Objekte kann auch ein Destruktor definiert werden. Diese spezielle Methode trägt den Namen `finalize()` und wird automatisch ausgeführt, bevor der Speicherplatz des jeweiligen Objekts freigegeben wird.

Sie stellt eine Instanzmethode dar (nicht `static`), hat keine Parameter, und keinen Rückgabewert.

→ Destruktor: `public void finalize() { <Implementierung> }`

Die eigentliche Speicherplatzfreigabe von Objekten erfolgt in Java automatisch durch den Garbage Collector (siehe *Garbage Collector*, S. 21). Dieser ruft auch vorher die mit dem reservierten Namen `finalize()` bezeichnete Methode auf, falls eine solche definiert ist.

Konstruktor für Klassen

Das Prinzip des Konstruktors gibt es auch für die Verwendung von Klassen als Objekte. Klassenvariablen werden beim Laden einer Klasse initialisiert (das Laden entspricht einer Instanziierung). Dies erfolgt, wie bereits vorhin dargestellt, durch explizite Zuweisung bei der Deklaration innerhalb der Klassendefinition (siehe *Klassenvariablen und Klassenmethoden*, S. 16). Komplexere Initialisierungsabläufe können durch Definition einer Initialisierungsmethode für Klassen realisiert werden.

→ Initialisierungsmethode für Klassen: `static { <Implementierung> }`

Die Syntax widerspricht der üblichen Schreibweise für Methoden in Java (kein Typ für Rückgabe, kein Methodenname). Beim Laden einer Klasse durch den Interpreter sind keine benutzerdefinierten Parameter oder Rückgabewerte vorgesehen.

Der spezielle Bezeichner `this`

Für die Implementierung von Methoden einer Klasse ist es oft nützlich, zur Laufzeit das instanziierte Objekt selbst ansprechen zu können. Dies wird durch die Variable mit dem reservierten Namen `this` ermöglicht. Wird bei der Definition einer Methode für die Parametervariablen beispielsweise der gleiche Bezeichner vergeben wie für die Objektvariablen, haben bei der Verwendung die Parametervariablen Vorrang, sie stehen der Methode näher.

Da `this` ein bestimmtes Objekt referenziert (nämlich sich selbst), kann diese spezielle Variable nicht von Klassenmethoden verwendet werden, da es ja auf dieser Ebene noch keine Instanz der Klasse gibt.

Referenzmodell

Im Gegensatz zu C/C++ gibt es in Java nur Referenzen, keine Zeiger. Zeiger unterscheiden sich von Referenzen im wesentlichen darin, daß sie nicht fix an einen bestimmten Typ gebunden sind und auf eine beliebige Position im Speicher zeigen und diese auch verändern können (Pointer-Arithmetik in C/C++). Mittels Zeiger kann somit auch auf Objekte (beziehungsweise deren Speicherbereich) unter Umgehung der definierten Methoden zugegriffen werden, was nicht nur ein Sicherheitsrisiko darstellt, sondern vor allem dem Geheimnisprinzip widerspricht.

In Java gibt es keine Zeiger, nur Referenzen

Bei der Parameterübergabe wird prinzipiell die Referenz auf ein Objekt übergeben (Übergabe ›by reference‹), also keine Kopie des Objekts. Wird innerhalb der Methode, an die das Objekt (eigentlich dessen Referenz) übergeben wurde, eine Veränderung der Daten des Objekts vorgenommen, bleiben diese nach Beendigung der Methode erhalten. Eine Ausnahme bilden die fundamentalen Typen (`boolean`, `char`, `byte`, `short`, `int`, `long`, `float`, `double`). Sie werden bei der Parameterübergabe kopiert (Übergabe ›by value‹). Veränderungen innerhalb der Methode haben keine Auswirkung auf Werte außerhalb der Methode.

Java stellt für die fundamentalen Typen sogenannte Wrapper-Klassen zur Verfügung, die vor allem dazu dienen, fundamentale Datentypen in Form von Objekten als Parameter zu übergeben, wo dies die Schnittstelle erfordert. Zusätzlich enthalten sie nützliche Klassenmethoden, wie zum Beispiel für die Konvertierung in andere Typen. Folgende Klassen werden dazu im Package `java.lang` angeboten:

- `Boolean` für den Typ `boolean`
- `Character` für den Typ `char`
- `Double` für den Typ `double`
- `Float` für den Typ `float`
- `Integer` für den Typ `int`
- `Long` für den Typ `long`
- `Short` für den Typ `short` (ab JDK 1.1)
- `Byte` für den Typ `byte` (ab JDK 1.1)
- `Void` für den Typ `void` (ab JDK 1.1)

Da Objekte an Funktionen nur als Referenz übergeben werden, kann durch Zuweisung mit `"="` kein Kopieren durchgeführt werden, es wird lediglich die Referenz auf ein Objekt zugewiesen. Dazu wird von den meisten Java-Klassen die Methode `clone()` angeboten. Sie liefert eine Referenz auf die Kopie jenes Objekts, dem diese Message geschickt wird (siehe dazu das Interface `Cloneable` und die Methode `Object.clone()`). Analog zur Zuweisung ist der Vergleichsoperator `"=="` zu betrachten. Dazu wird für einige Java-Klassen die Methode `equals()` definiert, die beispielsweise zum Vergleichen von Zeichenketten verwendet werden kann.

Garbage Collector

Das automatisierte Freigeben von nicht mehr benötigtem Speicher wird als *Garbage Collection* (übersetzt ›Abfallsammlung‹) bezeichnet. Diese Technik wird seit Jahren in verschiedenen Programmiersprachen (Small-Talk, LISP usw.) eingesetzt. Im Vergleich zu C/C++ muß sich der Java-Programmierer nicht um das Speichermanagement kümmern, der Garbage Collector ›weiß‹, welche Objekte von welchen Variablen referenziert werden, und nützt diese Information zur Speicherfreigabe. Nachteil dabei ist, daß der Programmierer das Speichermanagement nicht beeinflussen kann und somit eine effiziente Anpassung für spezielle Algorithmen nur eingeschränkt möglich ist. Vorteil ist, daß fehleranfälliger und vor allem im Bereich paralleler Programmierung (Multithreading, siehe *Parallelisierung*, S. 141) komplexer Programmieraufwand entfällt.

In Java läuft der Garbage Collector als eigener Prozeß (Thread) mit sehr niedriger Priorität. Er wird vom System asynchron gestartet, das heißt, er wird nur dann aktiv, wenn das Programm im Wartezustand ist (›idle‹), zum Beispiel beim Warten auf eine Benutzereingabe. Lediglich wenn kein Speicherplatz mehr frei ist, bekommt der Garbage Collector höchste Priorität (läuft synchron). Nur in einer solchen Situation kann er die Performanz beeinträchtigen.

Wird der Garbage Collector aktiv, sucht er nach Objekten, die nicht mehr referenziert werden, und gibt deren Speicher frei. Falls ein Destruktor (`finalize()`-Methode) definiert ist, wird er an dieser Stelle ausgeführt. Da der Java-Interpreter das Programm beenden kann, ohne daß der gesamte Speicher durch den Garbage Collector freigegeben wurde, ist nicht sichergestellt, daß Destruktoren immer ausgeführt werden (Freigabe erfolgt durch das System)! Destruktoren dienen somit vor allem der Freigabe von Ressourcen, die der Garbage Collector nicht freigeben kann, wie das Schließen von Netzwerkverbindungen und Dateien.

Destruktoren werden nicht ausgeführt, wenn die Freigabe von Speicher durch das Betriebssystem bei Programmnde erfolgt

Die Zuweisung des Wertes `null` auf eine Referenz stellt eine Möglichkeit dar, ein Objekt explizit für den Garbage Collector freizugeben. Wie vorhin beschrieben, bewirkt dies nicht unbedingt die Ausführung des Destruktors. Es gibt jedoch die Möglichkeit, mit der Methode `System.runFinalization()` alle `finalize()`-Methoden jener Objekte zu starten, die nicht mehr referenziert werden, also auf die Speicherbereinigung warten.

In Java ist trotz Garbage Collector ein gewisser Einfluß auf das Speichermanagement möglich

Für spezifische Programmlösungen kann es nützlich sein, an bestimmten Programmstellen Speicher explizit freizugeben, zum Beispiel vor dem Eintritt in zeitkritische Programmbereiche, in denen genügend Speicher zur Verfügung stehen sollte. Für diesen Zweck kann mit `System.gc()` der Garbage Collector explizit aktiviert werden. Dies bedeutet aber nicht zwingend, daß alle Objekte freigegeben und somit alle Destruktoren ausgeführt werden!

Das folgende Beispiel wurde einer Anwendung entnommen, die Logdateien von Proxy-Servern und Web-Servern liest und daraus Statistiken erstellt (z.B., welche Seiten besonders beliebt sind usw.). Durch die Größe dieser Log-Dateien – im Normalfall einige zig Megabyte – ist eine effiziente Speicherverwaltung unbedingt notwendig. Da eine Garbage Collection nicht erzwungen werden kann, versucht diese Methode, die virtuelle Maschine von einer Garbage Collection zu ›überzeugen‹, indem sie für eine Sekunde pausiert und dadurch Rechenzeit an das System, d.h. die virtuelle Maschine, abgibt.

```
public synchronized void saveMem() {
//activate gc, run finalization
//then give VM some time to actually do the gc
//fingers crossed gc will work
  long basisM = Runtime.getRuntime().freeMemory();
  System.runFinalization();
  System.gc();
  try {
    sleep (1000);
  }
  catch (InterruptedException i) {
    System.err.println("Let me sleep "+i);
  }
  System.err.println("Total memory is "+
  Runtime.getRuntime().totalMemory()+
  ", freed "+(Runtime.getRuntime().freeMemory()-basisM)+
  ", "+Runtime.getRuntime().freeMemory()+" free in total");
}
```

2.1.8 Ableitung und Vererbung

In Java entsteht eine Klassenhierarchie durch Ableiten einer neuen Klasse von einer bereits definierten mit dem Schlüsselwort `extends`:

→ Ableitung der Klasse `M` von `A`: `class M extends A { ... }`

Das Ableiten einer Klasse `M` ist als Erweiterung oder Spezialisierung der Oberklasse `A` zu sehen. `A` wird auch als Superklasse von `M` bezeichnet und `M` wiederum als Unterklasse von `A`. Prinzipiell kann jede Klasse beliebig viele Unterklassen besitzen. Umgekehrt jedoch ist in Java für eine Klasse nur eine Superklasse möglich. Bei mehreren Superklassen spricht man von Mehrfachvererbung, welche beispielsweise in C++ möglich ist. Java stellt einen ähnlichen Mechanismus in Form des Konzeptes der Interfaces zur Verfügung (siehe dazu auch *Interfaces*, S. 26).

Wird eine Klasse nicht von einer anderen abgeleitet, erhält diese implizit die in Java eingebaute Klasse `Object` als Superklasse. Man spricht dabei im Zusammenhang mit Klassenhierarchien von einer Baumstruktur, da es nur eine Basisklasse gibt.

Mit Vererbung wird die Eigenschaft bezeichnet, daß Superklassen ihre Variablen und Methoden, die nicht `private` deklariert sind, an die abgeleiteten Klassen weitergeben, inklusive jenen, die bereits die Superklasse geerbt hat. Folgendes Beispiel zeigt eine Klasse C mit einer Instanzvariable vom Typ Integer (`int i`). Davon abgeleitet wird eine Klasse A, die ebenfalls mit einer Instanzvariable `int i` deklariert werden soll. Abhängig vom Zugriffsrecht der Superklasse C ist die Deklaration der Variable in der abgeleiteten Klasse erlaubt: Nur wenn die Variable als `private` deklariert wird, wird sie nicht vererbt, und es entsteht kein Konflikt. In allen anderen Fällen wird die Variable i vererbt und kann daher in der Unterklasse nicht mehr deklariert werden.

```
class C{
   private int i; // works
//public int i; //duplicate variable declaration
//int i; // same effect
//protected int i; // same effect again
}
public class A extends C {
   private int i;
public static void main(String[] args) {
...
}
```

Wird eine Klasse bei der Deklaration mit `final` ausgezeichnet, können von dieser keine weiteren Klassen mehr abgeleitet werden. Ein Beispiel dafür stellen die Java-Klassen System und String dar. Sicherheitsaspekte bilden den Hauptgrund für das Verhindern des Ableitens. Zusätzlich erlaubt dies dem Übersetzer zur Übersetzungszeit, Aufrufe von Methoden solcher Klassen zu optimieren (siehe *Überschreiben von Methoden (overriding)*, S. 24).

→ Endgültige Klassen: `<Zugriffsrecht> final class <Klassenname> { ... }`

Cast von Objekten

Objekte, die bei der Instanziierung einer bestimmten Klasse zugeordnet werden, gehören auch den Typen der jeweiligen Superklassen an, nicht jedoch den Typen der in der Klassenhierarchie definierten Unterklassen. Unter einem sogenannten *Cast* versteht man die Anwendung eines bestimmten Datentyps (Klasse oder Interface) auf ein Objekt. Angenommen, eine Klasse A ist die Superklasse von B, also B wird von A abgeleitet, dann kann ein Objekt vom Typ B auch als ein Objekt vom Typ A angesprochen werden:

```
B b1 = new B();
A a = (A) b1;
B b2 = (B) a;
```

Die Variablen b1, a und b2 referenzieren alle das gleiche Objekt, das mit der Klasse B instanziiert wurde, allerdings ›versteht‹ das durch a referenzierte Objekt nur die Methoden, die durch die Klasse A implementiert sind, da bei der Zuweisung der Referenz b1 auf die Variable a mit (A) ein Cast auf diesen Typ vorgenommen wurde.

Abstrakte Klassen

Abstrakte Klassen sind Klassen, die nicht instanziiert werden dürfen. Sie können aus Design- oder Sicherheitsgründen benötigt werden. Ein solche Klasse kann durch die Definition von abstrakten Methoden eine Schnittstelle für die Menge der abgeleiteten Klassen vorgeben. Diese Schnittstelle wird durch Methoden ohne Implementierung, also lediglich deren Prototypen, die von einer abgeleitete Klasse dann implementiert werden müssen, zur Verfügung gestellt.

- → Abstrakte Klasse: `[public] abstract class <Klassenname> { ... }`

- → Abstrakte Methode: `<Zugriffsrecht> abstract <Rückgabetyp> <Methodenname> (<Parameterliste>);`

Wird eine abstrakte Methode deklariert, muß auch die Klasse selbst abstrakt sein. Umgekehrt muß eine abstrakte Klasse nicht nur abstrakte Methoden enthalten, sondern kann sie wie normale Klassen auch implementieren. Unterklassen einer abstrakten Klasse können nur dann instanziiert werden, wenn sie alle abstrakten Methoden implementieren. Ansonsten müssen Unterklassen wiederum abstrakt deklariert sein.

Überschreiben von Methoden (overriding)

Durch die Möglichkeit, daß Objekte in verschiedenen Rollen auftreten können und die von Superklassen geerbten Methoden überschrieben werden dürfen, wird eine der grundlegenden Eigenschaften der objektorientierten Programmierung realisiert, der Polymorphismus (Vielgestaltigkeit).

Eine Methode `public void m(){ ...}` der Klasse A wird von der Unterklasse N dann überschrieben, wenn N diese Methode ebenfalls definiert und N von A abgeleitet wurde:

- → Ein Klasse überschreibt die Methode einer ihrer Superklassen, wenn sie diese mit gleichem Rückgabewert, Namen und Parametern definiert.

Angenommen, eine Klasse `Viewer` stellt eine Methode `view()` zur Verfügung, die an das übergebene Objekt die Message `print()` sendet:

```
class Viewer {
  public void view(A obj) {
    obj.print();
  }
}
```

Die Klasse `A` und alle von `A` abgeleiteten Klassen stellen eine individuelle Methode `print()` zur Verfügung (`print()` wird auf jeder Hierarchieebene überschrieben). Auf Grund der definierten Klassenhierarchie können beim Aufruf der Methode `view()` Objekte vom Typ `A` *oder* einem davon abgeleiteten Typ übergeben werden. Zur Laufzeit werden dann die individuellen `print()`-Methoden ausgeführt. Da der Compiler zur Übersetzungszeit noch nicht weiß, von welchem Typ die an `view()` übergebenen Objekte sind, muß die entsprechende `print()`-Methode zur Laufzeit dynamisch gebunden werden (*dynamisches* oder *spätes Binden*).

Polymorphismus bedeutet daher, daß ein Objekt zur Laufzeit auch einen anderen als den statischen Typ, mit dem es vereinbart wurde, einnehmen kann. In obigem Beispiel wurde die Variable `obj` als vom Typ `A` vereinbart, d.h., der statische Typ von `obj` ist `A`. Zur Laufzeit kann die übergebene Variable aber auch von einem von `A` abgeleiteten Typ sein, d.h., der dynamische Typ von `obj` kann vom statischen Typ abweichen.

Aus Gründen des Designs oder einer höheren Effizienz kann es notwendig sein, daß bestimmte Methoden nicht überschrieben werden dürfen. In Java können solche Methoden mit dem Schlüsselwort `final` deklariert werden.

→ Endgültige Methoden: `<Zugriffsrecht> final <Rückgabetyp> <Methodenname> (<Parameterliste>) { ... }`

Eine Effizienzsteigerung ergibt sich daraus, daß schon bei der Übersetzung alle als `final` deklarierten Methoden gebunden werden. Klassenmethoden, wie auch als `private` deklarierte Methoden werden implizit ebenfalls als endgültige Methoden gesehen.

Variablen können wie Methoden ebenfalls `final` deklariert werden (Konstanten). Der große Unterschied zu endgültigen Methoden besteht darin, daß dies keine Auswirkung auf abgeleitete Klassen hat, es wird lediglich sichergestellt, daß deren Wert nicht mehr verändert werden kann. Da die Initialisierung zur Übersetzungszeit erfolgt, muß schon bei der Deklaration ein expliziter Wert oder ein zur Übersetzungszeit auswertbarer Ausdruck zugewiesen werden.

Konstruktor- und Destruktorverkettung

Bei der Instanziierung von abgeleiteten Klassen wird, wie im Abschnitt *Instanziierung*, S. 17, beschrieben, der jeweilige Konstruktor aufgerufen. Wurde in einer Klasse kein Konstruktor implementiert, wird vom System ein Default-Konstruktor eingefügt. Da ein Objekt jedoch auch die Typen der definierten Superklassen darstellen kann, müssen deren Konstruktoren ebenfalls ausgeführt werden. Dies geschieht durch den expliziten Aufruf der dafür reservierten Methode `super()`, welcher in der ersten Zeile des Konstruktors erfolgen muß. Ist dies nicht der Fall, wird dieser Aufruf von Java implizit eingefügt.

→ Aufruf des Konstruktors einer Superklasse mit:

```
super(<Parameterliste>);
```

Einzige Ausnahme für das automatische Einfügen der Methode `super()` ist der Aufruf eines weiteren Konstruktors in der ersten Zeile mittels der Methode `this()` (siehe *Der spezielle Bezeichner* `this`, S. 19).

Konstruktoren werden also in Java wenn nötig automatisch verkettet, bei Destruktoren ist dies jedoch nicht der Fall. Das heißt die Methode `finalize()` einer Superklasse muß explizit von der Unterklasse aufgerufen werden. Dazu kann eine von Java vordefinierte Variable `super` verwendet werden, die – analog zu `this` – eine Referenz auf das jeweilige Objekt in der Rolle des Typs der Superklasse darstellt.

2.1.9 Interfaces

Ein sogenanntes Interface (Schnittstelle) in Java ist den abstrakten Klassen sehr ähnlich und spezifiziert genauso wie Klassen einen Datentyp. Interfaces werden zur Definition eines bestimmten Verhaltens benutzt, das von jeder beliebigen Klasse in der Klassenhierarchie implementiert werden kann. Ein Objekt, das mit einer solchen Klasse instanziiert wurde, ›versteht‹ sozusagen alle Operationen, die ein Interface vorgibt.

Alle durch ein Interface definierten Methoden sind implizit abstrakt (also keine Implementierung) und alle Variablen `static` und `final`. Interfaces können ebenfalls voneinander abgeleitet werden. Dabei werden Methoden und Variablen des Superinterfaces geerbt. Im Gegensatz zu Klassen ist jedoch bei Schnittstellen eine ›Mehrfachvererbung‹ erlaubt. Der wesentliche Unterschied zur echten Mehrfachvererbung bei Klassen besteht darin, daß von einem Interface keine Implementierungen geerbt werden können und zwischen der Interface-Hierarchie und der Klassenhierarchie keine logischen Beziehungen bestehen.

→ **Interface-Deklaration:** `[public] interface <Interface-Name> [extends <Liste von Interface-Namen>] { <Variablen & Methoden> }`

Wird das Zugriffsrecht `public` nicht angegeben, kann das Interface nur innerhalb des jeweiligen Packages (siehe *Packages*, S. 29) verwendet werden. Im Package `java.lang` ist beispielsweise ein Interface `Runnable` definiert, das folgendes Aussehen hat:

```
public interface Runnable {
   public abstract void run();
}
```

Eine Klasse kann nun ein oder mehrere Schnittstellen implementieren. Das heißt, alle Methoden der Schnittstellen müssen in dieser Klasse definiert werden.

→ **Anwendung:** `class <Klassenname> [extends <Klassenname>] implements <Liste von Interface-Namen> { ... }`

Instanzen einer Klasse, die eine oder mehrere Schnittstellen implementiert, können nun, genauso wie sie die Gestalt einer Superklasse annehmen können, den Typ eines Interfaces annehmen.

Da mit Interfaces ein ähnliches Konzept wie Mehrfachvererbung realisiert werden kann (eine Klasse kann ja mehrere Interfaces implementieren), treten auch ähnliche Probleme wie bei Mehrfachvererbung auf. Bei der Namensgebung muß man zum Beispiel darauf achten, daß Methoden, die denselben Namen tragen, bei gleichen Parametern auch dieselben Rückgabeparameter aufweisen. Auch verfügt eine Klasse, die zwei (unabhängige) Interfaces implementiert, die jeweils über dieselbe Methode verfügen, nur über *eine* Implementierung dieser Methode.

Im folgenden Beispiel werden zwei unabhängige Interfaces definiert, die jeweils über eine Methode `test()` verfügen. Die Klasse `F`, die diese beiden Interfaces implementiert, weist nur eine Methode `test()` auf. Dies bedeutet, daß Instanzen der Klasse `F` in bezug auf die Methode `test()` unabhängig davon reagieren, ob sie als Interface `A` oder Interface `C` angesprochen werden. Falls also mehrere Methoden gleichen Namens definiert worden sind, müssen diese Methoden dieselbe Schnittstelle aufweisen.

```
interface A {
   public String test();
}

interface C {
   public String test();
}

class F implements A, C {
```

2 Einführung in Java

```
    public String test() { return "F.test()";}
}
...
F f = new f();
f.test(); //Semantik von A oder C?
```

Da natürlich das Verhalten von F als A oder C variieren kann, wird man in der Praxis darauf achten, die Mehrfachdefinition von Methoden mit demselben Namen zu vermeiden.

2.1.10 Innere Klassen

Ab der JDK-Version 1.1 können Klassen verschachtelt implementiert werden, das heißt, innerhalb des Implementierungsblocks einer Klasse können wiederum neue Klassen – sogenannte *innere Klassen* – implementiert werden. Diese sind allerdings nur im jeweiligen Block bekannt:

```
class MyDate {

  class Day { int value; String wDay; }
  class Month { ... }
  class Year { ... }

  Day d; Month m; Year y;

  MyDate() {      // Konstruktor von MyDate
  d = new Day();
  ...
  }
  String toString() { ... }
  ...
}
```

Klassen können auch innerhalb von Methoden definiert werden

Die inneren Klassen Day, Month und Year sind als Datentypen nur innerhalb der Klasse MyDate bekannt und können daher nicht von anderen Klassen verwendet werden. Allerdings existiert durchaus die Möglichkeit, auf Instanzen dieser Klassen zuzugreifen, vorausgesetzt, es bestehen die entsprechenden Zugriffsrechte. Für ein Objekt o vom Typ MyDate beispielsweise wäre der Zugriff auf die Variable wDay mit o.d.wDay möglich.

Eine spezielle Variante der inneren Klassen sind *anonyme Klassen*. Sie erlauben das Ableiten (Spezialisieren) einer beliebigen Klasse direkt bei deren Instanziierung:

```
MyDate born = new MyDate( ... ) {
  String toString() { return "born: " +
                      super.toString());}
};
```

2.1 Die Programmiersprache Java

Im Beispiel wird ein Objekt `born` vom Typ `MyDate` erzeugt, welches die Methode `toString()` der Klasse `MyDate` mit einer speziellen Implementierung überschreibt. Das Objekt `born` hat somit einen unbekannten oder auch *anonymen* Datentyp mit der Superklasse `MyDate`. Auf diese Weise können beliebige Methoden einer Klasse direkt bei der Instanziierung überschrieben werden. Diese Form der Instanziierung mit anschließendem Implementierungsblock bietet zugleich die einzige legale Möglichkeit, ein Interface zum Erzeugen eines Objekts zu verwenden. Voraussetzung ist, daß alle Methoden, die das Interface vorschreibt, implementiert werden.

Es wird implizit der Standardkonstruktor der Superklasse ausgeführt

```
interface Comparable {
  boolean equals(String s);
  boolean less(String s);
}
...
Comparable myBirthDate= new Comparable() {
  MyDate born = new MyDate( ... );
  boolean equals(String s) { ... }
  boolean less(String s){ ... }
};
```

Das Interface `Comparable` des Beispiels stellt einen abstrakten Datentyp dar, der Methoden definiert, die beispielsweise zum Sortieren von Objekten verwendet werden. Da ein Interface Methoden nur definiert (vorgibt), aber nicht implementiert, kann es nicht direkt instanziiert werden. Die Erzeugung des Objekts `myBirthDate` mit `new Comparable() { ... }` ist daher nicht als Instanziierung des Interfaces `Comparable` zu sehen, sondern als Instanziierung einer **anonymen Klasse**, die die entsprechenden Methoden implementiert.

Indirekte Instanziierung eines Interfaces mit Hilfe einer anonymen Klasse

2.1.11 Packages

Ein Package stellt eine Zusammenfassung von Klassen- und Interface-Definitionen dar, die inhaltliche und anwendungsorientierte Gemeinsamkeiten besitzen (analog zu Klassenbibliotheken). Des weiteren dienen sie zur Vermeidung von Namenskonflikten und zum einfacheren Lokalisieren von Klassen. Es ist zwischen eingebauten (siehe *Kernklassen des JDK*, S. 55) und benutzerdefinierten Packages zu unterscheiden. Java stellt in der Version 1.0 folgende Packages zur Verfügung:

Zu Packages siehe auch [SCHN96A] und [SCHN96B]

- ❏ `java.applet` für Applets
- ❏ `java.awt` für grafische Benutzeroberfläche
- ❏ `java.awt.image` für Grafikdateien
- ❏ `java.awt.peer` für plattformunabhängige Oberflächen
- ❏ `java.io` für die Ein- Ausgabe
- ❏ `java.lang` für Grundelemente der Sprache

- `java.net` für Netzwerkverbindungen
- `java.util` für spezielle Datentypen

Definition von Packages

Das Zusammenfassen von Klassen und Interfaces durch den Programmierer erfolgt durch den Befehl `package`, welcher in der ersten Zeile der dazugehörigen Quellcodedatei stehen muß:

→ Package-Definition: `package <Package-Name>;`

`<beliebige Klassen- oder Interface-Definition>`

Packages sollten eine Einheit darstellen, deren Zweck, Verwendung und Beziehungen zu weiteren Packages und Klassen klar ist. Somit wird die Anwendung für andere Programmierer einfacher verständlich und damit die Wiederverwendbarkeit erleichtert.

Beim Anlegen eines Packages wird dadurch zugleich ein eigener Namensbereich für die darin definierten Typen erzeugt. Für die Bezeichner von Klassen eines Packages bedeutet dies, daß bei ihrer Verwendung der Package-Name enthalten sein muß.

→ Neue Bezeichner für Typen: `<Package-Name>.<Klassen- oder Interface-Name>`

Somit werden Namenskonflikte mit Klassen in anderen Packages ausgeschlossen.

Für das Auffinden von Packages und den darin definierten Klassen besteht folgende Konvention:

1. Der Name des Verzeichnisses, das ein Package enthält, muß mit dem Package-Namen übereinstimmen.
2. Alle übersetzten Klassen für das Package müssen in diesem Verzeichnis sein.
3. Jede Klasse und jedes Interface muß in einer eigenen Datei mit der Endung `.class` zu finden sein (entsteht durch Übersetzen der gleichnamigen Quellcodedateien mit der Endung `.java`).
4. Die Umgebungsvariable `CLASSPATH` muß den Pfad zum Verzeichnis des Packages enthalten.

Befinden sich mehrere Klassen in einer Quelldatei, darf nur jene mit `public` deklariert sein, deren Bezeichner mit dem Dateinamen übereinstimmt

Werden in einer Quellcodedatei mehrere Klassen implementiert, sind diese zwar innerhalb des Packages bekannt, jedoch für die Außenwelt kann immer nur eine Klasse pro Datei sichtbar sein, nämlich jene, die mit dem Dateinamen übereinstimmt.

Der Pfadname (`<Pfad>`), der zu dem Package-Verzeichnis führt, muß wie bereits erwähnt durch die Umgebungsvariable `CLASSPATH` definiert sein.

Diese Variable wird von sämtlichen Programmen der Java-Entwicklungsumgebung wie Übersetzer, Interpreter usw. benutzt, um Java-Klassen zu finden.

Werden Klassen nicht einem Package zugeordnet, wird dessen Implementierung automatisch einem Ersatz-Package ohne Namen zugeteilt. Für kleine Testprogramme ist dies dann ausreichend, wenn sich alle zugehörigen Klassen im selben Verzeichnis befinden.

Einbinden von Klassen und Interfaces

Um eine Klasse eines Packages bei der Implementierung eines Java-Programms verwenden zu können, muß diese zuerst durch die Anweisung `import` mit dem vollständigen Klassennamen (beziehungsweise Interface-Namen) eingebunden werden. Alle Klassen eines Packages können auch durch Angabe eines "*" (analog zu Wildcards) statt des Klassennamens eingebunden werden.

→ Einbinden einer Klasse: `import <Package-Name>.<Klassenname>;`

→ Einbinden aller Klassen: `import <Package-Name>.*;`

→ Einbinden eines Packages: `import <Package-Name>;`

Bei der Verwendung eingebundener Klassen genügt es, lediglich den Klassennamen anzugeben. Dabei kann es jedoch zu Mehrdeutigkeiten kommen, falls mehrere Packages importiert werden und zufällig ein Klassenname doppelt vergeben wurde. In diesem Fall muß vor dem Klassennamen der Package-Name, getrennt durch einen Punkt, angegeben werden.

2.1.12 Zugriffsrechte auf Packages, Klassen, Methoden und Variablen

Zugriffsrechte werden bei der Implementierung von Klassen, Methoden und Variablen mit den Schlüsselwörtern `private`, `public`, `protected` und `private protected` definiert. Bei Packages ergibt sich die Möglichkeit des Zugriffs durch die entsprechende Vergabe von Leserechten auf der Betriebssystemebene oder deren Verfügbarkeit über das Netzwerk (z.B. durch Laden von einem speziellen Java-Server):

❏ Klassen und Interfaces eines Packages sind für alle anderen Klassen und Interfaces des jeweiligen Packages bekannt. Es ist nicht möglich, Klassen zu definieren, die nur innerhalb der entsprechenden Quellcodedatei sichtbar sind.

- Eine mit `public` deklarierte Klasse ist für alle Packages bekannt. Auf nicht-`public` deklarierte Klassen kann außerhalb eines Packages nicht zugegriffen werden.
- Auf Variablen und Methoden, die nicht `private` oder `private protected` deklariert sind, haben alle innerhalb des jeweiligen Packages Zugriff. `private`-Klassen und -Methoden können nur innerhalb ihrer Klasse verwendet werden, `private protected` nur innerhalb ihrer Klasse inklusive aller Unterklassen (auch wenn die Unterklassen einem anderen Package angehören).
- Variablen und Methoden sind bekannt für andere Packages, wenn die Klasse bekannt ist und die Variablen und Methoden `public` oder `protected` deklariert sind.

Tabelle 2–2 faßt die verschiedenen Zugriffsrechte zusammen.

Tab. 2–2 Zugriffsrechte auf Variablen und Methoden

Zugriffsrechte auf Variablen und Methoden	Keine Angabe	public	protected	private protected	private
Zugriff für alle Klassen des gleichen Packages	ja	ja	ja	nein	nein
Zugriff für alle Klassen fremder Packages	nein	ja	nein	nein	nein
Unterklassen des gleichen Packages	ja	ja	ja	ja	nein
Unterklassen fremder Packages	nein	ja	ja	ja	nein

2.2 JDK-Entwicklungsumgebung

Jede Programmiersprache ist nur so gut, wie ihre Werkzeuge sowie die vorhandenen Bibliotheken beziehungsweise Frameworks zum Erstellen, Debuggen und Warten von Programmen sind. Java bildet dabei keine Ausnahme. Die JDK-Entwicklungsumgebung besteht aus einer Reihe von Werkzeugen sowie verschiedenen Frameworks. Die Werkzeuge der Standardentwicklungsumgebung, wie sie von Sun vertrieben wird, werden ab Seite 34 beschrieben. Im folgenden Kapitel 3 ab Seite 55 gehen wir dann auf die wesentlichen Kernklassen des Basis-Frameworks ein; weitere spezifische Teile der Frameworks sind Bestandteil der jeweiligen Abschnitte von Kapitel 5.

Eine Reihe von Versionsnummern – insbesondere betreffen sie das Java Development Kit (JDK) – verkomplizieren den Umgang mit Java. Dieser

2.2 JDK-Entwicklungsumgebung

Abschnitt erklärt einführend die Java-Versionsstrategie und geht dabei auch auf die Kompatibilitätsproblematik ein.

Sun unterscheidet grundsätzlich zwischen offiziellen *Releases* und *Zwischen-* beziehungsweise *Vorabversionen*. Die derzeit (April 1998) offiziellen Releases von JDK sind 1.0.2. und 1.1.5; eine Version 1.2 ist als Beta-Version verfügbar. Zusätzlich zu diesen Versionsnummern gilt es auch noch die Frage der unterstützten Plattformen zu klären: Nicht alle Versionen sind auf allen Plattformen verfügbar. Wiederum wird in offizielle Plattformen und solche von Drittanbietern unterschieden. So wird JDK 1.1.5 unter Windows 95/NT und Solaris als offiziell unterstützte Plattformen angeboten – für den Apple Macintosh erhalten Sie beispielsweise von Apple direkt MRJ 2.0, das der JDK-Version 1.1.3 entspricht.

Die Verfügbarkeit von JDK für eine bestimmte Plattform können Sie mittels eines CGI-Skriptes abfragen: http://java.sun.com/cgi-bin/java-ports.cgi

Für den Entwickler besteht das Hauptproblem der verschiedenen Versionen in der Kompatibilität. Die allgemeine Politik von Sun beziehungsweise Javasoft ist dabei folgende:

- Sogenannte Bug-fix Releases (beispielsweise 1.0.1 oder 1.1.2) innerhalb einer Familie (1.1.x) sind miteinander kompatibel.
- Die sogenannten funktionellen Freigaben beziehungsweise Versionen (Functionality Releases) wie etwa 1.1 oder 1.2 innerhalb einer Familie (1.x) sind aufwärtskompatibel – allerdings nicht notwendigerweise abwärtskompatibel.
- Wesentlich erweiterte oder geänderte Versionen (Major Releases) wie beispielsweise eine Version 2.0 oder 3.0 werden nicht notwendigerweise untereinander kompatibel sein.

Kurz soll auch auf die wesentlichen funktionalen Unterschiede der drei existierenden JDK-Versionen eingegangen werden:

- JDK 1.0 (d.h. alle Versionen bis 1.0.2): Die erste grundlegende Version des JDK erlaubt das Programmieren von Applets für Browser, die Java unterstützen, sowie das Programmieren von selbständigen Anwendungen in Java. Im Kit enthalten sind die Packages für Ein- und Ausgabe, Netzwerk, Applet-Programmierung und zur Gestaltung von grafischen Benutzeroberflächen (AWT). Die Zusatzversionen 1.0.1 und 1.0.2 sind sogenannte Bugfixes.
- JDK 1.1 (d.h. alle Versionen bis 1.1.5): JDK 1.1 ist der Nachfolger von JDK 1.0 mit Verbesserungen im Bereich Performanz, funktionalen Erweiterungen und auch verbesserter Qualität. Zusätzlich zu den Packages von 1.0 sind in diesem Kit Module für Sicherheit, Datenbankzugriff, Objektserialisierung, RMI, Internationalisierung sowie die sogenannten JavaBeans enthalten. Als Option können sogenannte Performance Packs – die allerdings plattform-

abhängig sind – installiert werden. So gibt es für Solaris beispielsweise eine verbesserte Implementierung von Threads.
- JDK 1.2: JDK 1.2 wurde zum Jahreswechsel 1997/98 als Beta-Version vorgestellt. Die wesentlichen Änderungen beziehungsweise Erweiterungen betreffen die Sicherheit, die sogenannten Java Foundation Classes mit verbesserten Klassen zur Gestaltung und Verwaltung von Benutzerschnittstellen, verbesserte Klassen zur Listenverwaltung, Erweiterungen der JavaBeans sowie bei RMI, Verbesserungen im Bereich multimedialer Datentypen wie Audio, die Java Interface Definition Language (IDL), Verbesserungen des Dokumentationswerkzeugs sowie eine ganze Reihe von weiteren Verbesserungen, die an dieser Stelle aufzulisten zu umfangreich wäre.

Für das JDK stehen, wie eingangs erwähnt, eine Reihe von Werkzeugen zur Verfügung. Dieser Abschnitt beschreibt sie in einem kurzen Überblick. In der Version 1.2 des JDK können die Werkzeuge dabei in folgende Kategorien eingeteilt werden:

- Basiswerkzeuge: `javac`, `java`, `jre`, `jdb`, `javah`, `javap`, `javadoc` und `appletviewer`
- RMI-Werkzeuge (JDK 1.1): `rmic`, `rmiregistry`, `rmid` und `serialver`. Weitere Informationen zu Remote Method Invocation (RMI) finden Sie unter *RMI*, S. 134.
- Werkzeuge zur ›Internationalisierung‹ (JDK 1.1): `native2ascii`
- Sicherheitswerkzeuge (JDK 1.1): `keytool`, `jarsigner` und `policytool`
- IDL-Werkzeuge (JDK 1.2): `tnameserv`
- JAR-Werkzeuge (JDK 1.1): `jar`
- Servlet-Werkzeuge (JDK 1.2): `servletrunner`

Im folgenden wird die Funktionsweise der einzelnen Werkzeuge kurz beschrieben. Dabei ist zu beachten, daß nicht alle Werkzeuge zum Lieferumfang jeder JDK-Version gehören. Des weiteren sind die Werkzeuge plattformspezifisch: Es ist somit möglich, daß manche Parameter auf verschiedenen Betriebssystemplattformen leicht unterschiedliche Namen tragen beziehungsweise der Aufruf unterschiedlich erfolgt. Die grundlegende Funktionsweise ist jedoch dieselbe. Soweit wesentliche Unterschiede zu berücksichtigen sind, wird dies im Text explizit erwähnt.

2.2.1 Basiswerkzeuge

Die Basiswerkzeuge des JDK umfassen den Übersetzer `javac`, den Interpreter `java`, den für reine Endbenutzer gedachten Laufzeit-Interpreter `jre`, den Debugger `jdb`, den Schnittstellengenerator `javah`, den Disassembler `javap`, den Dokumentationsgenerator `javadoc` sowie den `appletviewer`. Da der `appletviewer` nur ein rudimentäres Werkzeug zum Testen von Applets darstellt, beschreiben wir auch den Browser HotJava.

Der Java-Übersetzer `javac`

Der Java-Übersetzer `javac` übersetzt Java-Quellcode in für die virtuelle Machine beziehungsweise den Java-Interpreter ausführbaren Bytecode. Der Aufruf erfolgt mit:

```
javac [ options] file.java ...
```

wobei eine Liste von Dateien übergeben werden kann. Der Übersetzer `javac` verfügt über folgende Optionen:

- `-classpath` *path*: Diese Option überschreibt die Definition der Umgebungsvariable `CLASSPATH`.
- `-d` *dir*: Spezifiziert das Zielverzeichnis.
- `-encoding`: Spezifiziert die Kodierung (ab Version 1.1).
- `-deprecation` (ab JDK 1.1): Gibt an, welche Codefragmente nicht mehr der gegenwärtigen JDK-Version entsprechen (obwohl sie aus Kompatibilitätsgründen in den allermeisten Fällen noch unterstützt werden).
- `-g`: Das Übersetzen mit dieser Option erlaubt das spätere Debuggen mit dem Java-Debugger.
- `-O`: Zeigt dem Compiler an, daß er optimieren soll. Dies erfolgt durch ›inlining‹ von `static`-, `final`- und `private`-Methoden. Der Objektcode der Klasse kann dadurch größer werden.
- `-debug`: Gibt Debug Information aus.
- `-depend`: Überprüft die Abhängigkeiten.
- `-nowarn`: Die Ausgabe von Warnmeldungen wird unterdrückt.
- `-verbose`: Gibt Statusmeldungen auf die Console aus.
- `-nowrite`: Der generierte Bytecode wird nicht gespeichert.

Der Java-Interpreter `java`

Der Java-Interpreter `java` erlaubt die Ausführung von Java-Bytecode für selbständige Anwendungen. Der Aufruf erfolgt mit

```
java [ options] classname arguments
```

wobei `classname` den Namen jener Klasse darstellt, die die `main()`-Methode enthält (siehe *Die spezielle Klassenmethode main()*, S. 16), und

2 Einführung in Java

arguments eine Liste von Argumenten, die an das Programm beim Aufruf übergeben werden. Ab der Version 1.1 des JDK ist auch ein Werkzeug mit Namen javaw verfügbar. Dieses startet den Interpreter, ohne ein Consolenfenster zu öffnen. Ab der Version 1.2 des JDK wird zwischen Standard- und spezifischen Optionen unterschieden. Mit der Option -X können alle spezifischen Optionen einer Plattform erfragt werden. Folgende Optionen sind grundsätzlich für java beziehungsweise javaw möglich:

- ❑ -cs, -checksource: Zeigt dem Interpreter an, daß alle Klassen, deren Quellcodedatei (.java) jünger als die übersetzte Version (.class) ist, erneut übersetzt werden sollen.
- ❑ -classpath *path*: Überschreibt die Definition der Umgebungsvariablen CLASSPATH.
- ❑ -verbosejni (ab Version 1.2): Gibt Informationen über Zugriff auf native-Methoden aus.
- ❑ -jar *jarfile* (ab Version 1.2): Aufruf eines Programms, das in einer jar-Datei gespeichert ist.
- ❑ -mx *maxmem* [k|m] : Setzt die maximale Speichergröße des Heap für dynamisch angelegte Felder und Objekte auf *maxmem*; ›k‹ oder ›m‹ kann für Kilo- beziehungsweise Megabyte angehängt werden. Der Standardwert ist 16 Megabyte.
- ❑ -ms *initmem* [k|m] : Setzt die zu reservierende Speichergröße des Heap auf den angegebenen Wert. Der Standardwert ist 1 Megabyte.
- ❑ -noasyncgc: Schaltet die asynchrone Garbage Collection aus. Dadurch wird Garbage Collection nur dann ausgeführt, wenn das Programm zu wenig Speicher hat.
- ❑ -ss *stacksize* [k|m] : Setzt die maximale Stackgröße für C-Prozesse.
- ❑ -oss *stacksize* [k|m] : Setzt die maximale Stackgröße für Java-Prozesse.
- ❑ -prof (ab Version 1.1): Profiling wird eingeschaltet, d.h., Daten über Anzahl von Methodenaufrufen, verwendeten Hauptspeicher usw. werden in einer Datei java.prof mitprotokolliert.
- ❑ -v, -verbose: Gibt Statusmeldungen auf die Console aus.
- ❑ -verify: Verwendet Verifying für den gesamten Quellcode.
- ❑ -verifyremote: Verifying nur für jene Klassen, die mit dem classloader geladen werden
- ❑ -noverify: Schaltet Verifying aus.
- ❑ -verbosegc: Weist den Garbage Collector an, Statusmeldungen auf die Console zu schreiben.
- ❑ -t: Bedeutet ›trace‹ und ist verfügbar in Kombination mit dem java_g -Interpreter. Jede Anweisung wird mitprotokolliert.

java_g ist die nicht optimierte Version des Java-Interpreters java, die zum Debugging geeignet ist

- `-debug`: Erlaubt dem Java-Debugger, diese Session zu überwachen. Ein Paßwort wird beim Aufruf von `java` vergeben und kann vom Debugger `jdb` verwendet werden.
- `-D` *propname=newval*: Erlaubt dem Benutzer, Werte von `propname` zur Laufzeit zu ändern.

Der Java-Laufzeit-Interpreter `jre`

Der Java-Laufzeit-Interpreter ist ab der Version 1.1 des JDK verfügbar. Er erlaubt – wie der Java-Interpreter `java` – die Ausführung von Java-Bytecode ohne die Einbeziehung eines Internet-Browsers, ist aber hauptsächlich für Endbenutzer gedacht, die einfach Java-Programme ablaufen lassen wollen, ohne das gesamte JDK installieren zu wollen. Der Aufruf erfolgt mit

```
jre [ options] classname arguments
```

wobei `classname` den Namen jener Klasse darstellt, die die `main()`-Methode enthält (siehe *Die spezielle Klassenmethode* `main()`, S. 16) und `arguments` eine Liste von Argumenten darstellt, die an das Programm beim Aufruf übergeben werden. Eine Version `jrew` startet den Laufzeit-Interpreter ohne ein Consolenfenster zu öffnen. Folgende Optionen sind grundsätzlich für `jre` beziehungsweise `jrew` möglich:

- `-classpath` *path*: Überschreibt die Definition der Umgebungsvariablen `CLASSPATH`.
- `-cp` *paths*: Stellt *paths* den Pfadnamen voran. Das Angeben von Verzeichnissen ist möglich. Für den Fall, daß `.jar`-Dateien angegeben werden sollen, müssen allerdings Pfadname und Dateiname verknüpft werden.
- `-mx` *maxmem* `[ k|m]` : Setzt die maximale Speichergröße des Heap für dynamisch angelegte Felder und Objekte auf *maxmem*; ›k‹ oder ›m‹ kann für Kilo- beziehungsweise Megabyte angehängt werden. Der Standardwert ist 16 Megabyte.
- `-ms` *initmem* `[ k|m]` : Setzt die zu reservierende Speichergröße des Heap auf den angegebenen Wert. Der Standardwert ist 1 Megabyte.
- `-noasyncgc`: Schaltet die asynchrone Garbage Collection aus. Dadurch wird Garbage Collection nur dann ausgeführt, wenn das Programm zu wenig Speicher hat.
- `-noclassgc`: Schaltet die Garbage Collection von Klassen aus.
- `-nojit`: Spezifiziert, daß alle Just-In-Time-Übersetzer ignoriert werden.
- `-ss` *stacksize* `[ k|m]` : Setzt die maximale Stackgröße für C-Prozesse.

- -oss *stacksize* [k|m] : Setzt die maximale Stackgröße für Java-Prozesse.
- -v, -verbose: Gibt Statusmeldungen auf die Console aus.
- -verify: Verwendet Verifying für den gesamten Quellcode.
- -verifyremote: Verifying nur für jene Klassen, die mit dem classloader geladen werden
- -noverify: Schaltet Verifying aus.
- -verbosegc: Weist den Garbage Collector an, Statusmeldungen auf die Console zu schreiben.
- -D *propname*=*newval*: Erlaubt dem Benutzer, Werte von propname zur Laufzeit zu ändern.

Der Java-Debugger jdb

jdb ist der kommandozeilenorientierte Debugger der Programmierumgebung von Java. Der Aufruf erfolgt mit:

    jdb [options]

Sobald der Debugger gestartet ist, kann mit

    run classname arguments

das jeweilige Programm gestartet werden. Der Parameter arguments bezeichnet dabei jene Argumente, die beim Aufruf des Programms übergeben werden.

Falls der Debugger jdb anstelle des Interpreters java in der Kommandozeile verwendet wird, verfügt er über dieselben Optionen wie der Java-Interpreter. Falls der Debugger verwendet werden soll, um sich in eine bereits laufende Java-Interpreter-Session einzuloggen, können folgende Optionen verwendet werden:

- -host *hostname*: Gibt den Namen des Rechners an, zu dem die Verbindung hergestellt werden soll.
- -password *password*: Gibt das Paßwort an, das man braucht, um sich in die laufende Interpreter-Session einzuloggen. Der Interpreter muß dabei mit der Option -debug gestartet worden sein.

Zu den grundlegenden jdb-Befehlen zählen die folgenden:

- help, ?: Der wichtigste Befehl; gibt eine Liste der möglichen Befehle mit einer (kurzen) Beschreibung aus.
- list [linenumber | method] : Zeigt den Quellcode an.
- print *object*: Druckt ein Java-Objekt aus; dabei wird die Methode toString() verwendet.

2.2 JDK-Entwicklungsumgebung

- `dump`: Druckt die Instanzvariablen eines Objekts aus. Objekte werden durch ihren ID (ein hexadezimaler Integer) oder ihren Namen referenziert.
- `threads`: Listet die gegenwärtigen Threads auf.
- Breakpoints: Breakpoints können durch die Befehle

Zu Threads siehe auch Parallelisierung, S. 141

```
stop in <classID>.<method>
```

und

```
stop at <sourcefile>:<linenumber>
```

gesetzt werden. Beispiel

```
stop at HelloWorld:10
```

setzt einen Breakpoint in der Datei `HelloWorld.java` in Zeile 10.

Der Java C-Schnittstellengenerator `javah`

`javah` dient dazu, die C-Header- und Implementierungsdateien zu generieren, um Original-C-Code in einer Klasse verwenden zu können. Dies kann beispielsweise notwendig sein, um Methoden zu implementieren, die einer besonderen Laufzeiteffizienz bedürfen, oder aber auch, um Zugriffe auf Systeme zu realisieren, die nur in der Sprache C oder C++ möglich sind. Die generierten Dateien werden von C-Programmen verwendet, um Instanzen referenzieren zu können. Klassendefinitionen werden in `struct`-Definitionen konvertiert, die Felder der Strukturen entsprechen dabei Instanzvariablen.

In JDK 1.1 wurde die Einbindung von nativen Methoden neugestaltet und erweitert. Auch einen neuen Namen gibt es: Java Native Interface (JNI). Primäres Ziel der Weiterentwicklung ist eine möglichst plattformunabhängige Einbindung von nativen Methoden (auch wenn diese Aussage auf den ersten Blick als Widerspruch erscheint). Da die grundsätzliche Vorgangsweise der Einbindung von nativen Methoden im Vergleich zur bestehenden JDK-Version gleich bleibt, beschreiben wir in diesem Abschnitt ein Beispiel in 1.0-Terminologie.

Nähere Infos zu JNI beziehungsweise der Einbindung von nativen *Methoden finden Sie unter: http://java.sun.com/docs/ books/tutorial/post1.0/ whatsnew/jni.html*

Wie bereits erwähnt, liegt die Hauptanwendung des Schnittstellengenerators in der Einbindung von plattformspezifischem Code in Java. Wesentliche Vorteile von Java wie etwa Sicherheitskonzept, Ausnahmebehandlung und vor allem natürlich die Plattformunabhängigkeit sind dann allerdings nicht mehr gegeben.

Das folgende einfache Beispiel beschreibt die Verwendung des Schnittstellengenerators sowie die Implementierung des Zugriffs auf die objektorientierte Datenbank *ITASCA* [IBEX95], die über eine C-Schnittstelle verfügt. Das Beispiel entstammt einem realen Problem, das bei der

Entwicklung von Software-Agenten aufgetreten ist (siehe auch *Szenario ›Software-Agenten‹*, S. 113). Das Problem entstand dabei dadurch, daß in Java programmierte Software-Agenten auf Daten zugreifen sollten, die in ITASCA abgelegt worden sind. Es war also erforderlich, eine Datenbankschnittstelle von Java nach LISP – der Datenmanipulationssprache von ITASCA – zu entwickeln. Als Grundlage der Implementierung diente eine von ITASCA zur Verfügung gestellte C-Bibliothek, die ihrerseits wiederum die Aufrufe von LISP-Code kapselt.

Im allgemeinen sollte man für Datenbankzugriffe JDBC Mechanismen (Java Database Connectivity, *JDBC*, S. 157) verwenden. Im vorliegenden Beispiel unterstützt die Datenbank nur Schnittstellen für die Sprachen C und LISP. Eine mögliche Lösung könnte daher so aussehen, daß man einen Server-Prozeß auf dem Datenbank-Server implementiert, der den Zugriff über die C-Schnittstelle auf die Datenbank kapselt. Andere Java-Programme könnten dann über TCP/IP auf diesen Server-Prozeß zugreifen. So bleibt zumindest für diese Programme die Plattformunabhängigkeit gesichert. Abbildung 2–1 veranschaulicht diese Architektur.

*Abb. 2–1
Datenbankzugriff
mit Hilfe der Java
C-Schnittstelle*

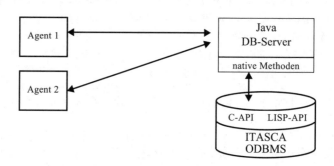

Der Aufruf des Schnittstellengenerators erfolgt mit

```
javah [ options] classname
```

oder

javah_g ist die nicht optimierte Version von javah*, die für Debugging geeignet ist*

```
javah_g [options] classname
```

Der Schnittstellengenerator `javah` verfügt über folgende Optionen:

- ❑ `-o` *outfile*: Diese Option fügt alle generierten Header und Implementierungsdateien in *outfile* ein.
- ❑ `-d` *dir*: Spezifiziert das Zielverzeichnis, in das die Header und Implementierungsdateien hineingeneriert werden sollen.
- ❑ `-td` *dir*: Setzt das temporäre Verzeichnis für `javah`. Der Standardwert ist `/tmp`.

2.2 JDK-Entwicklungsumgebung

- `-stubs`: Veranlaßt das Generieren von C-Deklarationen aus dem Java-Objektcode.
- `-trace`: Erzeugt zusätzliche Informationen für die *stub*-Datei.
- `-version`: Gibt die Versionsnummer aus.
- `-jni` (ab Version 1.1): Erzeugt eine Datei mit Funktionsprototypen für die nativen Methoden.
- `-classpath` *path*: Diese Option überschreibt die Definition in der Umgebungsvariablen `CLASSPATH`.

Als erstes schreibt man also eine Klasse mit den gewünschten Zugriffsmethoden. Den nativen Methoden wird dabei das Schlüsselwort `native` vorangestellt. Die plattformabhängige Bibliothek ›Itasca-Lib‹ wird zur Laufzeit geladen, d.h., sie kann auch geändert und erneut geladen werden.

```
public class AccessItasca {
  public native void queryDB(int i, String args[]);
  static {
  System.loadLibrary("Itasca-Lib");
  }
}
```

Nach Übersetzen der Zugriffsklasse können mit dem Schnittstellengenerator die .h- und .stub-Dateien generiert werden. Aufruf:

```
javah AccessItasca
```

Die generierte Header-Datei hat folgendes Aussehen:

```
#include <native.h>

/* header for class AccessItasca */
#ifndef _Included_AccessItasca
#define _Included_AccessItasca
#ifdef __cplusplus
extern "C" {
#endif
typedef struct ClassAccessItasca {
  char pad[1];/* Padding for ANSI C */
} ClassAccessItasca;

HandleTo(AccessItasca);

extern void AccessItasca_queryDB(struct HAccessItasca*,
  long, struct HArrayOfString*);
#ifdef __cplusplus
}
#endif

#endif /* _Included_AccessItasca */
```

Abb. 2–2
Generierte Header-Datei

In einer eigenen Datei können jetzt die in der generierten Datei als ›extern‹ deklarierten Funktionen implementiert werden. Diese Datei könnte etwa folgendes Aussehen haben:

```
#include <StubPreamble.h>
#include "AccessItasca.h"
#include <itasca.h>
#include <stdio.h>
#include "javaString.h"

void AccessItasca_queryDB(struct HAccessItasca *this, long
threshold, HArrayOfString* urls_h) {

char** chThr = NULL;
ClassArrayOfString* strings = unhand(urls_h);

chThr = (char**) calloc(str_cnt,sizeof *urls_h);
if (chThr == NULL) {
  SignalError(EE(), "java/lang/OutOfMemoryException",NULL);
  return;
}
...
}
```

Man beachte, daß man sich um Allokation von Speicher selbst kümmern muß! Manche Funktionen erfordern auch das explizite Freigeben von Speicher durch den Programmierer. Auch das Aktivieren von Ausnahmen muß selbst ausprogrammiert werden.

Die so erstellte Datei kann nun zu einer Bibliotheksfunktion übersetzt werden, die dann vom Java-Laufzeitsystem geladen wird. Bei Änderungen wie zum Beispiel Erweitern des Funktionsumfangs, Ändern der Aufrufschnittstelle usw. müssen die erwähnten Schritte wieder durchlaufen werden.

Zusammenfassend kann man daher festhalten, daß native Methoden nur zur Programmierung von Funktionalität verwendet werden sollen, die plattformabhängig ist beziehungsweise nicht in Java selbst programmiert werden kann.

Der Java- Disassembler `javap`

Der Java-Disassembler `javap` verwendet Bytecode und generiert daraus die Klassendefinitionen. Ohne Angabe von Optionen werden alle als `public` deklarierten Instanzvariablen und Methoden ausgegeben. Der Aufruf erfolgt mit:

```
javap [ options] classname
```

Der Disassembler `javap` verfügt über folgende Optionen:

- `-l`: Gibt Zeileninformationen aus.
- `-b` (ab JDK 1.1): Garantiert Kompatibilität mit früheren JDK-Versionen.

- `-public` (ab JDK 1.1): Zeigt nur Klassen, Funktionen und Variablen, die als `public` deklariert wurden.
- `-protected` (ab JDK 1.1): Zeigt nur Klassen, Funktionen und Variablen, die als `protected` deklariert wurden.
- `-private` (ab JDK 1.1): Zeigt nur Klassen, Funktionen und Variablen, die als `private` deklariert wurden.
- `-package`, `-p`: Zeigt nur das Package sowie als `protected` und `public` deklarierte Klassen, Funktionen und Variablen.
- `-c`: Gibt für jede Methode einer Klasse die Aufrufe aus. Daraus ist indirekt der Quellcode ersichtlich.
- `-s` (ab JDK 1.1): Gibt die internen Signaturen der Datentypen aus.
- `-v`: Gibt Statusmeldungen auf die Console aus.
- `-version`: Gibt die Version von `javap` an.
- `-classpath` *path*: Diese Option überschreibt die Definition in der Umgebungsvariablen `CLASSPATH`.

Als Beispiel soll die Klasse `HelloWorldApplet` disassembliert werden. Der Aufruf `javap -p -s -v HelloWorldApplet` führt zur folgenden Ausgabe:

```
Compiled from HelloWorldApplet.java
public synchronized class HelloWorldApplet extends
java.applet.Applet
/* ACC_SUPER bit set */
{
public void paint(java.awt.Graphics);
    /*   (Ljava/awt/Graphics;)V   */
        /* Stack=4, Locals=2, Args_size=2 */
    public HelloWorldApplet();
        /*     ()V    */
        /* Stack=1, Locals=1, Args_size=1 */
}
```

Der Disassembler eignet sich somit zum Anzeigen von Schnittstellen beziehungsweise Strukturen von Klassen, die im Bytecode-Format vorliegen.

Der Java- Dokumentationsgenerator `javadoc`

Die Programmiersprache Java unterstützt spezielle Anweisungen für Dokumentationszwecke. Diese Anweisungen werden zwischen `/**` und `*/` eingeschlossen. Der Java-API-Dokumentationsgenerator `javadoc` kann aus diesen Anweisungen automatisch HTML Dokumente erzeugen.

Es sind auch besondere Textauszeichnungen möglich, die alle mit einem `@` beginnen und den `javadoc` anweisen, zusätzliche Informationen zu generieren, z.B. `@see classname`, `@author author-name`, `@version version-text` usw.

2 Einführung in Java

Eine vollständige Liste der @-Anweisungen findet sich in [FLAN97] oder im World Wide Web unter `http://java.sun.com/products/JDK/-tools/solaris/javadoc.html`.

Beispiele sowie weitere Infos zu Doclets finden Sie unter: http://java.sun.com/products/jdk/1.2/docs/tooldocs/java-doc/index.htm

Für das Markieren von Klassen, Methoden und Variablen, die in künftigen Versionen nicht mehr verwendet beziehungsweise nicht mehr unterstützt werden, ist ab der Version 1.1 von JDK eine eigene Textmarkierung eingeführt worden: `@deprecated`. Der Übersetzer gibt eine Warnung aus, falls Quellcode mit dieser Textmarkierung übersetzt wird.

Eine interessante Neuerung gibt es ab der Version 1.2 des JDK: Sogenannte ›Doclets‹ erlauben das Erstellen von Dokumentation für verschiedene Zielformate. So kann mit Hilfe von selbst programmierten Doclets beispielsweise nicht nur eine Ausgabe in HTML erfolgen, sondern auch eine Ausgabe in das FrameMaker Interchange Format (MIF).

Der Appletviewer

Zu Applets siehe auch den Abschnitt Applets, S. 92

Der Appletviewer stellt eine Laufzeitumgebung zur Verfügung, in der Java-Applets getestet werden können. Der Appletviewer wird dabei mit den HTML-Dateien, die sich direkt auf die Applets beziehen, gestartet. Für jede Datei wird ein eigenes Fenster gestartet. Abbildung 2–3 zeigt den Appletviewer mit einem Demonstrationsbeispiel des Spieles TicTacToe.

Der Appletviewer wird folgendermaßen gestartet:

```
appletviewer [ options ] urls ...
```

wobei folgende Optionen möglich sind:

- `-debug`: Startet den Appletviewer mit dem Debugger `jdb`.
- `-encoding` *encoding name:* Spezifiziert die Kodierung der zu ladenden HMTL-Dateien.
- `-J` *javaoption*: Gibt die Optionen als *ein* Argument an den Java-Interpreter weiter. Falls mehrere Argumente an den Interpreter weitergegeben werden sollen, müssen sie alle mit `-J` als Präfix versehen werden.

Zur Hypertext Markup Language (HTML) siehe z.B. [TOLK96]

Der Appletviewer ist ein rudimentäres Werkzeug. Es kann nur das Applet selbst dargestellt werden. Will man ganze HTML-Seiten testen, so muß man einen Java-fähigen WWW-Browser wie z.B. Netscape, Internet Explorer oder HotJava verwenden.

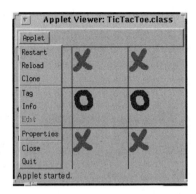

Abb. 2–3
Der Java-Appletviewer

Folgende Funktionen werden vom Appletviewer unterstützt:

- `Restart`: Läßt das geladene Applet erneut ablaufen.
- `Reload`: Lädt das Applet erneut, z.B., wenn sich die `.class`-Datei geändert hat.
- `Clone`: Erzeugt ein neues Applet-Fenster mit denselben Parametern, mit denen das erste aufgerufen wurde.
- `Tag`: Dieser Befehl zeigt die HTML-Textauszeichnungen, die für dieses Applet definiert wurden.
- `Info`: Zeigt über dieses Applet verfügbare Informationen an.
- `Properties`: Erlaubt die Spezifikation von Netzwerk und Sicherheitseigenschaften des Applets. So können HTTP-Proxy-Server und -Port, Firewall-Proxy-Server und -Port sowie Zugriffsrechte in bezug auf Netzwerk und Applet definiert werden.

Der Browser HotJava

Sun vertreibt auch einen eigenen Browser, HotJava. Der ›Hype‹ rund um Java ist nicht zuletzt diesem Browser zu verdanken (siehe auch *G'schichterln über Java ...*, S. 2).

Im Gegensatz zum zuvor beschriebenen Appletviewer, der nur das Darstellen von Applets, nicht aber der einschließenden HTML-Seiten erlaubt, stellt HotJava einen voll funktionsfähigen Browser dar. Die gegenwärtige Version ist 1.1.2, sie ist unter Windows 95/NT, Solaris und JavaOS lauffähig. Prinzipiell sollte sie auf allen Plattformen laufen, die JDK 1.1.4 unterstützen.

HotJava unterstützt HTTP 1.1, HTML 3.2, JDK 1.1.4, Tabellen und Frames, Cookies, Secure Sockets, JAR und eine Reihe weiterer Formate und Protokolle. Im Vergleich zu anderen Browsern wie zum Beispiel Net-

2 Einführung in Java

scape oder Internet Explorer sind vor allem zwei Merkmale kennzeichnend für HotJava:

- HotJava verfügt über eine anpaßbare Benutzerschnittstelle.
- Eine eigene HTML-Komponente (ein sogenannter ›Bean‹, siehe auch *JavaBeans*, S. 149) erlaubt das Einbinden von BrowserFunktionalität auch in andere Anwendungen, d.h., diese Komponente kann wiederverwendet werden.

Abb. 2–4
Der Browser HotJava

2.2.2 RMI-Werkzeuge

Die RMI(Remote Method Invocation)-Werkzeuge umfassen `rmic`, `rmiregistry`, `rmid` und `serialver`. Sie sind ab der Version 1.1 des JDK verfügbar. Näheres zu RMI finden Sie unter *RMI*, S. 134.

Der Java-RMI-Stub-Übersetzer `rmic`

Zu RMI siehe RMI, S. 134

Der Java-Stub-Übersetzer `rmic` dient dazu, sogenannte *stubs* und *skeletons* für Objekte zu generieren. Der Aufruf erfolgt mit

```
rmic [ options] package-qualified-class-name(s)
```

wobei neben den Optionen eine Liste von Java-Klassen übergeben wird. Für alle jene Objekte dieser Klassen, die das Interface ›Remote‹ implementieren, werden *stubs* und *skeletons* generiert. Der Stub-Übersetzer `rmic` verfügt über folgende Optionen:

- `-l`: Gibt Zeileninformationen aus.
- `-classpath` *path*: Diese Option überschreibt die Definition in der Umgebungsvariablen CLASSPATH.
- `-d` *directory*: Die Wurzel des Verzeichnisses, in das die generierten Dateien kopiert werden sollen
- `-depend`: Prüft die Aktualität referenzierter Klassen.
- `-g`: Das Übersetzen mit dieser Option erlaubt das spätere Debuggen mit dem Java-Debugger.
- `-keepgenerated`: Hält eine Kopie der generierten Klassen auf.
- `-nowarn`: Schaltet Warnungen aus.
- `-O`: Optimiert übersetzten Code.
- `-show`: Startet eine grafische Benutzerschnittstelle.
- `-verbose`: Gibt zusätzliche Informationen aus.

Das Java Remote Object Registry `rmiregistry`

Dieses Werkzeug startet einen Dienst auf einem Port eines Rechners. Dieser Dienst wird von Java-RMI-Klassen und -Methoden verwendet, um Objekte, die über Namen referenziert werden, zu lokalisieren. Der Aufruf erfolgt mit

```
rmiregistry [ port]
```

wobei als Standard der Port Nummer 1099 verwendet wird.

Der Java RMI-System Activation Daemon `rmid`

Dieser Daemon ist ab der Version 1.2 des JDK verfügbar. Er dient dazu, die Registrierung und Aktivierung von Objekten, auf die mittels RMI zugegriffen wird, zu starten. Der Aufruf erfolgt mit

```
rmid [ -port port] [ -log dir]
```

wobei die Optionen folgende Einstellungen erlauben:

- `-port` *port*: Erlaubt das Setzen des Ports, auf dem der Daemon läuft. Als Standard wird der Port mit der Nummer 1098 verwendet.
- `-log` *dir*: Gibt das Verzeichnis an, in das Log-Information geschrieben wird. Innerhalb dieses Verzeichnisses legt `rmid` ein Unterverzeichnis ›log‹ an.

Das Werkzeug zum Ermitteln der Serialisierungsnummer `serialver`

`serialver` ist ein Werkzeug, das es erlaubt, den eindeutigen ID einer Klasse auszugeben – sofern die Klasse über einen solchen verfügt. Die

Klasse erhält diesen ID, wenn sie serialisiert wird, d.h. in ein Bytestrom-Format kodiert wird (Näheres zur Serialisierung finden Sie in *Objektserialisierung*, S. 59). Der Aufruf erfolgt mit

```
serialver [ show | classnames]
```

wobei entweder die Option `show` gewählt werden kann, welche eine einfache grafische Benutzerschnittstelle unterstützt, oder Namen von Klassen übergeben werden und eine Ausgabe in die Console erfolgt. Diese Ausgabe hat etwa folgendes Aussehen:

```
C:\jdk1.2beta2\demo\applets\Clock>serialver Clock2
Clock2:    static final long serialVersionUID = -
2026012716076307187L;
```

2.2.3 Werkzeuge zur Unterstützung von Mehrsprachigkeit

Java unterstützt ab der JDK Version 1.1 den Unicode-Zeichensatz. Dieser erlaubt die Darstellung von Zeichen, die nicht im ASCII-Code enthalten sind. Somit können auch Daten anderer als lateinischer Sprachen plattformunabhängig verarbeitet werden. Derzeit (März 1998) existiert neben der Unicode-Unterstützung im Framework *ein* Werkzeug, der Zeichenkonvertierer, das Unterstützung für Mehrsprachigkeit bietet.

Der Zeichenkonvertierer `native2ascii`

Dieses Werkzeug konvertiert eine Datei, die sogenannte ›native‹ Zeichen enthält, zu Unicode-Zeichen. Diese können dann von Java-Programmen verarbeitet werden. Der Aufruf erfolgt mit

```
native2ascii [ options] [ inputfile [ outputfile]]
```

wobei folgende Optionen möglich sind:

- ❏ `-reverse`: Führt die umgekehrte Operation durch, d.h., Zeichen einer Datei, die im Unicode-Format vorliegt, werden in ein natives Format kodiert.
- ❏ `-encoding` *encoding name*: Spezifiziert das Kodierungsformat, das zur Kodierung oder Dekodierung verwendet werden soll.

2.2.4 JAR-Werkzeuge

Ab der Version 1.1 des JDK verfügt Java über die Möglichkeit, plattformunabhängige Archive zu erstellen beziehungsweise zu verarbeiten. JAR ist ein Allzweckformat, das auf dem ZIP-Format beziehungsweise der ZLIB-

Bibliothek beruht. Das Werkzeug, das dies ermöglicht, nennt sich JAR – Java Archive Tool.

Das Java-Archive-Werkzeug `jar`

Java ARchive (JAR) ist ein plattformunabhängiges Archivierungssystem und basiert auf dem populären Kompressionsformat ZIP, spezifiziert von der Firma PKWARE. Das Java-Archive-Format erlaubt es, alle Ressourcen (z.B. Audio, Grafiken, usw.) und Klassen eines Applets zu komprimieren und mit *einer* Transaktion über das Netz zu übertragen. Dadurch wird eine erhebliche Verkürzung der Ladezeit erreicht. Die Dateien müssen zwar vom Browser entpackt werden, dafür entfällt der Verbindungsaufbau für jede einzelne Datei, was bei der derzeitigen Netzwerktechnologie relativ viel Zeit in Anspruch nimmt.

Der Parameter ARCHIVE des Applet-Tags definiert ein oder auch mehrere JAR-Dateien, die vom Browser sofort geladen werden. Die für den Start des Applets benötigte Klasse muß wie gewohnt durch das Attribut CODE angegeben werden, kann jedoch ebenfalls in einem der Archive verpackt sein:

Nähere Infos zu ZLIB finden Sie unter:
http://www.cdrom.com/pub/infozip/zlib/

```
<APPLET CODE=StartApplet.class
   ARCHIVE="jars/intraAppl.jar, jars/jdbcDriver.jar"
   width=460 height=160>
   <PARAM NAME="connectstring" VALUE="panther:1521:orcl">
</APPLET>
```

Vom Browser benötigte Klassen, Images usw. werden zuerst in den JAR-Dateien gesucht. Ist eine Datei in keinem der Archive zu finden, versucht der Browser, diese in der klassischen Weise vom Web-Server – also der Basis des Applets – zu laden.

Für die Erstellung eines Archivs ist das Werkzeug `jar` vorgesehen. Angenommen, ein Applet besteht aus den Klassen `MyApplet.class` und `ViewFrame.class` und benötigt eine Bilddatei (`logo.gif`) sowie eine Tondatei (`signation.wav`), so kann ein Archiv `myarchive.jar` folgendermaßen erstellt werden:

```
jar cf myarchive.jar MyApplet.class ViewFrame.class
    logo.gif signation.wav
```

Die Option `c` löst das Zusammenfassen und Komprimieren von beliebigen Dateien zu einem Archiv aus. Mit `f` wird das Archiv in einer Datei mit dem anschließend spezifizierten Namen (`myarchive.jar`) abgespeichert. Die Anzeige des Inhalts eines Archivs erfolgt durch die Option `t`, während das Extrahieren der einzelnen Dateien mit `x` möglich ist.

2.2.5 Sicherheitswerkzeuge

Diese Werkzeuge sind ab der JDK-Version 1.1 verfügbar. Da ihr Funktionsumfang sehr groß ist, beschränken wir uns auf eine kurze Zusammenfassung. Weitere Informationen zur Sicherheit in Java im allgemeinen finden Sie in Abschnitt *Sicherheit*, S. 175.

Das Werkzeug `keytool` / `javakey`

Dieses Werkzeug wird in der Version 1.1 von JDK als `javakey` bezeichnet, die Version 1.2 von JDK bezeichnet es als `keytool`. `keytool` verwaltet eine Datenbank von privaten Schlüsseln und den dazugehörigen öffentlichen Schlüsseln. Das Werkzeug erlaubt vielerlei Dienste, wie zum Beispiel das Importieren und Exportieren von Schlüsseln, das Generieren neuer Schlüssel usw. Eine detaillierte Beschreibung finden Sie im World Wide Web unter `http://java.sun.com/products/jdk/1.2/docs/-tooldocs/win32/keytool.html` beziehungsweise im entsprechenden Verzeichnis für andere von Javasoft unterstützte Plattformen.

Weitere Informationen finden Sie unter: http://java.sun.com/products/jdk/1.2/docs/tooldocs/win32/jarsigner.html

Das Werkzeug `jarsigner`

Dieses Werkzeug generiert und verifiziert Signaturen von Java-Archiven (den `.jar`-Dateien).

Das Werkzeug `policytool`

Dieses Werkzeug verfügt über eine einfache grafische Benutzerschnittstelle. Es erlaubt das Editieren von Dateien, die die Sicherheitspolitik definieren.

Nähere Information zur Verwendung dieses Werkzeugs finden Sie im World Wide Web unter:

- `http://java.sun.com/products/jdk/1.2/docs/guide/-security/spec/security-spec.doc18.html` oder
- `http://java.sun.com/products/jdk/1.2/docs/guide/-security/spec/security-specTOC.doc.html` sowie
- im Abschnitt *Sicherheit*, S. 175.

2.2.6 IDL-Werkzeuge

IDL steht als Abkürzung für Interface Definition Language und ist ab der Version 1.2 des JDK verfügbar. Derzeit umfaßt der Umfang exakt ein

Werkzeug, den sogenannten Namensdienst (*name server*). Dieser ermöglicht es jenen Anwendungen, die über CORBA kommunizieren, auf einen Namensdienst zuzugreifen (zu CORBA siehe auch *CORBA*, S. 131). Der einzige Parameter ist dabei der Port, auf dem der Dienst läuft. Der Aufruf erfolgt mit

```
tnameserv [ -ORBInitialPort port]
```

wobei der Standard-Port 900 ist. Weitere Details zur Verwendung dieses Dienstes finden Sie unter `http://java.sun.com:80/products/jdk/1.2/docs/guide/idl/`.

2.2.7 Servlet-Werkzeuge

Servlets sind in JDK ab der Version 1.2 des JDK verfügbar. Servlets sind Software-Module, die Server um spezifische Funktionalität erweitern, zum Beispiel, um HMTL-Forms zu analysieren, Kreditkartennummern zu prüfen, allgemeine Datenbankzugriffe zu realisieren usw. Servlets sind also für Server, was Applets für Browser (Clients) sind. Daher auch die Anlehnung im Namen.

Anwendungsspezifische Parameter, die von Servlets verwendet werden sollen, müssen von einer speziellen Datei gelesen werden. Das Format dieser Datei folgt jenem der Systemeigenschaften, d.h. paarweise Einträge der Form key/value, zum Beispiel `servlet.phone.code=PhoneServlet`.

Nähere Infos zu Servlets finden Sie unter: http://java.sun.com/ products/jdk/1.2/docs/ext /servlet/

Um Servlets zu entwickeln beziehungsweise zu testen, gibt es ein eigenes Werkzeug, den `servletrunner`. Das Werkzeug kann folgendermaßen aufgerufen werden:

```
servletrunner [ options]
```

wobei folgende Optionen möglich sind:

- ❏ `-p` *port*: Die Nummer des Ports, auf dem der Server laufen soll
- ❏ `-b` *backlog*: Die Anzahl der Anfragen, die vermerkt werden
- ❏ `-m` *max*: Die maximale Anzahl der Anfragen
- ❏ `-t` *timeout*: Verbindungs-Timeout in Millisekunden
- ❏ `-d` *dir*: Verzeichnis, in dem Servlets stehen
- ❏ `-r` *root*: Wurzelverzeichnis für Dokumente
- ❏ `-s` *filename*: Name der Datei, die die sogenannten Properties enthält
- ❏ `-v`: Zusätzliche Informationen werden in die Console ausgegeben.

2.2.8 Selbständige Anwendungen

Anwendungen, die ohne direkten Aufruf des Java-Runtime-Werkzeugs `java` laufen, können abhängig vom jeweiligen Betriebssystem unterschiedlich erstellt werden. Unter Unix könnte man beispielsweise ganz einfach ein Shell-Script schreiben, das den Aufruf implementiert. Dieses Shell-Sript könnte den Namen `hello` tragen und folgendes Aussehen haben:

```
#!/bin/sh
java HelloWorld
```

Dieser Datei muß dann noch das Ausführungsrecht gegeben werden (`chmod a+x hello`), und der Benutzer kann dann direkt durch Eingeben von `hello` das Programm starten. Auf ähnliche Art und Weise kann man auch unter Linux, Windows 3.11 beziehungsweise Windows 95/NT eigenständige Anwendungen erstellen.

Für Java-Anwendungen, die eigenständig unter MacOS laufen sollen, ist das Erstellen einer `.zip`-Datei der notwendigen Klassen (z.B. `HelloWorld.class`) sowie das Editieren der entsprechenden ausführbaren Datei mit `ResEdit` notwendig. Dabei muß eine Instanz des Java Runtime in einer neuen Datei gespeichert und jene Ressourcen, die den Pfad der gezippten Klassen sowie Namen und Typ der Anwendung betreffen, geändert werden. Eine detaillierte Beschreibung finden Sie in den plattformspezifischen Dateien des JDK für den Macintosh.

Eine Alternative bieten die gängigen Entwicklungsumgebungen, indem sie das Generieren von plattformspezifischem Binärcode aus Java-Programmen unterstützen. Unter Windows 95 wird beispielsweise das Erzeugen von DLL- oder EXE-Dateien unterstützt, die vollkommen unabhängig vom JDK ausgeführt werden können.

2.3 Produkte rund um Java

Eine Übersicht über derzeit verfügbare Java-Produkte finden Sie unter: http://www.javassoft.com/products/

Neben der Programmiersprache Java und den oben beschriebenen Werkzeugen gibt es mittlerweile auch eine ganze Reihe von Produkten, die in Java implementiert worden sind. Dieser Abschnitt gibt eine kurze Übersicht über die verschiedenen Java-Klassen beziehungsweise Framework-Erweiterungen. Eine detaillierte Beschreibung des Basis-Frameworks (Java Base oder auch JDK) erfolgt in den folgenden Unterkapiteln. Die anderen Frameworks, die hier kurz beschrieben werden, sind nicht Bestandteil dieses Buches – zum Teil existieren sie auch noch gar nicht beziehungsweise nur als Testversionen. An dieser Stelle soll auch auf das Glossar im Anhang ab Seite 213 verwiesen werden, das eine Kurzbeschreibung aller von Sun erhältlichen Java-Produkte enthält.

2.3 Produkte rund um Java

Zu den Kern-Frameworks zählen das Java-Applet Framework, die Java Enterprise Frameworks, das Java Commerce Framework, das Java Security Framework, das Java Media Framework sowie die JavaBeans. Grundidee des Begriffs der Kern-Frameworks ist, daß Lizenznehmer von Java zumindest die Kernklassen unterstützen müssen. Somit soll sichergestellt werden, daß alle Java-virtuellen Maschinen über eine Mindestfunktionalität verfügen.

- Das *Java-Applet Framework* (es wird auch *Java Base* genannt) besteht aus jenen Packages, die mit dem Java Development Kit (JDK) ausgeliefert werden (siehe *JDK-Entwicklungsumgebung*, S. 32).
- Die *Java Enterprise Frameworks* stellen Funktionalität zur Verwaltung beziehungsweise zum Zugriff auf verteilte Objekte und Datenbanken bereit. Es gibt drei Arten von APIs (Application Programming Interfaces): Java IDL, das eine CORBA-konforme IDL (Interface Definition Language) zur Verfügung stellt, RMI (Remote Method Invocation), das ähnlich dem bekannten Konzept des Remote Procedure Call (RPC) die Entwicklung verteilter Anwendungen in Java erlaubt, und Java Serialization, das es ermöglicht, Java-Objekte von Datenströmen zu lesen und auf diese zu schreiben. Zu den Enterprise Frameworks zählt auch JDBC (Java Database Connectivity), das den Zugriff auf Datenbanken aus Java heraus implementiert. Übrigens ist JDBC ab der Version 1.1 Teil des Java Base Frameworks (siehe auch *JDBC*, S. 157).
- Das *Java Commerce Framework* besteht aus einer Reihe von Klassen und Methoden, die Finanztransaktionen – auch über das Internet – auf sichere Art und Weise ermöglichen sollen. *JavaWallet* beispielsweise ist ein client-seitiges Framework, das Kreditkarten und Electronic-Cash-Transaktionen unterstützen wird. Die Geldbörse verwaltet dabei persönliche Daten des Kunden wie Name, Adresse, Kreditkartennummer und auch Informationen über alle getätigten Geldtransaktionen.
- Das *Java Security Framework* unterstützt Anwendungsentwickler bei der Programmierung ›sicherer‹ Anwendungen. Funktionalität zum Ver- und Entschlüsseln, für digitale Unterschriften und Authentifizierung wird zur Verfügung gestellt.
- Das *Java Media Framework* erlaubt Entwicklern, multimediale Anwendungen möglichst plattformunabhängig zu programmieren. Wesentliche Funktionalitäten, die dabei unterstützt werden, inkludieren Klassen für das Verwalten von Ton beziehungsweise ›Streaming Data‹ im allgemeinen, Klassen zur Synchronisation sowie natürlich Klassen zur Programmierung von zwei- und dreidimensionalen grafischen Darstellungen. Das Java Media Frame-

Weitere Infos zum Java Media Framework sowie zu Java 2D und Java 3D erhalten Sie über die Newsgroups jmf-interest@java.sun.com und java2d-interest beziehungsweise java3d-interest

work ist derzeit (April 1998) für Intel- und Solaris-Plattformen als Beta verfügbar.
- Die *JavaBean*s implementieren ein Komponentenmodel in Java (vergleichbar mit Microsofts OLE ActiveX oder Apples OpenDoc). Zu JavaBeans siehe auch *JavaBeans*, S. 149.

Neben diesen Kernklassen, die es auf möglichst allen Java-Plattformen gibt beziehungsweise geben wird, entstehen auch eine Reihe von Frameworks, die unter dem Namen ›Java Standard Extension Classes‹ laufen. Diese Klassen bieten zusätzliche Funktionalität, sie werden aber nicht auf allen Plattformen zur Verfügung stehen. Die Schnittstelle (API) ist bekann,t und es steht somit jedem frei, eine Implementierung für eine gewünschte Plattform vorzunehmen. Zu diesen Klassen beziehungsweise Frameworks zählen:

- Die *Java Management Framework*s, die es erlauben werden, Netzwerke beziehungsweise Netzwerkanwendungen über das Internet zu verwalten oder zu warten
- Das *Java Server Framework*, das die Entwicklung von Servern für Internet- oder Intranetdienste erleichtern soll
- Erweiterungen zum *Java Commerce Framework*, die über die normale Funktionalität der ›JavaWallet‹ hinausgehen. So sollen zum Beispiel die sicheren elektronischen Transaktionen (Secure Electronic Transactions, SET) von Visa unterstützt werden.
- Erweiterungen zum *Java Media Framework*, die vor allem Video sowie MIDI unterstützen. Auch ein sogenanntes ›Telephony Framework‹ sowie ein Framework zur Erstellung kollaborativer Anwendungen *Java Share* werden Bestandteil dieser Erweiterungen sein.

Wie aus dieser Aufzählung zu erkennen ist, stellt Java weit mehr als eine Programmiersprache dar. Für beinahe jeden Anwendungsbereich gibt es eigene Frameworks beziehungsweise spezielle Produkte. Viele dieser Produkte werden ihre Einsetzbarkeit noch beweisen müssen – der Erfolg Javas als allgemein verwendbare Programmiersprache wird nicht zuletzt vom Erfolg beziehungsweise der Verfügbarkeit der Erweiterungen abhängen.

3 Kernklassen des JDK

Das Java Development Kit unterstützt durch eine Reihe von Packages inklusive der dazugehörigen Klassen und Methoden jene Funktionalität, die für die allermeisten Anwendungen als Grundvoraussetzung notwendig ist. Diese Klassen werden daher auch als Kernklassen bezeichnet.

Klassen zur Ein- und Ausgabe bilden dabei einen wesentlichen Bestandteil. Im folgenden Abschnitt werden dabei die Ein- und Ausgabe von und auf die Console als auch von und auf Dateien beschrieben. Des weiteren gehen wir auf Verkettung von Datenströmen sowie das Konzept der Serialisierung, das die Persistenz unterstützt, ein.

Benutzerschnittstellen stellen einen weiteren Schwerpunkt dar. Ausgehend von der Grundidee des Application Frameworks wird insbesondere das Abstract Windowing Toolkit (AWT) dargestellt. Die Gestaltung von Benutzerschnittstellen sowie die Behandlung von Ereignissen stehen dabei im Vordergrund.

Applets als besondere Art von Java-Anwendungen bilden den Schwerpunkt des folgenden Abschnitts. Der Lebenszyklus eines Applets wird dargestellt, die Einbindung in HTML-Seiten erklärt, sowie die Kommunikation zwischen Applets erläutert.

Ein weiteres spezifisches Merkmal der Sprache Java bildet die Netzwerkanbindung, die besonders im Hinblick auf verteilte Systeme als wesentliche Basisfunktionalität zu werten ist. Neben einer kurzen Einführung in Netzwerke bilden vor allem das Arbeiten mit URLs sowie das Erstellen simpler Netzwerkanwendungen mit Sockets über TCP und UDP den Kern dieses Abschnitts.

3.1 Ein- und Ausgabe

Das Java-Package `java.io` stellt eine Reihe von Klassen zur Ein- und Ausgabe über Datenströme zur Verfügung. Das Standardeingabegerät ist dabei die Tastatur, die Standardausgabe erfolgt auf das Terminal. Dazu werden die Klassen `InputStream` beziehungsweise `PrintStream` verwendet. Die abstrakten Klassen `InputStream` und `OutputStream` definieren dabei das grundlegende Verhalten von sequentiellen Ein- und Ausgabeströmen.

Zusätzlich werden ab der Version 1.1 von JDK sogenannte Reader- und Writer-Klassen eingeführt, die Lesen und Schreiben von Datenströmen erleichtern. Als weitere wesentliche Erweiterungen zwischen den Versionen 1.0 und 1.1 von JDK gelten die Unterstützung von Unicode-Zeichensätzen sowie die Klassen und Interfaces zur Objektserialisierung.

Abbildung 3–1 zeigt einen Auszug aus der Klassenhierarchie für die Eingabe. Klassen in abgerundeten Vierecken sind abstrakte Klassen.

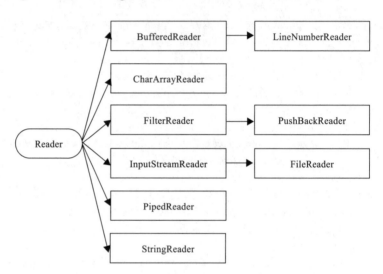

Abb. 3–1
Java-Klassen zur Eingabeverarbeitung (ab JDK-Version 1.1)

Für die Ausgabe auf Datenströme stehen bei fast allen Eingabeströmen entsprechende Pendants zur Verfügung. Abbildung 3–2 gibt einen Überblick.

3.1.1 Ein- und Ausgabe auf Dateien

Zur Ein- und Ausgabe auf Dateien werden neben den oben angeführten Klassen FileReader und FileWriter noch die Klassen File und FileDescriptor gebraucht. File repräsentiert dabei eine Datei des jeweiligen Betriebssystems, FileDescriptor ist eine Klasse, die ein sogenanntes Filehandle repräsentiert, das zum Öffnen einer Datei oder eines Sockets verwendet werden kann. Im allgemeinen wird die Klasse File ausreichend sein.

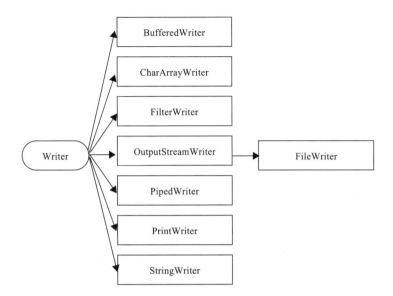

Abb. 3–2
Java-Klassen zur Ausgabeverarbeitung (ab JDK 1.1)

Die Klasse `RandomAccessFile` hat eine besondere Stellung innerhalb der Klassen für die Ein- und Ausgabe. Sie ist von `Object` abgeleitet, implementiert die Schnittstellen `DataOutput` und `DataInput` und bietet dem Anwender eine ganze Reihe von Funktionen, die man als Zusammenfassung aller für die Ein- und Ausgabe auf Dateien möglichen Methoden sehen kann. Instanzen der Klasse `RandomAccessFile` erlauben beispielsweise das Lesen an beliebiger Stelle (›normale‹ Klassen erlauben das Lesen nur jeweils sequentiell von Anfang bis Ende). Beim Öffnen der Datei erhält man einen sogenannten `FilePointer`, mit dem man dann an jene Stelle springen kann, von der man lesen will. Dabei ist zu beachten, daß Instanzen der Klasse `RandomAccessFile` mit `close()` wieder geschlossen werden müssen. Dies kann entweder im Programmcode nach der Bearbeitung erfolgen oder in einer `finalize`-Methode, z.B.:

```
finalize {
   fileName.close();
}
```

Zu `finalize` *siehe auch Konstruktor und Destruktor eines Objekts, S. 18.*

Folgendes Beispiel zeigt die Verwendung von `Reader`. Eine Datei wird zeichenweise gelesen und über die Systemvariable `out` auf der Console ausgegeben:

```
import java.io.*;
public class ReadFile {
  public static void main(String[] args) throws IOException
  {
    File inputFile = new File("ReadFile.java");
    FileReader in = new FileReader(inputFile);
```

```
    int c;
    while ((c = in.read()) != -1)
      System.out.write(c);
    System.out.flush();
    in.close();
    }
}
```

3.1.2 Gefilterte Ein- und Ausgabe

Die Java-Klassen `FilterReader` und `FilterWriter` werden dazu verwendet, Datenströme zu filtern. Dabei wird jeweils ein `InputStream` beziehungsweise `OutputStream` mit dem zu filternden Strom verbunden. Java selbst stellt beispielsweise ab der Version 1.1 die Klassen `BufferedReader` und `BufferedWriter` zur Verfügung (in der Version 1.0 heißen die entsprechenden Pendants `BufferedInputStream` und `BufferedOutputStream`). Diese Klassen filtern die Datenströme dahingehend, daß sie einen Puffer (Buffer) zur Verfügung stellen, der z.B. zum Zwischenspeichern von Daten verwendet werden und somit die Geschwindigkeit bei der Ein- und Ausgabe erhöhen kann.

Diese Klassen bieten auch Methoden an, um die Datenströme schon vorzubearbeiten. So kann man etwa mit der Methode `readLine()` eine ganze Zeile auf einmal lesen. Auch eine Kombination der Filterstream-Klassen ist möglich. Man könnte also einen `FileInputStream` mit einem `InputStreamReader` verknüpfen und diesen dann mit einem `BufferedReader` und somit Daten aus einer Datei (effizient) in einen Buffer lesen und diesen zeilenweise bearbeiten.

Beispiel: Eine eigene Filterklasse, die ein *grep* erlaubt. Sie hat in etwa folgendes Aussehen:

```
public class GrepReader extends BufferedReader {
  String sub;
  BufferedReader in;

  public GrepReader (InputStreamReader in, String s) {
    super (in);
    this.sub = s;
    this.in = new BufferedReader(in);
  }

  public final String readLine() throws IOException {
    String line = "";
    do {
      line = in.readLine();
    }
    while ((line != null) && (line.indexOf(sub) == -1));
    return line;
  }
}
```

Die Klasse `GrepReader` wurde von `BufferedReader` abgeleitet. Sie verlangt einen `InputStreamReader` und eine Zeichenkette als Parameter für den Konstruktor. Die Methode `readline()` überschreibt das Standardverhalten von `readLine()` der Klasse `BufferedReader`. Dabei werden so lange Zeilen gelesen, bis die Zeichenkette in der gelesenen Zeile vorkommt oder das Ende des Stromes erreicht ist.

3.1.3 Objektserialisierung

Die Möglichkeit, Objekte in einen Bytestrom umzuwandeln und umgekehrt das Objekt wieder zu rekonstruieren, ist in Java integriert und wird als Objektserialisierung bezeichnet. Sie findet Verwendung zur Implementierung von Persistenzmechanismen und der Datenübertragung in einem Netzwerk. Die entsprechenden Klassen und Interfaces zur Umsetzung von Objektserialisierung sind ebenfalls dem Package `java.io` zugeordnet. Im folgenden Beispiel wird eine Zeichenkette und ein Datum vom Typ `java.util.Date` auf einen Ausgabestrom geschrieben (Serialisierung), hier ein `FileOutputStream`.

Serialisierung
```
FileOutputStream f = new FileOutputStream("test");
ObjectOutputStream os = new ObjectOutputStream(f);
os.writeObject("sysdat: ");
os.writeObject(new Date());
os.flush();
```

Die Zeichenkette und das Datum wird direkt bei der Übergabe auf den Objektstrom `os` serialisiert und an den eigentlichen Zielstrom `f` weitergegeben. Die Methode `writeObject()` serialisiert dabei alle referenzierten Objekte rekursiv, einzige Ausnahme sind `static` oder `private transient` definierte Membervariable, was die Möglichkeit schafft, sensible Informationen hinsichtlich Sicherheit oder einfach nicht sinnvolle Serialisierungen auszunehmen:

```
class MyDate extends java.util.Date {
  private transient FileInputStream source;
  ...
}
```

Die inverse Funktionalität der Serialisierung, also die Rekonstruktion, wird durch die Klasse `java.io.ObjectInputStream` implementiert.

Rekonstruktion

```
FileInputStream f = new FileInputStream("test");
ObjectInputStream is = new ObjectInputStream(f);
String sd = (String) is.readObject();
Date sysdat = (Date) is.readObject();
```

Die Basis des Quellstroms `is` ist die bei der Serialisierung erzeugte Datei ›test‹. Diese wird als ein Objekt vom Typ `FileInputStream` an ein Objekt `ObjectInputStream` übergeben. Das Lesen und somit die Rekonstruktion von Objekten wird durch die Methode `readObject()` ausgeführt. Das jeweils resultierende Objekt muß dabei in den entsprechenden Datentyp umgewandelt werden.

Ein Objektstrom ist mit einem Puffer zu vergleichen, der dem FIFO-Prinzip folgt. Das heißt, die Reihenfolge bei der Serialisierung bleibt erhalten – first in, first out.

Objektserialisierung gibt zwei Interfaces `Serializable` und `Externalizable` vor, durch die das Speichern und Rekonstruieren von Objekten erreicht werden kann. Das Interface `Externalizable` erlaubt durch die Implementierung der Methoden `writeExternal()` und `readExternal()` die Realisierung eines individuellen Formats, in dem die Objektdaten gespeichert werden. `Serializable` definiert nur einen Datentyp ohne Methoden, Objekte von diesem Typ werden durch die in Java eingebaute Serialisierung verarbeitet. Objekte, die standardmäßig das Interface `Seralizable` nicht implementieren (z.B. `Image` aus `java.awt.image`), können durch Implementieren von Wrapper-Klassen entsprechend angepaßt werden.

```
import java.awt.image.*;
class SerialImage implements java.io.Serializable {
  private transient Image origin = null;
  // serialisierbare Daten:
  private int[] imageData;
  private int imageWidth;
  private int imageHeight;

  public SerialImage(Image wrappedImg) {
    origin = wrappedImg;
    PixelGrabber g = new PixelGrapper(origin,0,0,
        -1,-1,true);
    g.grabPixels();
    imageData = (int[]) g.getPixels();
    imageWidth = g.getWidth();
    imageHeight = g.getHeight();
  }
  public Image getImage() {
    if (origin == null) {
      origin = Toolkit.getDefaultToolkit().
        createImage(new MemoryImageSource(
```

```
            imageWidth, imageHeight,
            imageData, 0, imageWidth));
    }
    return origin;
  }
}
```

Objektserialisierung erlaubt, daß Objekte eine virtuelle Maschine als Bytestrom verlassen (durch Speicherung oder Übertragung im Netz) und in einer anderen virtuellen Maschine wieder rekonstruiert und aktiviert werden. Dabei stellt sich die Frage der Manipulierbarkeit von serialisierten Objekten. Gerade in Netzwerken oder bei Datenbankanwendungen ist es denkbar, daß ein Bytestrom unbemerkt analysiert und mit zusätzlichem Code versehen wird. Bei kritischen Anwendungen kann dieser Möglichkeit durch Verschlüsseln der Byteströme beziehungsweise individuelle Implementierungen von Serialisierungsmethoden begegnet werden (siehe auch das *Das Werkzeug zum Ermitteln der Serialisierungsnummer* `serialver`, S. 47).

3.1.4 Pipes

Das `java.io`-Package enthält zwei Klassen, nämlich `PipedReader` und `PipedWriter`, die das Weiterleiten von Datenströmen über die aus Unix bekannten Pipes implementieren. So kann beispielsweise der Inhalt einer Datei gelesen und als Eingabe für eine Suchen/Ersetzen-Funktion verwendet werden, die ihrerseits wieder als Input für eine neue Datei genommen wird. Durch Verwendung von Pipes könnte der Aufruf geschachtelt erfolgen, also etwa:

```
Reader newData = read(sort(fileName));
```

Wichtig dabei ist, daß die beiden Funktionen `read()` und `sort()` jeweils Objekte der Klasse `Reader` als Eingabe- und als Rückgabeparameter haben. `sort()` könnte etwa folgendermaßen aussehen:

```
public Reader sort (Reader what) {
  BufferedReader fr = new BufferedReader (what, 255);
  PipedWriter pipeOut = new PipedWriter();
  PipedReader pipeIn = new PipedReader(pipeOut);
  PrintWriter out = new PrintWriter(pipeOut);
  ...
  sortIt(pipeIn, pipeOut);
  return pipeIn;
}
```

Input- und Output-Ströme werden miteinander verknüpft und der Eingabestrom als Resultat zurückgegeben. Dadurch kann eine andere Methode diesen wieder als Eingabe verwenden, usw.

Zusammenfassend läßt sich also über Pipes in Java sagen, daß die dafür vorgesehenen Klassen die eigentlichen Ein- und Ausgabeklassen kapseln und somit eine Verknüpfung von Aufrufen auch zwischen verschiedenen Threads leicht möglich ist. Wesentlicher Vorteil der Verwendung von `PipedReader` und `PipedWriter` ist, daß diese beiden Klassen Konstruktoren mit jeweils der anderen Klasse zur Verfügung stellen. Man kann also einen `PipedReader` mit einem `PipedWriter` instanziieren. Dies ist bei allen anderen Stream-Klassen nicht möglich.

3.1.5 Verketten von Datenströmen

Die Java-Klassen zur Ein- und Ausgabe können auch innerhalb einer Hierarchie miteinander verknüpft werden, d.h., man kann Eingabeklassen miteinander kombinieren und Ausgabeklassen miteinander kombinieren. Mischformen sind jedoch nicht erlaubt. Einzige Ausnahme bilden hierbei wie erwähnt die Klassen `PipedReader` und `PipedWriter`. Als Beispielanwendung könnte man sich vorstellen, daß man eine Datei generieren will. Man wird hierzu die Klasse `FileWriter` verwenden. Durch Verknüpfung dieser Klasse mit `BufferedWriter` wird die Effizienz stark verbessert, wie mit folgendem Beispiel getestet werden kann:

```
public class ReadFile {
  public static void main(String[] args) throws IOException
{
  File outFile = new File("out.txt");
  //Variante A ohne Puffer
  FileWriter out = new FileWriter(outFile);
  //Variante B: mit Puffer
  //BufferedWriter out = new BufferedWriter(new
  //FileWriter(outFile),4096);
  int i= 0;
  long startTime = new Date().getTime();
  long size = 16777215; // 16MB

  while (i < (size)) {
    out.write(i);
    i++;
  }
  out.flush();
  System.out.println("This run took "+
    ((new Date().getTime() - startTime)/1000)+" seconds.");
...
```

In obigem Beispiel wird eine Datei ›out.txt‹ generiert. Zwei Varianten stehen dabei zur Auswahl. Bei der einen Variante wird eine Variable vom Type `FileWriter` erzeugt, und die Ausgabe erfolgt über diese Variable; in der zweiten Variante wird die Variable vom Typ `BufferedWriter` angelegt. Auf einem Pentium 200-Rechner mit 64 MByte RAM ergibt das folgende Zeiten zur Generierung der 16 MByte großen Datei:

1. Variante A, ohne Puffer: 373 Sekunden
2. Variante B, mit Puffer: 134 Sekunden

Wie dieses Beispiel und viele andere aus der Praxis zeigen, kann die Verwendung von gepufferter Ein- und Ausgabe durch geschachtelte Ein- und Ausgabeströme die Geschwindigkeit signifikant erhöhen.

3.2 Grafische Benutzeroberflächen

Teil der Kernfunktionalität jeder Anwendung bildet die Benutzerschnittstelle. Java erhebt dabei den Anspruch, die plattformunabhängige Darstellung von Komponenten von Benutzerschnittstellen wie Fenster, Menüs, Buttons und dergleichen sowie deren plattformunabhängige Verarbeitung zu unterstützen.

Nach einer Einführung in die Idee von Application Frameworks, die ihre häufigste Anwendung im Bereich Benutzerschnittstellen findet, steht dann die Entwicklung von grafischen Benutzerschnittstellen mit Hilfe des JDK im Vordergrund. Der Behandlung von Ereignissen wird ein weiterer Abschnitt gewidmet. Die sogenannten Layout-Manager, die der plattformunabhängigen Positionierung von Komponenten dienen, sowie das Arbeiten mit Grafiken bilden den Abschluß dieses Abschnitts.

3.2.1 Allgemeines zu Application Frameworks

Einer der wesentlichen Vorteile der objektorientierten Programmierung ist die Wiederverwendbarkeit (siehe auch *Grundlagen der Objektorientierung*, S. 9). Am offensichtlichsten ist dabei die Wiederverwendung von Quellcode durch Vererbung. Aber auch die Wiederverwendung des Entwurfs selbst ist wichtig – wenn auch ungleich schwieriger.

Genauso wie eine abstrakte Klasse den Entwurf von Klassen abstrahiert, dienen Application Frameworks dazu, den Entwurf von (ganzen) Subsystemen für einen definierten Anwendungsbereich (z.B. Benutzerschnittstellen) auf allgemeine Weise zu definieren.

Application Frameworks sind vorgefertigte Leerprogramme, die die wesentlichen Datenstrukturen sowie das grundsätzliche Verhalten von Anwendungen bereits beherrschen. Im folgenden werden die wesentlichen Unterschiede von Bibliotheken, Toolkits und Application Frameworks dargestellt.

*Abb. 3–3
Aufruf von Funktionen
aus einer Bibliothek
durch ein Anwendungs-
programm*

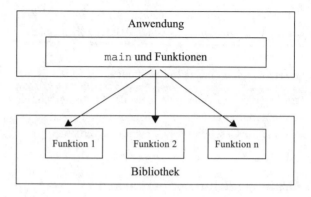

Abbildung 3–3 zeigt den Bibliotheksansatz, bei dem eine Anwendung Funktionen aus einer Bibliothek aufruft (z.B. eine `sinus()`-Funktion aus einer Mathematik-Bibliothek). Bei diesem Ansatz bleibt der gesamte Kontrollfluß in der Anwendung selbst, es werden ›lediglich‹ Funktionen aus der Bibliothek wiederverwendet. Im Zusammenhang mit Klassen spricht man dabei auch vom Toolkit. Ein Toolkit ist eine Sammlung zusammengehöriger Klassen, die allgemein verwendbare Funktionalität aufweisen – beispielsweise Klassen zur Ein- und Ausgabe, die von allen Anwendungen verwendet werden. Toolkits kann man auch als objektorientiertes Äquivalent von Bibliotheksroutinen bezeichnen [GAMM95]. Hauptziel bei der Verwendung von Toolkits ist Wiederverwendung von Quellcode.

*Abb. 3–4
Application Framework*

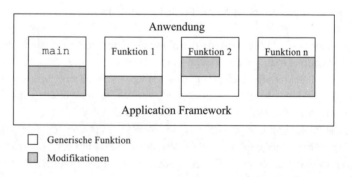

Abbildung 3–4 zeigt den Ansatz des Application Frameworks. Gleich wie das Toolkit ist das Application Framework eine Sammlung zusammengehörige Klassen. Der wesentliche Unterschied ist dabei, daß der Kontrollfluß im Application Framework liegt und nicht in der Anwendung. Dieser Ansatz wird auch als Hollywood-Prinzip (›Don't call us, we will call you!‹) bezeichnet. Das Application Framework hat die Kontrolle über

den Programmablauf übernommen. Die Trennung von Anwendung und Application Framework entfällt hingegen. Der abstrakte Aufbau erlaubt auch die Wiederverwendung der Anwendung beziehungsweise des Entwurfs selbst. Hauptziel von Application Frameworks ist daher die Wiederverwendung des Entwurfs und nicht nur des Quellcodes wie bei Toolkits.

Application Frameworks sind auch insofern eine Erweiterung von Toolkits, da sie Struktur und Flexibilität des Toolkits durch feinere Granularität der Funktionen, verbesserte Konfigurationsmöglichkeiten der Funktionen und insbesondere den vorgefertigten Programmskeletten erhöhen [EICH96]. Application Frameworks enthalten nicht unabhängige, sondern zusammenhängende Klassen; sie erleichtern das Finden von Abstraktionen innerhalb desselben Anwendungsgebiets (problem domain, [ACKE96]).

Das Java Abstract Windowing Toolkit heißt zwar Toolkit, kann aber als Application Framework zur Benutzerschnittstellengestaltung für Java-Anwendungen gesehen werden. Als Framework für Benutzerschnittstellen baut es ebenso wie SmallTalk auf dem Model-View-Controller-Konzept auf.

Das Model-View-Controller-Konzept [LALO91] trennt eine Anwendung in Daten (Model), Anzeige beziehungsweise Sichten (View) und Ereignisverarbeitung (Controller). Das MVC-Konzept stammt von SmallTalk [GOLD89] und wird allgemein als konzeptionelle Basis von Application Frameworks verwendet. So folgt z.B. auch das ET++ Application Framework [WEIN89] dem MVC-Konzept.

Das Model kann ein beliebiges (Daten-)Objekt sein. Für einen Quellcode-Browser kann es Programmcode sein, für einen Editor ist es der Text des zu editierenden Dokuments usw.

Die View ist für die grafische Darstellung des Models verantwortlich. Somit sind verschiedene Sichten auf ein und dasselbe Objekt – auch Teilsichten – möglich.

Der Controller stellt die Schnittstelle zwischen Benutzer und Model/View dar. Er verarbeitet Tastatureingaben, Mausklicks und -bewegungen und gibt sie an die jeweils betroffenen Objekte weiter.

Abb. 3–5
MVC-Paradigma in ET++ [FREI96]

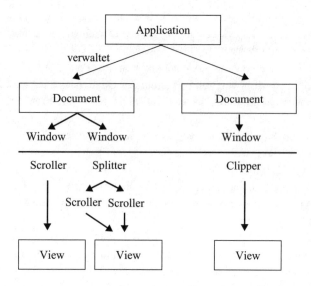

Abbildung 3–5 zeigt diesen Zusammenhang anhand der ET++-Klassenhierarchie. Eine Instanz der Klasse `Application` verwaltet beliebig viele Dokumente. Instanzen der Klasse `Document` repräsentieren das Model, also die Daten einer Anwendung. Angezeigt werden diese Daten dann in einer `View`; ein Ausschnitt einer `View` wird in einem sogenannten `Clipper` dargestellt. Ein Fenster (Klasse `Window`) schließlich kann beliebig viele dieser `Clipper` enthalten und anzeigen.

Die Vorteile des MVC-Paradigmas liegen vor allem [LALO91]

- in der Möglichkeit, mehrere Sichten (Views) auf ein und dasselbe Objekt zu erlauben.
- in der Möglichkeit, mehrere Sichten (Views) zu größeren Einheiten zusammenzufassen und auch neue Sichten aufbauend auf bestehenden zu konstruieren.
- in der Möglichkeit, den Controller austauschen und dadurch beispielsweise verschiedene Benutzermodi erlauben zu können.
- in der Trennung von Eingabeverarbeitung (durch den Controller) und Ausgabeverarbeitung (durch die View).

3.2.2 Prinzipieller Aufbau von GUIs

Die in JDK integrierten Klassen zur Programmierung von grafischen Benutzeroberflächen decken die Bereiche Präsentation eines GUI (Graphical User Interface), Abspielen akustischer Daten, Zugriff auf Konfigurationsinformationen sowie Speichern von Benutzereinstellungen (properties) ab.

Der Schwerpunkt dieses Kapitels liegt in der Beschreibung des Abstract Windowing Toolkit (AWT). Das AWT wird durch das Package `java.awt` repräsentiert und deckt folgende Bereiche ab:

- ❏ Komponenten für die Interaktion mit dem Benutzer (Menüs, Textfelder, Buttons, usw.), definiert durch die zentralen Klassen: `Component`, `MenuComponent` und `Container`
- ❏ Klassen für grundlegende Funktionalitäten zum Zeichnen, Einstellung von Farben, Fonts ... und Verarbeitung von Ereignissen (`Color`, `Dimension`, `Event`, `Font`, `Polygon`, `Rectangle`, usw.)
- ❏ Layout-Manager-Klassen für das Gestalten der Position und Größe von Komponenten, definiert durch die Klassen: `BorderLayout`, `CardLayout`, `FlowLayout` usw. Sie implementieren alle das Interface `Layout-Manager` und sind für die Anordnung der `Component`-Objekte eines `Container`-Objekts verantwortlich.

Klassen für Bildverarbeitung werden in einem eigenen Package `java.awt.image` angeboten, welches in diesem Kapitel nicht im Detail behandelt wird (Näheres siehe zum Beispiel [FLAN97]).

In diesem Abschnitt wird in erster Linie die Benutzerschicht betrachtet (View im MVC-Modell, *Prinzipieller Aufbau von GUIs*, S. 66). In Java werden die verschiedenen Sichten für den Benutzer aus vordefinierten Komponenten zusammengesetzt. Die Darstellung von GUI-Komponenten erfolgt innerhalb eines Fensters (Objekt der Klasse `Window`), welches die oberste Ebene darstellt. Beim Ausführen von Applets stellt dieses Fenster der Appletviewer oder WWW-Browser zur Verfügung. Für selbständige Anwendungen muß dieses Fenster durch Instanziierung eines `Frame`-Objekts erzeugt werden. `Frame` ist eine Spezialisierung der Container-Klasse `Container`.

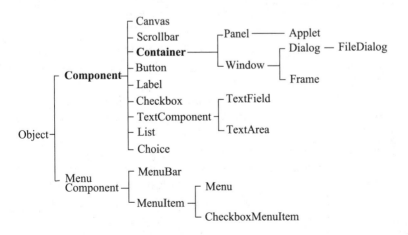

Abb. 3–6
Klassenhierarchie der Komponenten

Die Klassen Component und Container sind abstrakt und stellen die grundlegenden Typen im AWT dar. Die Klasse Component stellt die Basismethoden für die Anzeige (print(), paint(), update()), das Aussehen (Farben, Fonts, Größe) und das Behandeln von Ereignissen (action(), mouseMove(), usw.) zur Verfügung. Nachfolgende Abbildung zeigt die Darstellung von Komponenten in einem OpenWindows-Fenster:

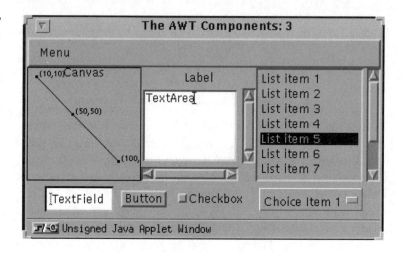

Abb. 3–7
Component-*Beispiele:*
Menu, Canvas, Label, TextArea, List, Text-Field, Button, Checkbox, Choice

Um Komponenten anzeigen zu können, müssen sie einem Container zugeordnet werden. Windows wie Dialog- und Frame-Objekte sind die einzigen Komponenten, die nicht einem Container zugeordnet werden können, sie bilden die Top-level-Objekte eines GUI. Für die Zuordnung werden die drei Methoden add() in der Klasse Container implementiert:

```
public Component add(Component comp);
public Component add(Component comp, int pos);
public Component add(String name, Component comp);
```

Eine Komponente kann zur gleichen Zeit nur einem Container zugeordnet sein

Beim Aufruf von add() wird die jeweilige Komponente (comp) übergeben. Wird als zweiter Parameter ein ganzzahliger Wert angegeben (pos), stellt dieser die Position dar, an der die neue Komponente in der Liste eingefügt werden soll. Mit dem Wert -1 wird sie an das Ende der Komponentenliste angereiht. Die dritte Methode ermöglicht es, die Positionierung der Komponente im Fenster zu steuern. Die dazu erlaubten Übergabewerte hängen eng mit dem Layout-Manager zusammen. Das Standardlayout erlaubt als Zeichenketten "North" (oben), "South" (unten), "East" (links), "West" (rechts) und "Center" (Mitte) – siehe BorderLayout in *Layout-Manager*, S. 79. Die Zuordnung von Komponenten kann auch wieder rückgängig gemacht werden mit den Container-Methoden remove() oder removeAll():

```
// Alle Komponenten eines Containers entfernen
public void removeAll();
// Eine bestimmte Komponente "comp" entfernen
public void remove(Component  comp);
```

Für die Unterteilung eines Fensters (`Frame`) in Abschnitte werden Objekte der Klasse `Panel` verwendet. Panels werden wie andere Komponenten mit `add()` einem Frame zugordnet (Rolle von `Component`), können jedoch gleichzeitig Komponenten enthalten (Rolle von `Container`).

Die Verwendung von Komponenten in Applets funktioniert analog. Da die Klasse `Applet` eine Spezialisierung der Klasse `Panel` darstellt, erfolgt die Zuordnung von Komponenten in gleicher Weise. Der Zusammenbau des Fensters wird in der Methode `init()` implementiert (siehe *Applets*, S. 92).

Applets sind lediglich spezialisierte Panels

Der in Abbildung 3–7 gezeigte Frame wird in der ersten Ebene in die Komponenten Menüleiste (oben – Klasse `MenuBar`), Liste (rechts – Klasse `List`), mittleres und unteres Panel (Klasse `Panel`) zerlegt. Das Prinzip der Zuordnung zum Frame wird in Abbildung 3–8 veranschaulicht:

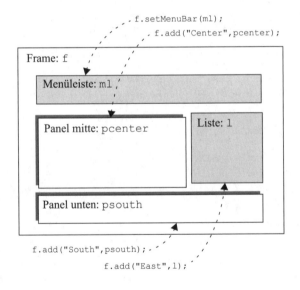

Abb. 3–8
Schema eines Frames und dessen Kompenenten in der ersten Ebene

Menüleisten stellen in Java spezielle Komponenten dar, die nur in der ersten Ebene vorkommen und immer oben (`"North"`) im Frame angezeigt werden sollen. Daher dürfen Menüs nicht wie andere Komponenten mit `add()` zuordenbar sein, da sie ja sonst unerlaubterweise auch einem Panel oder Window zugeordnet werden könnten. Menüs wurden daher aus der Klassenhierarchie ausgegliedert, und nur die Klasse `Frame` bietet eine Funktion zum Zuordnen solcher Objekte, nämlich die Methode:

```
public void setMenuBar(MenuBar ml);
```

3 Kernklassen des JDK

Um das endgültige Aussehen unseres Beispiels (Abbildung 3–7) zu erreichen, müssen die Objekte der ersten Ebene weiter verfeinert werden. Dazu werden dem ›Panel mitte‹ (`pcenter`) ein grafischer Ausgabebereich (Klasse `Canvas`) und ein weiteres Panel für eine Textzeile (Klasse `Label`) mit einem Textbereich (Klasse `TextArea`) zugeordnet. Folgender Codeausschnitt zeigt diese Erweiterung des Panels `pcenter` für eine Klasse `MyFrame`, die das in der Abbildung 3–8 gezeigte Beispiel durch Spezialisierung der Klasse `Frame` definiert. Das Aussehen und die Zuordnung der Komponenten wird am einfachsten im Konstruktor implementiert:

```
public class MyFrame extends Frame {
  private Panel pcenter;
  ...
  public MyFrame() {
    ...
    pcenter = new Panel();
    // Die Anzeige des Panels für 1 Zeile mit 2 Spalten
    pcenter.setLayout(new GridLayout(1,2));
    // Der Inhalt des Zeichenfeldes ist durch eine von
    // Canvas abgeleitete Klasse MyCanvas gegeben.
    pcenter.add(new MyCanvas());// in Spalte 1
    // Panel in 2. Ebene für Textzeile und Textbereich
    Panel p = new Panel();// neues Panelobjekt
    // Label: Text zentriert in Textzeile anzeigen
    p.add("North", new Label("Label", Label.CENTER));
    // Textbereich mit 5 Zeilen und 20 Spalten
    p.add("Center", new TextArea("TextArea",5,20));
    // Das Panel der 2. Ebene (p) dem der 1. zuordnen
    pcenter.add(p);// in Spalte 2
    // Das Panel der 1. Ebene (pcenter) zum Frame
    this.add("Center",pcenter);
    ...
  }
}
```

Analog zum mittleren Panel wird das untere (›Panel unten‹) und deren Komponenten (Textfeld – `TextField`, `Button`, `Checkbox` und ein Auswahlfeld – `Choice`) definiert. Jetzt fehlt nur noch die Verfeinerung der Komponenten Menüleiste, Liste und Auswahlfeld. Für die Zuordnung von Unterpunkten im Auswahlfeld oder Einträgen (Zeilen) in eine Liste wird von den jeweiligen Klassen die Methode `addItem()` zur Verfügung gestellt:

```
public void Choice.addItem(String item);
public void List.addItem(String item);
public void List.addItem(String item, int pos);
```

Der Menüleiste können Menüs (Klasse `Menu`) und diesen wiederum Menüeinträge (Klasse `MenuItem`) zugeordnet werden. Aufgrund der Vererbungshierarchie ist es möglich, statt Menüeinträgen auch Instanzen der Klasse `Menu` oder `CheckboxMenuItem` (ähnlich einer `Checkbox` nur als

Menüpunkt) zuzuordnen. Somit können beliebige Menühierarchien erstellt werden (siehe Abbildung 3–9).

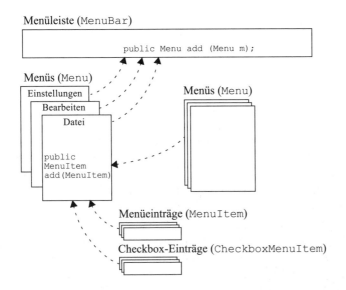

Abb. 3–9
Aufbau von Menüleiste und Menüpunkten

Folgender Programmausschnitt zeigt die Erstellung des Menüpunktes aus dem Beispiel in Abbildung 3–7:

```
public class MyFrame extends Frame {
  private MenuBar ml;// Menüleiste
  private Menu m;// ein Menüpunkt
  ...
  public MyFrame() {
    ...
    ml = new MenuBar; m = new Menu("Menu");
    // dem Menüpunkt Unterpunkte zuordnen
    m.add(new MenuItem("Menu item 1"));
    m.add(new CheckboxMenuItem("Menu item 2");
    m.add(new MenuItem("Menu item 3"));
    m.add(new MenuItem("-"));
    m.add(new MenuItem("File dialog ..."));
    // Das Menü der Menüleiste zuordnen
    ml.add(m);
    // Die Menüleiste dem Frame zuordnen
    this.setMenuBar(ml);
    ...
  }
}
```

Nach der Zusammenstellung des Frames wird die eigentliche Anzeige durch die Methoden `pack()` und `show()` erreicht. Mit `pack()` wird die optimale Größe des vom jeweiligen Window-System (OpenWindows, Motiv, Windows 95/NT, Macintosh ...) angeforderten Fensters berechnet, in Abhängig der Komponenten des Frames. Für die Ausgabe des hier gezeigten Beispiels sind im wesentlichen die folgenden Programmzeilen notwendig:

```
MyFrame mf = new MyFrame();// Frame instanziieren
mf.setTitle("The AWT Components"); // Frame Titel
mf.pack(); // Komponenten optimal skalieren
mf.show(); // Frame anzeigen: JDK 1.0 bzw
mf.setVisible(true); //JDK 1.1
```

3.2.3 Anzeige der Komponenten

Die Ausgabe von Komponenten am Bildschirm wird durch das AWT gesteuert und erfolgt ausgehend vom Frame der Reihe nach für jede Hierarchieebene. Jede Komponente wird vollständig dargestellt, vor jenen, die sie möglicherweise enthält. Die Reihenfolge der Anzeige für die Komponenten innerhalb einer Hierarchieebene kann vom Programmierer nicht beeinflußt werden, sie ergibt sich aus dem internen Management durch das AWT. Automatisch erfolgt die Anzeige eines GUI-Fensters beispielsweise beim Start einer Anwendung oder wenn der Benutzer ein verdecktes Fenster wieder in den Vordergrund stellt.

Für das Aussehen und die eigentliche Anzeige sind die Komponenten selbst verantwortlich. Dies wird realisiert, indem vordefinierte Messages (Methoden) vom AWT an die Komponenten gesendet werden. Die Klasse `Component` unterstützt dazu folgende Methoden:

```
public void update(Graphics g);
public void paint(Graphics g);
public void repaint();
```

Falls das AWT erkennt, daß die Anzeige erneuert werden muß (z.B. ein Fenster war verdeckt), ruft es für die Komponenten selbstständig die Methode `paint()` auf. Falls der Programmierer an bestimmten Programmstellen die Anzeige explizit veranlassen möchte, erfolgt dies mit dem Aufruf von `repaint()`. Das AWT wird dadurch aufgefordert, die Anzeige zu erneuern, und führt in diesem Fall die Methode `update()` aus. In dessen Standardimplementierung wird der Hintergrund gelöscht und anschließend die Methode `paint()` aufgerufen.

Der Inhalt oder das Aussehen einer Komponente kann vom Programmierer durch Überschreiben der Methode `paint()` implementiert werden. Der Kontext für die Ausführung wird durch das übergebene Objekt vom Typ `Graphics` definiert (siehe *Arbeiten mit Grafiken*, S. 87). Diese Klasse stellt eine Reihe von Methoden für die grafische Ausgabe innerhalb des Zeichenbereichs der Komponente zur Verfügung:

- ❑ Zeichnen von Rechtecken, Kreisbögen, Linien, Ovalen, Polygonen, Text und Bildern

❑ Setzen des Zeichensatzes und der Farbe für den Zeichenbereich
❑ Setzen des Zeichenmodus

Folgendes Beispiel (`HelloWorld.java`) zeigt die Verwendung von `paint()` in einem einfachen Applet, welches mit dem Appletviewer die in Abbildung 3–10 dargestellte Ausgabe liefert. Der Koordinaten-Ursprung liegt bei allen grafischen Anwendungen links oben im Zeichenbereich mit den Koordinaten (`0,0`):

```
import java.awt.Graphics;
import java.applet.Applet;
public class HelloWorld extends Applet {
  public void paint(Graphics g) {
    // Koordinaten-Ursprung (0,0) ist links oben
    g.drawRect(80,65,120,40);
    g.drawString("Hello World",100,90);
  }
}
```

Datei "hw.html":

```
<applet code=HelloWorld.class width=275 height=160>
</applet>
```

Der Frame für dieses Beispiel wird wie schon angesprochen durch den Appletviewer (beziehungsweise einen Applet-tauglichen Browser) geliefert. Für das Handling und die Reihenfolge der Anzeige gibt es bei Applets ansonsten keine Unterschiede.

Die Methoden `paint()` und `update()` sollten möglichst keine rechenzeitintensiven Operationen ausführen, da sonst das Verhalten der Benutzeroberfläche verlangsamt erscheint. Für den Fall, daß in einer `paint()`-Methode aufwendige Berechnungen nötig sind, können diese in einem eigenen Thread ausgeführt werden.

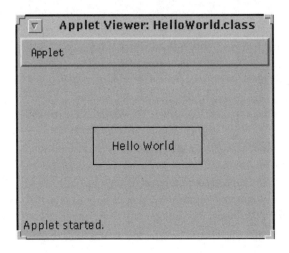

Abb. 3–10
Beispiel für die grafische Ausgabe in einem Applet

Die Anzeige von Komponenten eines `Container`-Objekts kann wie schon erwähnt, durch den Aufruf der Methode `repaint()` explizit veranlaßt werden. Das AWT ordnet solche Aufrufe und führt sie in einem einzigen Thread der Reihe nach aus. Durch mehrere überladene `repaint()`-Methoden sind verschiedene Anwendungsmöglichkeiten erlaubt:

```
public void repaint();
public void repaint(int x, int y,
                    int width, int height);
public void repaint(long tm);
public void repaint(long tm, int x,
                    int y, int width, int height);
```

Werden beim Aufruf von `repaint()` keine Parameter übergeben, erfolgt so bald als möglich die Erneuerung der gesamten Komponente. Mit den Koordinaten (`x, y`) und Breite, Höhe (`width, height`) kann ein rechteckiger Ausschnitt der Komponente definiert werden, der ausschließlich neu gezeichnet werden soll. Eine maximale Dauer bis zur Ausführung der Anzeige ist mit dem Parameter `tm` (in Millisekunden) anzugeben.

3.2.4 Kontrolle durch Ereignisbehandlung

Ereignisse werden durch bestimmte Aktivitäten des Benutzers ausgelöst, wie zum Beispiel das Betätigen der Tastatur oder ein Mausklick. In diesem Kapitel wird die Ereignisbehandlung der JDK-Version 1.0 beschrieben. Eine Einführung in die Änderungen der Version 1.1 ist im Abschnitt *Ereignisbehandlung des AWT 1.1*, S. 77, zu finden.

Die möglichen Ereignisse werden durch die vordefinierte Klasse `java.awt.Event` abgebildet, wobei jedem dieser Event-Typen eine spezielle Behandlungsmethode zugeordnet ist. Das AWT-Ereignis-Behandlungssystem generiert für jedes Ereignis ein `Event`-Objekt und übergibt es durch Aufruf der vordefinierten Methode `handleEvent()` an die Komponenten.

In Abbildung 3–11 wird anhand einer angenommenen Komponentenhierarchie (Frame – Panel – zwei spezielle Komponenten) gezeigt, wie der Kontrollfluß nach Auslösen eines Ereignisses durch den Benutzer, beispielsweise bei Drücken der Maustaste, verläuft. Zuerst reagiert der Window-Manager und prüft, welche Anwendung für die Behandlung verantwortlich ist. Nach der Übergabe an das AWT wird in der Komponentenhierarchie von der untersten Ebene aus (z.B.: Buttons, Textfelder, usw.) nach oben (Panel, Frame) die Kontrolle weitergegeben. Zuletzt wird noch die plattformabhängige Ereignisbehandlung aktiviert. Die Pfeile vom AWT zu den Komponenten in Abbildung 3–11 entsprechen dem Aufruf einer speziellen Methode, abhängig vom Ereignis. Um eine tatsächliche Kontrollübergabe zu erreichen, muß die entsprechende Methode für die jeweilige Komponente implementiert sein. Nach dem MVC-Konzept übernimmt dabei das AWT die Funktion eines Controllers. Auf diese Weise wird es möglich, in der Implementierung von Komponenten Ereignisse zu filtern und durch entsprechende Reaktion View und Model zu verändern.

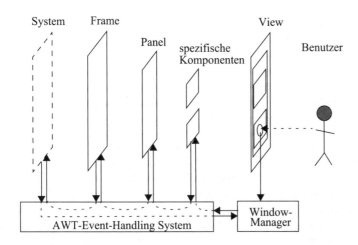

Abb. 3–11
Kontrollfluß nach
Auslösen eines Events

Alle Ausprägungen von Ereignissen sind Klassenvariablen der Klasse Event vom Typ public final static int. Folgende Auflistung zeigt die möglichen Ereignisse und die dazugehörigen Behandlungsmethoden, deren Standardimplementierung in der Klasse Component zu finden ist:

```
Event.ACTION_EVENT
   public boolean action(Event evt, Object what);
Event.MOUSE_ENTER
   public boolean mouseEnter(Event  evt, int  x, int  y);
Event.MOUSE_EXIT
   public boolean mouseExit(Event  evt, int  x, int  y);
Event.MOUSE_MOVE
   public boolean mouseMove(Event  evt, int  x, int  y);
Event.MOUSE_DOWN
   public boolean mouseDown(Event  evt, int  x, int  y);
Event.MOUSE_DRAG
   public boolean mouseDrag(Event  evt, int  x, int  y);
Event.MOUSE_UP
   public boolean mouseUp(Event   evt, int  x, int  y);
Event.KEY_PRESS oder Event.KEY_ACTION
   public boolean keyDown(Event  evt, int  key);
Event.KEY_RELEASE oder Event.KEY_ACTION_RELEASE
   public boolean keyUp(Event  evt, int  key);
Event.GOT_FOCUS
   public boolean gotFocus(Event  evt, Object  what);
Event.LOST_FOCUS
   public boolean lostFocus(Event  evt, Object  what);
Alle Events
   public boolean handleEvent(Event  evt);
```

Allen Behandlungsmethoden ist gemeinsam, daß ein `Event`-Objekt übergeben wird und der Rückgabewert `true` oder `false` annehmen muß. Mit `true` kann die Weitergabe der Kontrolle an die nächste Komponente beendet werden, dies entspricht einer vollständigen Behandlung des Ereignisses.

Die Methode `handleEvent()` ist jene, die vom AWT aufgerufen wird. Sie übernimmt je nach übergebenem Event den Aufruf der dazugehörigen Behandlungsmethode und gibt dessen Rückgabewert an das AWT zurück. Wird diese Methode überschrieben, muß beim Beenden die Methode `handleEvent()` der Superklasse aufgerufen werden (`return super.handleEvent(e);`), um eine Behandlung aller Events sicherzustellen (siehe Beispiel in *Arbeiten mit Grafiken*, S. 87).

Mit `action()` werden Ereignisse der grundlegenden Kontrollkomponenten wie `Button`, `CheckBox`, `Choice`, `List`, `MenuItem` und `TextField` behandelt. Für alle mausspezifischen Ereignisse werden die Koordinaten jener Stelle innerhalb der Komponente übergeben, an der das Event aufgetreten ist.

Bei den Tastatur-Ereignissen erfolgt eine Unterscheidung zwischen normalen Tasten (`KEY_PRESS` – Buchstaben, Zahlen) und speziellen Tasten (`KEY_ACTION` – UP, DOWN, LEFT, RIGHT, PGUP, F1, F2, usw.). Mit `gotFocus()` und `lostFocus()` kann erkannt werden, wann eine Komponente für die Eingabe über Tastatur aktiviert beziehungsweise deaktiviert wird. Für die Tastatureingabe kann immer nur eine Komponene aktiv sein. Mit der `Component`-Methode `requestFocus()` wird es Komponenten ermöglicht, die Eingabe für sich zu aktivieren.

Zusätzliche Informationen können vom `Event`-Objekt direkt durch Abfrage der folgenden Member-Variablen gegeben werden:

```
public class java.awt.Event {
  // Für MOUSE_DOWN: enthält die Anzahl der
  // zusammenhängenden Klicks (z.B. 2 bei Doppelklick)
  public int clickCount;
  // Enthält die gedrückte Taste
  public int key;
  // Enthält den Status der Tastatur, in dem eine Taste
  // gedrückt wurde: ALT_MASK (Alt-Taste), CTRL_MASK
  // (Ctrl-Taste), META_MASK, SHIFT_MASK
  public int modifiers;
  // Referenziert die Komponente, in der das Event
  // aufgetreten ist
  public Object target;
  // Zeitstempel für das Event
  public long when;
  // Koordinaten des Events
  public int x;
  public int y;
  ...
}
```

Nachfolgender Codeausschnitt zeigt die Behandlung eines Buttons auf der Frame-Ebene, der ein Fenster schließen und dessen Ressourcen freigeben soll:

```
public class Test extends Frame {
  private Button closeButton = new Button("Close");
  ...
  // Behandlung von ACTION_EVENTs
  public boolean action(Event e, Object arg) {
    if (e.target == closeButton) {
       this.hide();// pop-down des Frames
       this.dispose();// gibt Frame-Ressourcen frei
       return true;// Event vollständig behandelt
    }
    else return false;
  }
}
```

Für Applets erfolgt die Freigabe analog zu Frames (`dispose()`) mit der Methode `destroy()`.

3.2.5 Ereignisbehandlung des AWT 1.1

Die individuelle Ereignisbehandlung des JDK Version 1.0 basiert auf Vererbung. Der Programmierer muß von einer Komponentenklasse (`java.awt.Component`) ableiten und bestimmte Methoden, wie zum Beispiel `action()`, überschreiben, um auf Benutzerinteraktionen reagieren zu können. Unabhängig davon, ob eine Komponente ein Ereignis behandelt oder nicht, wird für jedes Komponentenobjekt die Methode `handleEvent()` aufgerufen. Zusätzlich wird das `Event`-Objekt durch die gesamte Klassenhierarchie einer Komponente weitergegeben. Durch diese Schwäche im Design entstehen einerseits Performanzprobleme, anderseits können bei komplexen Abhängigkeiten schwer lokalisierbare Fehler auftreten.

AWT 1.1 soll Performanzprobleme und Fehleranfälligkeit von 1.0 verbessern

Mit dem sogenannten *Delegation Model* der Version 1.1 wird das Ableiten von Komponentenklassen vermieden. Ein Ereignis wird dabei von einem *Source-Objekt* gezielt an ein *Listener-Objekt* – oder auch Adapter genannt – übergeben, das die Ereignisbehandlung durchführt. Source-Objekte entsprechen den bereits bekannten AWT-Komponenten, wie `java.awt.Button`, `java.awt.Choice` usw. Listener sind Objekte, die spezielle `java.util.EventListener`-Schnittstellen implementieren und bei Source-Objekten ›angemeldet‹ werden müssen. Dadurch wird die Trennung der Ereignisbehandlung von Aussehen und Funktionalität der Komponenten erreicht. Eine Performanzverbesserung ergibt sich, da Ereignisse nur an angemeldete Listener übergeben werden. Für das An- und Abmelden eines Listeners definiert jede Komponente spezielle Methoden.

Adapter sind Objekte, die ein Listenerinterface implementieren

3 Kernklassen des JDK

Ereignisse werden im neuen System nach Typen klassifiziert und durch eine Reihen von Klassen des Packages `java.awt.event` repräsentiert, die der Entwickler beliebig spezialisieren kann:

```
java.util.EventObject
   java.awt.AWTEvent
      java.awt.event.ComponentEvent
         java.awt.event.FocusEvent
         java.awt.event.InputEvent
            java.awt.event.KeyEvent
            java.awt.event.MouseEvent
         java.awt.event.ContainerEvent
         java.awt.event.WindowEvent
      java.awt.event.ActionEvent
      java.awt.event.AdjustmentEvent
      java.awt.event.ItemEvent
      java.awt.event.TextEvent
```

Die Definition der Ereignisbehandlung erfolgt durch Implementieren der Listenerinterfaces

Jeder Ereignistyp ist einer Listener-Schnittstelle zugeordnet. Die entsprechenden Interfaces sind ebenfalls im Package `java.awt.event` definiert. Ist ein spezifischer Listener bei einer Komponente angemeldet, werden die durch das Interface definierten Methoden benutzt, um das Listener-Objekt über ein bestimmtes Ereignis zu informieren:

```
java.util.EventListener
   java.awt.event.ComponentListener
   java.awt.event.ContainerListener
   java.awt.event.FocusListener
   java.awt.event.KeyListener
   java.awt.event.MouseListener
   java.awt.event.MouseMotionListener
   java.awt.event.WindowListener
   java.awt.event.ActionListener
   java.awt.event.AdjustmentListener
   java.awt.event.ItemListener
   java.awt.event.TextListener
```

Beispiel zur Behandlung eines ActionEvent

Im folgenden Beispiel wird die Behandlung eines `ActionEvent` bei der Auswahl eines Buttons gezeigt. Für das Anmelden des entsprechenden Adapters (`ActionListener`), implementiert die Klasse `java.awt.Button` die Methode `addActionListener(ActionListener)`. Bei der Initialisierung der Benutzerschnittstelle wird diese Methode verwendet, um ein Listener-Objekt vom Typ `ActionListener` an das Button-Objekt zu übergeben. Das Interface `ActionListener` definiert eine Methode `actionPerformed(ActionEvent)`. Bei einem Button-Klick durch den Benutzer führt das Button-Objekt diese Methode des Adapters aus, vorausgesetzt, es ist ein entsprechendes Listener-Objekt angemeldet. Die Ereignisbehandlung erfolgt also letztendlich durch Implementieren des Listenerinterfaces:

3.2 Grafische Benutzeroberflächen

```
// GUI-Komponenten initialisieren
Button ok_button = new Button("Ok");
...
// Adapter für Ereignisbehandlung implementieren
ActionListener buttonClick = new ActionListener() {
   void actionPerformed(ActionEvent e) { ... }
};
...
// Adapter bei GUI Komponenten anmelden
ok.addActionListener(buttonClick);
...
```

Verwendung innerer Klassen spart Tippaufwand

Für die Implementierung des Adapters in diesem Beispiel wurde eine anonyme Klasse verwendet (siehe *Innere Klassen*, S. 28). Um Programme übersichtlich zu halten, ist allerdings eine eher sparsame Verwendung von anonymen Klassen zu empfehlen.

3.2.6 Layout-Manager

Mit den Mechanismen des Layout-Managements in Java kann die Positionierung und Repräsentation von Komponenten innerhalb ihres Containers (z.B. `Frame`- oder `Panel`-Objekt) gesteuert werden. Die Verwendung von Layout-Managern hat den Vorteil, daß die Komponenten entsprechend der Plattform und der verwendeten Fonts automatisch angepaßt werden. Als Layout-Manager werden vordefinierte Ausgabemuster bezeichnet. Dabei wird das gewünschte Aussehen durch Instanziieren einer entsprechenden Layout-Klasse gewählt und durch Aufruf der `Container`-Methode `setLayout(Layout-Manager mgr)` dem Fenster mitgeteilt. Abbildung 3–12 zeigt die Klassenhierarchie der möglichen Layout-Manager-Klassen, wobei `Layout-Manager` ein Interface darstellt. Beim Zuordnen von Komponenten zu einem Container mit `add()` müssen je nach verwendetem Layout die entsprechenden Parameter übergeben werden (siehe auch *Anzeige der Komponenten*, S. 72).

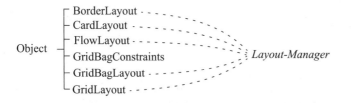

Abb. 3–12
Klassenhierarchie der Layout-Manager in Java

Die Klasse `BorderLayout` stellt den Standard-Layout-Manager für alle Fenster wie `Frame` und `Dialog` dar. Es unterteilt ein Fenster in fünf Bereiche (`"North"`, `"South"`, `"East"`, `"West"`, `"Center"`). Folgender Codeausschnitt von einem Frame-Konstruktor ergibt die in Abbildung 3–13 gezeigte Ausgabe:

```
setLayout(new BorderLayout());
setFont(new Font("Helvetica", Font.PLAIN, 14));
add("North", new Button("North"));
add("South", new Button("South"));
add("East", new Button("East"));
add("West", new Button("West"));
add("Center", new Button("Center"));
```

Abb. 3–13
Beispiel für die Anzeige
von BorderLayout

Die Größe der Komponenten wird automatisch angepaßt. Ein Zwischenraum ist standardmäßig nicht vorgesehen, kann jedoch bei der Instanziierung von BorderLayout in Pixel angegeben werden:

```
new BorderLayout(int horizontalGap, int verticalGap);
```

Mit CardLayout ist es möglich, innerhalb einer Komponente (üblicherweise einem Panel) mehrere andere Komponenten zu stapeln. Das heißt, in Analogie zu einem Kartenstapel ist immer nur eine dieser Komponenten sichtbar. Vergleiche dazu folgenden Codeausschnitt aus einem Frame-Konstruktor mit Abbildung 3–14:

```
...
// Choice für Auswahl der "Karten"
Panel cp = new Panel();
Choice c = new Choice();
c.addItem("Panel with Buttons");
c.addItem("Panel with TextField");
cp.add(c);
add("North", cp);

cards = new Panel();// Panel für "Karten"
cards.setLayout(new CardLayout());
Panel p1 = new Panel();// Panel für "Karte1"
p1.add(new Button("Button 1"));
p1.add(new Button("Button 2"));
p1.add(new Button("Button 3"));
Panel p2 = new Panel();// Panel für "Karte2"
p2.add(new TextField("TextField", 20));
cards.add("Panel with Buttons", p1);
cards.add("Panel with TextField", p2);
add("Center", cards);
```

3.2 Grafische Benutzeroberflächen

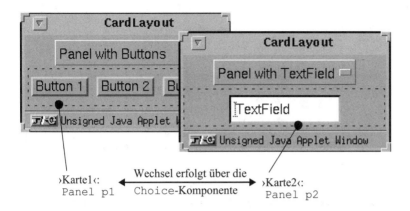

Abb. 3–14
Beispiel für die Anzeige von CardLayout

In diesem Beispiel kann mittels der Choice-Komponente gewählt werden, welches Panel angezeigt werden soll. Die Implementierung der Methode action() der Klasse Panel hat in etwa folgendes Aussehen:

```
public boolean action(Event evt, Object arg) {
   if (evt.target instanceof Choice) {
      ((CardLayout)cards.getLayout()).
       show(cards,(String)arg);
      return true;
   }
   return false;
}
```

Bei der Auswahl einer der beiden Punkte des Choice-Objekts wird action() durch das AWT aufgerufen (siehe *Kontrolle durch Ereignisbehandlung*, S. 74). Die Parameter sind das Event-Objekt (evt) und der ausgewählte Punkt (arg – als String). Mit dem Operator instanceof wird sichergestellt, daß das zu behandelnde Event von der Choice-Komponente ausgeht. Der Aufruf von getLayout() für das Container-Panel cards, das die ›Karten‹ beinhaltet, liefert ein Layout-Manager-Objekt. Dieses wird in den wahren Typ (CardLayout) umgewandelt (siehe *Cast von Objekten*, S. 23), um die eigentliche CardLayout-Methode show() zum Anzeigen des gewünschten Panels aufrufen zu können. Das zu aktivierende Panel wird durch den Namen, der bei der Zuordnung mit add() vergeben wurde, identifiziert.

Um Komponenten in einer Zeile anzuzeigen, steht der Layout-Manager FlowLayout zur Verfügung, welcher zugleich den Standard-Manager für alle Panels darstellt. Die zugeordneten Komponenten werden in der optimalen Größe nebeneinander ausgegeben. Folgendes Codebeispiel resultiert in Abbildung 3–15:

```
setLayout(new FlowLayout());
setFont(new Font("Helvetica", Font.PLAIN, 14));
add(new Button("Button 1"));
add(new Button("2"));
```

```
add(new Button("Button 3"));
add(new Button("Long-Named Button 4"));
add(new Button("Button 5"));
```

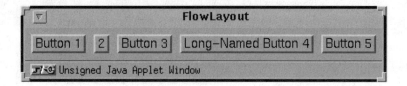

*Abb. 3–15
Beispiel für die Anzeige
von* FlowLayout.

Reicht die verfügbare Zeilenlänge innerhalb des mit FlowLayout spezifizierten Containers nicht aus, wird automatisch eine oder mehrere neue Zeilen vorgesehen. Die Konstruktoren der Klasse FlowLayout haben folgende Schnittstellen:

```
public FlowLayout();
public FlowLayout(int alignment);
public FlowLayout(int alignment, int horizontalGap,
                  int verticalGap);
```

Mit alignment kann definiert werden, ob die Komponenten einer Zeile linksbündig (FlowLayout.LEFT), rechtsbündig (FlowLayout.RIGHT) oder zentriert (FlowLayout.CENTER) anzuzeigen sind. Wird kein alignment angegeben, gilt die zentrierte Ausgabe. Der Abstand zwischen den Komponenten ist mit horizontalGap und zwischen den Zeilen mit verticalGap in Pixel einstellbar.

Für die Unterteilung eines Containers in Zeilen und Spalten, um Komponenten den daraus resultierenden Zellen zuordnen zu können, ist GridLayout gedacht. Dazu folgendes Code-Beispiel mit Abbildung 3–16:

```
// GridLayout mit beliebiger Zeilenanzahl (0)
// und 2 Spalten
setLayout(new GridLayout(0,2));
setFont(new Font("Helvetica", Font.PLAIN, 14));
add(new Button("Button 1"));
add(new Button("2"));
add(new Button("Button 3"));
add(new Button("Long-Named Button 4"));
add(new Button("Button 5"));
```

*Abb. 3–16
Beispiel für die Anzeige
von* GridLayout

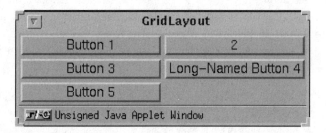

Für die Anzahl der Zeilen (`rows`) und Spalten (`columns`) ist auch der Wert ›0‹ erlaubt. Dies bedeutet, es sollten so viele Zeilen oder Spalten wie notwendig vorgesehen werden. Allerdings darf immer nur für einen der beiden Werte ›0‹ angegeben werden.

Die bisher vorgestellten `Layout-Manager` stellen eine sehr starre und daher unflexible Form der Positionierung von Komponenten dar. Eine individuelle Form der Anpassung, allerdings komplexer in ihrer Verwendung, ist durch die Klasse `GridBagLayout` möglich. Für die Konfiguration der Positionierung muß die Klasse `GridBagConstraints` verwendet werden, welche Variablen und Konstanten (Klassenvariable) zum Definieren des Layouts enthält.

Ausgeführt wird eine Konfiguration durch Aufruf der `GridBagLayout`-Methode `setConstraints()`, an die eine Instanz von `GridBagConstraints` als Konfigurationsobjekt übergeben wird:

```
setConstraints(GridBagConstraints c);
```

Die Definition der Anzeigeform von Komponenten wird im wesentlichen durch das Setzen von Member-Variablen des übergebenen `GridBagConstraints`-Objekts durchgeführt. Eine Konfiguration gilt so lange, bis sie durch erneuten Aufruf von `setConstraints()` überschrieben wird. Diese Variablen sind:

- `gridx`, `gridy`: Spezifiziert die Zeile und Spalte jener Zelle des Containers, in der eine Komponente zugeordnet werden soll. Die Standardwerte sind `GridBagConstraints.RELATIVE`, welche eine zeilenweise Zuordnung zu den Zellen von oben nach unten bewirkt. Die Werte 0 bezeichnen die Komponente links (`gridx`) oben (`gridy`) im Container.
- `gridwidth`, `gridheight`: Gibt den Platzbedarf einer Komponente in Anzahl der Spalten (`gridwidth`) und Zeilen (`gridheight`) an. Der Standardwert ist jeweils 1, also genau eine Zelle. Mit `GridBagConstraints.REMAINDER` wird angezeigt, daß die nächste Komponente bis an das Ende der Zeile oder Spalte geht. `GridBagConstraints.RELATIVE` zeigt die vorletzte Komponente einer Zeile oder Spalte an.
- `fill`: Wird das Anzeigefenster größer, als eigentlich benötigt, kann mit `fill` definiert werden, ob die Komponenten in ihrer Größe proportional angepaßt werden sollten. Standardmäßig ist diese Variable auf `GridBagConstraints.NONE` eingestellt – es wird also keine Anpassung vorgenommen. Mit `GridBagConstraints.HORIZONTAL` erfolgt eine Anpassung horizontal (Spaltenbreite), mit `GridBagConstraints.VERTICAL` vertikal (Zeilenhöhe) und mit `GridBagConstraints.BOTH` in beiden Richtungen.

- `ipadx`, `ipady`: Die standardmäßige Größe der Komponenten kann in Höhe (`ipady`) und Breite (`ipadx`) erhöht werden (von padding – Polsterung). Der Wert `ipady` gibt die Anzahl der zusätzlichen Pixel, die oberhalb **und** unterhalb der Komponente eingefügt werden sollten, an. Analog für links und rechts ist `ipadx` zu verwenden.
- `insets`: Definiert die Abstände zwischen den Komponenten (›externe Polsterung‹). Für die Angabe von `insets` muß ein Objekt der Klasse `Insets` instanziiert werden mit den Abständen in Pixel:
  ```
  new Insets(int <Abstand nach unten>,
        int <Abstand nach rechts>,
        int <Abstand nach links>,
        int <Abstand nach oben>);
  ```
- `anchor`: Spezifiziert die Ausrichtung einer Komponente, wenn der verfügbare Platz kleiner ist als der, der benötigt wird. Standardmäßig erfolgt eine Zentrierung (Komponente wird links und rechts abgeschnitten). Folgende Werte können vergeben werden: `GridBagConstraints.CENTER` (standard), `GridBagConstraints.NORTH`, `GridBagConstraints.NORTHEAST`, `GridBagConstraints.EAST`, `GridBagConstraints.SOUTHEAST`, `GridBagConstraints.SOUTH`, `GridBagConstraints.SOUTHWEST`, `GridBagConstraints.WEST` und `GridBagConstraints.NORTHWEST`.
- `weightx`, `weighty`: Für die Verteilung des verfügbaren Platzes bei der Anzeige der Komponenten kann eine Gewichtung vorgenommen werden. Bei gleicher Gewichtung erfolgt eine gleichmäßige Aufteilung. Je höher eine Komponente relativ zu ihren Nachbarkomponenten gewichtet ist, desto mehr Platz wird ihr zugeteilt. Für die Breite jeder Komponente einer Zeile wird ihr Gewicht `weightx` relativ zur höchsten Gewichtung in dieser Zeile berücksichtigt. Analog verhält sich die Vergabe der Höhe für die Komponenten innerhalb einer Spalte nach dem Wert `weighty`. Mit dem Standardwert ›0‹ für diese Größen werden keine Anpassungen vorgenommen.

3.2 Grafische Benutzeroberflächen

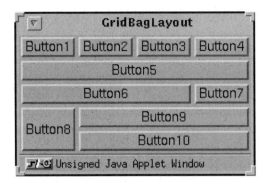

Abb. 3–17
Beispiel für die Anzeige von GridBagLayout

Im folgenden Teil wird anhand eines Codebeispiels (vergleiche Abbildung 3–17) gezeigt, wie GridBagLayout und GridBagConstraints angewendet werden (Programmzeilen und Erklärungen wechseln sich ab):

```
public class GridBagWindow extends Frame {
...
protected void makebutton(String name,
                          GridBagLayout gridbag,
                          GridBagConstraints c) {
  Button button = new Button(name);
  gridbag.setConstraints(button, c);
  add(button);
```

Hier werden die Einstellungen für die Komponente button mit setConstraints() gesetzt. Dies muß vor der Zuordnung zum Container mit add() erfolgen.

```
// Konstruktor für den Frame
public GridBagWindow() {
  GridBagLayout gridbag = new GridBagLayout();
  GridBagConstraints c = new GridBagConstraints();
  setLayout(gridbag);
```

Das gewünschte Aussehen GridBagLayout (›gridbag‹) und das Objekt zum Definieren der gewünschten Einstellungen ›c‹ sind instanziiert.

```
c.fill = GridBagConstraints.BOTH;
c.weightx = 1.0;
```

Erst die Kombination von fill und weightx bewirkt die proportionale Anpassung der ersten Zeile an die Fenstergröße.

```
makebutton("Button1", gridbag, c);
makebutton("Button2", gridbag, c);
makebutton("Button3", gridbag, c);
c.gridwidth = GridBagConstraints.REMAINDER;
```

Button 4 wird hiermit als letzte Komponente der Zeile ausgezeichnet:

```
makebutton("Button4", gridbag, c);
```

Wäre `weightx` für die Komponenten der ersten Zeile (Button 1 bis 4) nicht größer Null, würden sie sich beim Vergrößern des Frames nicht horizontal anpassen und ihre normale Größe beibehalten.

```
c.weightx = 0.0;
```

`weightx` kann wieder zurückgesetzt werden, da sich durch `fill` die nachfolgenden Zeilen der ersten anpassen:

```
makebutton("Button5", gridbag, c);
```

Wird für eine ganze Zeile vorgesehen, da `c.gridwidth` immer noch auf `GridBagConstraints.REMAINDER` gesetzt ist.

```
c.gridwidth = GridBagConstraints.RELATIVE;
```

Der nächste Button reicht bis zur letzten Komponente `Button7`:

```
makebutton("Button6", gridbag, c);
```

```
c.gridwidth = GridBagConstraints.REMAINDER;
makebutton("Button7", gridbag, c);

c.gridwidth = 1;
c.gridheight = 2;
c.weighty = 1.0;
makebutton("Button8", gridbag, c);
```

Button 8 erscheint in der ersten Spalte (`gridwidth = 1`) und geht über zwei Zeilen (`gridheight = 2`). Die Größenanpassung in der Höhe wird mit einer vertikalen Gewichtung durch `weighty` erreicht:

```
c.weighty = 0.0;
c.gridwidth = GridBagConstraints.REMAINDER;
c.gridheight = 1;
```

Die beiden letzten Buttons belegen die Zeilen neben `Button8`, dazu wird `gridheight` wieder auf eine Zeile gesetzt:

```
makebutton("Button9", gridbag, c);
makebutton("Button10", gridbag, c);
```

Für den Fall, daß die von Java zur Verfügung gestellten Layout-Manager den Anforderungen einer Problemstellung nicht entsprechen, kann auch ein eigener Layout-Manager implementiert werden. Voraussetzung ist allerdings, daß die entsprechende Klasse das Interface `Layout-Manager` implementiert.

Es ist auch möglich, keinen Layout-Manager zu verwenden, mit `setLayout(null)`. Allerdings müssen zugeordnete Komponenten explizit in der Methode `paint()` (siehe *Anzeige der Komponenten*, S. 72) positioniert und skaliert werden. Dadurch wird das Programm nicht nur plattformabhängig, auch das Ändern eines Fonts oder der Fenstergröße müßte berücksichtigt und ausprogrammiert werden.

3.2.7 Arbeiten mit Grafiken

Dieses Kapitel steht in engem Zusammenhang mit der Anzeige von Komponenten und den Methoden `paint()`, `update()` und `repaint()`, siehe dazu *Anzeige der Komponenten*, S. 72. Alle grafischen Elemente, von den Grundbausteinen wie Linien, Rechtecke und Texte bis zu komplexen Anwendungen wie Animationen, werden durch Instanzen der Klasse `Graphics` realisiert. Jede Komponente besitzt ein solches Objekt, welches man durch Aufruf der Methode `public Graphics getGraphics()` erhält. Die Klasse `Graphics` selbst ist abstrakt und definiert die Schnittstelle für die Verwendung von Grafiken. Da die Implementierung von `Graphics` plattformabhängig ist, verwendet Java intern je nach Plattform eine spezielle von `Graphics` abgeleitete Klasse. Die Parameter g der `Component`-Methoden `paint(Graphics g)` und `update(Graphics g)` sind zwar Instanzen dieser speziellen Klasse, werden jedoch verwendet, als wären sie vom Typ `Graphics`.

Für die Implementierung und Anzeige von individuellen Grafiken ist die Komponente `Canvas` vorgesehen (siehe *Prinzipieller Aufbau von GUIs*, S. 66). Von `Canvas` sind Klassen abzuleiten, die das jeweils gewünschte grafische Aussehen und Verhalten implementieren.

Das Koordinatensystem für `Graphics`-Objekte ist ganzzahlig und wird durch die zugehörige Komponente definiert mit dem Ursprung (0,0) links oben (siehe Abbildung 3–18).

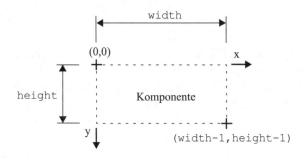

Abb. 3–18
Koordinatensystem in Komponenten

Jeder Punkt ist durch ein Koordinaten-Tupel (x,y) adressierbar. Die Größe einer Komponente wird durch ein Objekt der Klasse `Dimension` bestimmt. Die Component-Methode `size()` liefert die Abmessungen durch Rückgabe eines solchen Objekts, welches wiederum die Höhe (`height`) und Breite (`width`) definiert.

→ Wertebereich von x-Koordinaten: `0 ... width-1`

→ Wertebereich von y-Koordinaten: `0 ... height-1`

Zum Zeichnen von Umrissen stellt die Klasse `Graphics` folgende Methoden zur Verfügung:

```
// für Linien
public abstract void drawLine(int x1, int   y1,
                              int x2, int   y2);
// Rechtecke
public void drawRect(int x, int y,
                     int width, int height);
// abgerundete Rechtecke
public void drawRoundRect(int x, int y, int width,
                          int height, int arcWidth,
                          int arcHeight);
// räumlich abgehobenes Rechteck
public void draw3DRect(int x, int y, int width,
                       int height, boolean raised);
// Ellipsen und Kreise
public abstract void drawOval(int x, int y,
                              int width, int height);
// Kreisbögen
public abstract void drawArc(int x, int y, int width,
                             int height, int startAngle,
                             int arcAngle);
// Polygone
public abstract void drawPolygon(int xPoints[],
                                 int yPoints[],
                                 int nPoints);
```

Für alle Umrisse gibt es eine Methode zum Ausfüllen (z.B. `fillRect()`, `fillRoundRect()`, usw.). Als Farbe wird die des `Graphics`-Objekts verwendet. Die Koordinaten `x` und `y` definieren jeweils den Punkt links oben der jeweiligen Form.

Die Ausgabe von Text erfolgt durch Aufruf der Methode `drawString(String txt, int x, int y)`, wobei `x` und `y` bei Texten den Anfangspunkt links unten angibt. Für individuelle Gestaltung der Textausgabe sind die Klassen `FontMetrics` und `Font` zusammen mit `Graphics` vorgesehen.

Die Funktionalität für die Anzeige und das Bearbeiten von Bildern (Images) ist in den Packages `java.awt`, `java.awt.image` und `java.applet` verteilt. Das Thema Fonts und Images ist ein Kapitel für sich, und eine genaue Beschreibung würde den Rahmen dieses Buches sprengen. Es kann daher hier nur ein Einblick in diese Themen gegeben werden.

Das Laden von Bildern ist für GIFs und JPEGs einfach möglich. Die Klassen `Applet` und `Toolkit` stellen dazu die Methoden `getImage()` zur Verfügung:

```
myImage = getImage(<URL>);// in einem Applet oder
myImage = Toolkit.getDefaultToolkit().
  getImage(<Dateiname oder URL>);
```

Für die Steuerung und Überwachung des Ladevorgangs ist die Klasse `MediaTracker` beziehungsweise das Interface `ImageObserver` vorgesehen. Das Generieren von Bildern währen des Programmablaufs (on the fly) wird durch die Klasse `MemoryImageSource` unterstützt. Die Anzeige von Bildern erfolgt in den Methoden `paint()` oder `update()` durch Aufruf der `Graphics`-Methode `drawImage()`, zum Beispiel für das `Graphics`-Objekt `g`:

```
g.drawImage(myImage, 0, 0, this);
```

Dabei werden die Referenz auf das mit `getImage()` geladene Bild, die Koordinaten zur Positionierung und die Referenz auf die zugehörige Komponente übergeben.

Das folgende Beispiel zeigt die Verwendung von `Scrollbar`, die Behandlung von Ereignissen und die Klasse `Canvas` für eine grafische Ausgabefläche. Beim Start des Programms soll in einer Komponente `Canvas` ein durch ein Kreuz markierter Punkt mit seinen Koordinaten ausgegeben werden (siehe Abbildung 3–19). Zwei Scrollbars ermöglichen, die Position dieses Punktes zu verändern – der untere in horizontaler und der rechte in vertikaler Richtung. Klickt man in das Zeichenfeld, soll der Punkt an dieser Position angezeigt werden. Wird mit gedrückter linker Maustaste der Zeiger bewegt, soll die Markierung für den jeweiligen Punkt mitwandern:

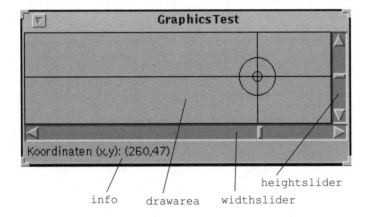

Abb. 3–19
Beispiel für die Verwendung von `Graphics`-*Objekten mit* `EventHandling` *in den Komponenten* `Scrollbar` *und* `Canvas`

```
import java.awt.*;

public class GraphicsTest extends Frame {
    private DrawArea drawarea;
    private Scrollbar widthslider;
    private Scrollbar heightslider;
    private Label info;
```

Der grafische Ausgabebereich vom Typ `DrawArea` ist durch die Spezialisierung von `Canvas` definiert (siehe unten). Objekte der Klasse `Scrollbar` werden hier zum Verändern der vertikalen (`heightslider`) und horizontalen (`widthslider`) Position des markierten Punktes verwendet. Mit dem `Label` info werden die aktuellen Koordinaten des Punktes angezeigt.

```
// Frame zusammenbauen
GraphicsTest(String name) {
  super(name);// Konstruktor von Frame
  info = new Label();
  drawarea = new DrawArea (this);
```

Der Frame besteht aus den Scrollbars, dem grafischen Ausgabebereich und einem Text (`Label`). Durch Übergeben des `Frame`-Objekts im Konstruktor von `DrawArea` wird eine Verbindung zu jenem `Frame` hergestellt, der das `DrawArea`-Objekt enthält. Dies wird benötigt, um Informationen bei eventuellen Größenänderungen des Zeichenbereichs an den übergeordneten `Frame` weitergeben zu können.

```
Panel p = new Panel(); // für Sliders & drawarea
p.setLayout(new BorderLayout());
widthslider = new Scrollbar(Scrollbar.HORIZONTAL);
heightslider = new Scrollbar(Scrollbar.VERTICAL);
p.add("Center",drawarea);
p.add("East",heightslider);
p.add("South",widthslider);

this.add("Center",p); // Zuordnung zum Frame
this.add("South",info);

// Behandlung der Scrollbar-Events
public boolean handleEvent(Event evt) {
  switch (evt.id) {
    case Event.SCROLL_ABSOLUTE:
    case Event.SCROLL_LINE_UP:
    case Event.SCROLL_LINE_DOWN:
    case Event.SCROLL_PAGE_UP:
    case Event.SCROLL_PAGE_DOWN:
      if (evt.target == heightslider) {
          drawarea.horizpos =
             ((Integer)evt.arg).intValue();
          drawarea.repaint();
      }
      else if (evt.target == widthslider) {
          drawarea.vertpos =
             ((Integer)evt.arg).intValue();
          drawarea.repaint();
      }
    }
  return super.handleEvent(evt);
}
```

Veränderungen des Scrollbars durch den Benutzer müssen durch Überschreiben der Methode `handleEvent()` abgefangen werden. Im Beispiel definieren die Scrollbars einen bestimmten Punkt innerhalb des Grafikbereichs, das heißt, bei jeder Änderung muß die neue Position an `drawarea` weitergegeben und die neue Ausgabe mit `repaint()` angefordert werden.

3.2 Grafische Benutzeroberflächen

```
class DrawArea extends Canvas {
  private int minwidth = 400;
  private int minheight = 200;
  private int vertpos = minwidth/2;
  private int horizpos = minheight/2;
  private GraphicsTest container;
```

`minwidth` und `minheight` definieren die minimale Größe, die das grafische Zeichenfeld einnehmen soll. Der aktuelle Punkt ist durch `vertpos` und `horizpos` gegeben. Diese Größen- und Positionsangaben stellen absolute Werte in Pixel dar. Mit `container` ist eine Referenzierung auf den übergeordneten Frame möglich.

```
public DrawArea(GraphicsTest cont) {
  container = cont;   // Referenz auf Frame speichern
}
public Dimension preferredSize() {
  return new Dimension(minwidth, minheight);
}
public Dimension minimumSize() {
  return preferredSize();
}
```

Das AWT versucht, bei der grafischen Anzeige der Komponenten automatisch die optimale Größe zu wählen. Bei Buttons beispielsweise ergeben sich die Abmessungen aus der jeweiligen Textgröße. Das AWT ruft dazu vor der Ausgabe die `Canvas`-Methoden `preferredSize()` und `minimumSize()` auf. Der Programmierer kann somit durch Überschreiben dieser Methoden die gewünschte Größe festlegen.

```
public void paint(Graphics g) {
  Dimension size = size();
  container.Update();
}
```

Da die wahre Größe von `drawarea` durch das System vergeben wird, sind erst zum Zeitpunkt des Aufrufs von `paint()` die Breite (`width`) und Höhe (`height`) definiert. Des weiteren kann der Benutzer die Fenstergröße verändern. In beiden Fällen müssen Anpassungen bei beteiligten Komponenten (z.B. die Scrollbars) vorgenommen werden. Dies erfolgt hier durch den Aufruf der `GraphicsTest`-Methode `Update()`.

```
  g.drawRect(0, 0, size.width-1, size.height-1);
  // Ausgabe der Markierung des Punktes
  g.drawLine(0, horizpos, size.width-1, horizpos);
  g.drawLine(vertpos, 0, vertpos, size.height-1);
  g.drawOval(vertpos-5,horizpos-5,10,10);
  g.drawOval(vertpos-20,horizpos-20,40,40);

// Behandlung eines Mausklicks
public boolean mouseDown(Event evt, int x, int y) {
  vertpos = x; horizpos = y;
  this.repaint();
  return true;
}
```

```
// Behandlung von Mausbewegungen
public boolean mouseDrag(Event evt, int x, int y) {
  vertpos = x; horizpos = y;
  this.repaint();
}
```

3.3 Applets

Applets sind Java-Programme, die für den ›Einsatz‹ im World Wide Web geschrieben wurden. Sie werden von einem Java-kompatiblen Browser genauso verarbeitet wie die anderen Datentypen Text, Images, Video, Audio usw. Der Bytecode der Applet-Dateien wird vom Browser geladen, verifiziert und ausgeführt. Die Sicherheit wird dabei vom `SecurityManager` des Browsers bestimmt (siehe auch *Sicherheit*, S. 175). Applets können auch mit dem Appletviewer gestartet werden (siehe *Der Appletviewer*, S. 44).

Applets unterscheiden sich von ›normalen‹ (standalone) Java-Programmen dadurch, daß sie über keine `main()`-Routine verfügen dürfen. Sie können daher nicht mit dem Java-Interpreter `java` gestartet werden.

Über das Java Base API können Applets auf Funktionalität z.B. für Netzwerkdienste, grafische Routinen und Ein- und Ausgabe zurückgreifen.

Zur Hypertext Markup Language (HTML) siehe z.B. [TOLK96]

Applets werden in HTML Seiten durch den Elementtyp `<APPLET>` eingebunden. `<APPLET>` erlaubt folgende Parameter (minimal erforderliche Parameter sind **fett** dargestellt):

- `CODEBASE`=class URL: Ein optionales Attribut, das angibt, wo die `.class`-Dateien gefunden werden. Auch relative Pfade sind möglich.
- `ARCHIVE`=archive list: Eine Liste von Archiven, die Java-Klassen enthalten. Archive erlauben das Laden von mehreren Klassen auf einmal, d.h. innerhalb einer Netzwerkverbindung. Dadurch kann die Geschwindigkeit beim Laden stark erhöht werden (siehe auch *JAR-Werkzeuge*, S. 48).
- **`CODE`**=class filename: Gibt den Namen der Klasse des Applets an.
- `OBJECT`=serialisiertes Objekt: Der Name einer Datei, in der ein serialisiertes Objekt kodiert ist. Beim Laden wird das Objekt dann ›deserialisiert‹ (siehe dazu auch *Objektserialisierung*, S. 59).
- `ALT`=alternativer Text: Text, der von Browsern angezeigt wird, die das Applet zwar erkennen, aber es nicht abspielen können (z.B. sogenannte text-only-Browser)

- NAME=applet name: Ein optionales Attribut, das einen Namen für das gegenwärtige Applet vergibt. Applets einer WWW-Seite können über diesen Namen kommunizieren (siehe unten).
- **WIDTH**=width: Breite in Pixel
- **HEIGHT**=heigth: Höhe in Pixel
- ALIGN=alignment: Gibt dem Browser an, wie er das Applet ausrichten soll. Erlaubte Werte sind left, right, top, textop, middle, absmiddle, baseline, bottom und absbottom.
- VSPACE=vertical spacing: Ein optionales Attribut, das den vertikalen Abstand des Applets zu allen anderen Elementen der Seite angibt
- HSPACE=horizontal spacing: Ein optionales Attribut, das den horizontalen Abstand des Applets zu allen anderen Elementen der Seite angibt

Durch das HTML-Element <PARAM> können Parameter an ein Applet übergeben werden. Beliebig viele Parameter sind möglich; auch beliebig viele Werte für einen Parameter sind möglich. Die einzelnen Werte werden dabei durch "|" getrennt (siehe Beispiel). Der Elementtyp <BLOCKQUOTE> erlaubt das Einfügen von beliebigem HTML-Code. Dieser wird dann von Browsern angezeigt, die nicht Java-fähig sind.

```
<TITLE>TicTacToe</TITLE>
<HR>
<APPLET
  CODEBASE="/system/user/sre/java/TicTacToe/"
  CODE="TicTacToe.class"
  ALT="Could not load applet:-("
  NAME="tictactoe"
  WIDTH="120"
  HEIGHT="120"
  ALIGN="MIDDLE"
  VSPACE=10"
  HSPACE="10">
<PARAM NAME="color" VALUE="true">
<PARAM NAME="sounds"
VALUE="first.au|second.au|third.au">
<BLOCKQUOTE>
  <EM>Sorry, this browser does not support Java!</EM>
</BLOCKQUOTE>
</APPLET>
<HR>
<A HREF="TicTacToe.java">The source.</A>
```

*Abb. 3–20
Beispiel der Einbindung eines Applets in eine HTML Datei*

3 Kernklassen des JDK

Mit speziellen Zugriffsmethoden kann man dann innerhalb eines Applets auf HTML-Attribute beziehungsweise übergebene Parameter zugreifen. Beispiel:

```
<APPLET CODE="Test.class"
  WIDTH="50"
  HEIGHT="30">
<PARAM NAME="color" VALUE="green">
</APPLET>
```

In der Klasse `Test` kann man den Parameter `color` mit `getParameter("color")` abfragen. Der Rückgabewert ist vom Typ `String` und würde in diesem Fall den Wert `"green"` haben. Mit den beiden Methoden

```
URL getDocumentBase()
URL getCodeBase()
```

können weitere Applet-Attribute abgefragt werden.

Information über den Status eines Applets beziehungsweise die Verwendung von Parametern oder auch den Autor eines Applets kann man mit den Methoden

```
void showStatus(String status) // gibt den Status aus
String getAppletInfo() // Infos über Autor, Version, usw.
String[][] getParameterInfo() // Infos über Parameter
```

implementieren. Diese Methoden sind in der Klasse Applet definiert und sollten vom Benutzer in seiner eigenen Applet-Klasse überschrieben werden.

Abbildung 3–21 zeigt den grundsätzlichen Lebenszyklus eines Applets [HOFF96][RITC95].

Abb. 3–21 Lebenszyklus eines Applets

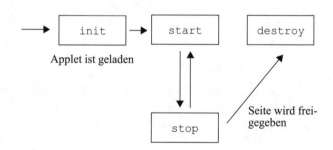

Der Lebenszyklus besteht im wesentlichen aus vier Phasen:

❑ init: Nach dem Laden durch den Browser wird dem Applet die Message `init()` geschickt. In dieser Methode sollten dann notwendige Initialisierungen beziehungsweise Prüfungen vorgenommen werden.

- ❏ `start`: Wenn das Applet ›richtig‹ gestartet wird, schickt der Browser die Nachricht `start()`. Die Methode `start()` wird unmittelbar nach `init()` aufgerufen und auch jedesmal dann, wenn eine Web-Seite erneut ›besucht‹ wird.
- ❏ `stop`: Die Message `stop()` wird dem Applet geschickt, wenn es angehalten werden soll. Dies ist üblicherweise dann der Fall, wenn der Benutzer die gegenwärtige Seite verläßt.
- ❏ `destroy`: Die letzte Phase im Lebenszyklus eines Applets. Vor `destroy()` wird immer `stop()` aufgerufen; das Applet sollte in `destroy()` dann alle nicht mehr benötigten Ressourcen freigeben.

3.3.1 Applet zu Applet-Kommunikation

Wie bereits erwähnt, können Applets innerhalb einer Seite miteinander kommunizieren. Manche Browser erlauben auch den Aufruf von Methoden. Damit ein Applet Nachrichten an ein anderes Applet senden kann, muß es entweder dessen Namen wissen (siehe auch `NAME`-Attribut des Applet-Tags), oder es kann die Liste aller Applets einer Seite erfragen und das entsprechende Applet auswählen.

Im folgenden Beispiel kommunizieren zwei Applets miteinander über den Namen:

```
MemoirApplet mA= null;
mA= (MemoirApplet)getAppletContext().getApplet("RootA");
System.err.println("Found Applet "+mA.getAppletInfo());
mA.sendMsg(msg);
```

Folgendes gilt es dabei zu beachten. Applets können nur mit Applets innerhalb einer Seite kommunizieren. Des weiteren muß der Name des Partner-Applets bekannt sein. Und beide Applets müssen dieselben Methoden unterstützen. Im obigen Beispiel wurden beide von der gemeinsamen Klasse `MemoirApplet` abgeleitet und unterstützen daher die Methode `sendMsg()`.

Falls der Name des anderen Applets nicht bekannt ist oder man einfach eine flexiblere Kommunikation erreichen will, kann man auch eine Liste sämtlicher Applets bearbeiten. Die Methode `getApplets()` unterstützt dies.

```
System.err.println("These are my (ID "+
  this.hashCode()+") partners");
Enumeration e = getAppletContext().getApplets();
while (e.hasMoreElements()) {
  mA= (MemoirApplet)e.nextElement();
  System.err.println("Applet: "+mA.getAppletInfo());
  mA.sendMsg(msg);
}
```

Die Methode `getApplets()` liefert sämtliche Applets einer Seite, auch jenes Applet, das den Aufruf durchführt. Im obigen Beispiel sind mehrere Applets derselben Klasse auf einer Seite vorhanden, d.h. mehrere Instanzen desselben Typs. Um die jeweiligen Applets daher unterscheiden zu können, wird auf die Methode `hashCode()` der Klasse `Object` zurückgegriffen. Diese Methode liefert für jedes Objekt einen eindeutigen ID. Dieser kann beispielsweise in der Methode `getAppletInfo()` zurückgegeben werden und erlaubt somit auf einfache Weise das Vergleichen von Objekten desselben Typs.

```
public String getAppletInfo() {
  return "ID "+this.hashCode();
}
```

3.3.2 Applets und JavaScript

Die Kommunikation zwischen Applets und den eigentlichen HTML-Dokumenten ist nicht einfach beziehungsweise nicht auf elegante Weise zu lösen [EHMA97B][GRØN97]. Eine Möglichkeit besteht durch die Verwendung von JavaScript beziehungsweise auch VisualBasicScript für den Browser Internet Explorer. An dieser Stelle soll daher das Konzept von JavaScript kurz erläutert werden.

Für die Integration von Codeteilen (Skripte) in HTML-Dokumenten wurde das HTML-Tag `<SCRIPT>` eingeführt, welches dem Browser anzeigt, daß ein eingebettetes Programm folgt. Ein Dokument ›Hello-World.html‹ könnte beispielsweise folgende Anweisungen enthalten:

```
<HTML>
<SCRIPT language="JavaScript">
  document.write("Hello JavaScript World!")
</SCRIPT>
</HTML>
```

Das Attribut ›language‹ des `<SCRIPT>`-Tags teilt dem Browser die jeweils verwendete Sprache mit. Dadurch wird eine Entkoppelung von HTML erreicht, wodurch mögliche zukünftige beziehungsweise andere Skript-Sprachen eingebettet werden können, ohne HTML ändern zu müssen. Ein optionales Attribut ›version‹ teilt dem Browser mit, um welche Version einer Skript-Sprache es sich handelt. Verschiedene Browser-Versionen unterstützen unterschiedliche Script-Versionen. Daher ist es teilweise notwendig, für jede Version eine eigene Anweisung zu programmieren. Die jeweils letzte Version wird dabei vom Browser geladen. Versionen, die ein Browser nicht versteht, werden einfach ignoriert. Das folgende Beispiel einer HTML-Datei verfügt über zwei Script-Tags, einer für JavaScript Version 1.0, der andere für JavaScript Version 1.1. Abhängig von der Version des Browsers werden dann die jeweiligen Anweisungen geladen.

```
<HTML>
...
<SCRIPT language="JavaScript">
var loaded = "false";
//Netscape or Microsoft Internet Explorer
var browser = navigator.appName;
function warning ()
{
  //Aufruf der Methode unregister des Applets
  //mit dem Namen MEMOIRBasePanel für Netscape 3.0
  if (browser.indexOf("Netscape") != -1)
    document.MEMOIRBasePanel.unregister();
  alert ("Unregistered ...");
}
</SCRIPT>
<SCRIPT language="JavaScript" version="1.1">
function updateDisplay()
{ //for Netscape 3.0, IE 4.0
  if ((loaded == "true") &&
      (browser.indexOf("Netscape") != -1)){
    if (document.applets.length > 0) {
      //MEMOIRBasePanel ist der Name des Applets
      document.MEMOIRBasePanel.repaint();
    }
  }
}
</SCRIPT>
...
</HTML>
```

Für das obige Beispiel ist zu erwähnen, daß Script-Tags ohne Versionsattribut der Version 1.0 von JavaScript entsprechen. Des weiteren muß man wissen, daß etwa der Browser HotJava sämtliche Script-Tags ignoriert und somit eine Einbindung von Applets in HTML erschwert möglich ist.

Für die Programmierung in JavaScript werden Browser- und HTML-Komponenten wie History, Document, Window, Form (Formular), Eingabefeld, Applet, Link usw. als Objekte abgebildet, die jeweils eine bestimmte Menge von Funktionen (Messages) und Eigenschaften (Attribute) implementieren.

Diese Objekte werden implizit vom Browser bei der Analyse des HTML-Dokuments erzeugt und sind somit global verfügbar. Im ersten Beispiel wird dem Objekt ›document‹ die Message ›write("Hello JavaScript World!")‹ gesendet, was beim Anzeigen des Dokuments durch den Browser zur Folge hat, daß der als Parameter übergebene Text an der entsprechenden Stelle im HTML-Dokument ausgegeben wird. Untenstehende Abbildung 3–22 zeigt die Hierarchie der vom Browser verwalteten Objekte.

Zusätzlich werden in JavaScript folgende eingebaute Objekte und Objekttypen zur Verfügung gestellt:

- ❏ Math
- ❏ String
- ❏ Date

Das Objekt Math implementiert eine Reihe von Methoden für mathematische Berechnungen, wie etwa Sinus, Cosinus usw. String und Date sind die einzigen Objekttypen, das heißt, die Objekte müssen bei Bedarf mit dem Schlüsselwort new erzeugt werden (analog zu Java):

```
myCoffee = new String("Java")
myTee = "Orange"
currentDate = new Date() // Systemdatum
bornAt = new Date(1990,2,25,0,0,0) // J,M,T,Std,Min,Sek
```

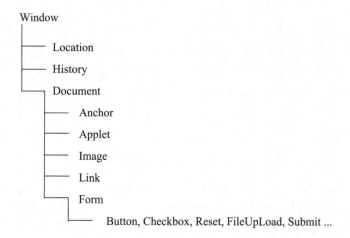

Abb. 3–22
Objekthierarchie in JavaScript

3.3.3 Ereignis und Ereignisbehandlung mit JavaScript

Um auf Benutzerinteraktionen reagieren zu können, gibt es eine Reihe von vordefinierten Ereignissen, für die der Programmierer JavaScript-Funktionen implementieren kann. Beim Eintritt eines Ereignisses wird die jeweils zugeordnete Funktion dann automatisch ausgeführt.

Im folgenden Beispiel soll die Hintergrundfarbe des Dokuments durch Auswahl eines entsprechenden Buttons verändert werden können:

```
<HTML>
<SCRIPT language="JavaScript">
// ändert die Hintergrundfarbe des Dokuments
function changeBg(color) {
  document.bgColor = color
}
</SCRIPT>
```

```
<FORM>
<INPUT TYPE="button" NAME="c1" VALUE="red"
onClick="changeBg(c1.value)">
<INPUT TYPE="button" NAME="c2" VALUE="blue"
onClick="changeBg(c2.value)">
<INPUT TYPE="button" NAME="c3" VALUE="yellow"
onClick="changeBg(c3.value)">
</FORM>
</HTML>
```

Des weiteren können Ereignisse, die den Fokus, das Laden von Daten, das Senden von Formularen oder die Cursor-Koordinaten betreffen, abgefangen und behandelt werden.

3.3.4 Aufruf von Applet-Methoden aus JavaScript

Wie bereits einleitend erwähnt, ist die Kommunikation zwischen HTML-Seite und Java-Applets teilweise schwierig zu lösen. In jedem Fall wird eine plattform*un*abhängige Lösung schwierig sein, weil JavaScript von den jeweiligen Browsern unterschiedlich gut unterstützt wird und browserspezifische Anbindungen, wie sie zum Beispiel von Netscape angeboten werden, natürlich immer plattformspezifisch sind.

Ein einfacher Aufruf einer Java-Methode aus JavaScript kann etwa folgendermaßen realisiert werden:

```
<SCRIPT>
...
function talkToApplet ()
{
  document.SimpleApplet.callMe();
...
```

Applets werden über die Komponente `document` angesprochen. Im obigen Beispiel verfügt das HTML-Dokument über ein Applet `SimpleApplet`, das wiederum über eine als `public` deklarierte Methode `callMe()` verfügt. Voraussetzung dafür, daß dieser Aufruf funktioniert, ist, daß der Name des Applets im Applet-Tag definiert worden ist und daß das Applet auch vollständig geladen ist. Letzteres ist nicht immer der Fall, da es beispielsweise durch paralleles Abarbeiten von Befehlen durch den Browser vorkommen kann, daß JavaScript-Befehle ausgeführt werden, obwohl das Applet selbst noch nicht geladen ist. Folgendes Beispiel berücksichtigt diesen Umstand:

```
<HTML>
...
<SCRIPT>
function setLoaded() {
  loaded = "true";
}
```

```
function resizeApplet(w, h) {
  if (loaded == "true")
}
...
</SCRIPT>
<BODY onUnLoad=warning() onFocus=updateDisplay()
      onResize='resizeApplet(event.width, event.height)'
      onLoad=setLoaded()>
...
</HTML>
```

JavaScript stellt ab der Version 1.1 ein Ereignis ›loaded‹ zur Verfügung, das dazu benutzt werden kann, eine Variable `loaded` mit dem Wert `true` zu versehen. Innerhalb der Methodenaufrufe kann diese Variable dann abgefragt werden (siehe zum Beispiel `resizeApplet()`).

3.3.5 Kommunikation von Applet zu HTML Seiten

Im obigen Beispiel wurde eine Möglichkeit der Kommunikation von HTML-Daten mittels JavaScript zu Applets aufgezeigt. Auch der umgekehrte Weg, also die Kommunikation von Applet zu HTML, ist möglich.

Netscape beispielsweise unterstützt eine Klasse `JSObject`, die das Abfragen und Manipulieren von JavaScript und damit HTML-Objekten erlaubt (für die Netscape-Versionen 3 und 4). Wesentlicher Nachteil der Verwendung dieser Klasse ist, daß sie nur für Netscape verfügbar ist. Das heißt, die folgende Lösung wird unter Internet Explorer oder HotJava nicht laufen.

```
import netscape.javascript.*;
JSObject outputDoc;
JSObject root = JSObject.getWindow(this);
JSObject parent = (JSObject) root.getMember("top");
JSObject frames = (JSObject) parent.getMember("frames");
JSObject frame = (JSObject) frames.getMember("target");

outputDoc = (JSObject) frame.getMember("document");
outputDoc.call("open", null);
outputDoc.call("write", "<P>some text<BR>");
...
```

Im obigen Beispiel werden Instanzen der Klasse `JSObject` erstellt. `JSObject` kapselt JavaScript-Objekte. Das heißt, für das richtige Verwenden dieser Klasse muß man die Struktur von JavaScript kennen (siehe auch *Applets und JavaScript*, S. 96). Vereinfacht gesagt, wird ausgehend von einem Wurzelobjekt, das für jedes Fenster existiert, jener Frame ausgewählt, in den die Ausgabe erfolgen soll. Dieses Frame-Objekt wird dann auf das Ausgabeobjekt zugewiesen, und die Ausgabe kann erfolgen.

Als Alternative könnte auch folgender Code verwendet werden:

```
String myHTML = new String("javascript:'<html><title>
   Explain</title><h1>Presentation Area</h1></html>'");
try {
      getAppletContext().showDocument(new
         URL(myHTML),"myFrame");
   } catch (MalformedURLException e) {
...
}
```

Eine Zeichenkette, die ein HTML-Dokument darstellt, wird erzeugt. Das kann auch dynamisch erfolgen. Dieses wird dann mit Hilfe der Methode `showDocument()` an den Browser übergeben. Als URL fungiert ein ›lokaler‹ URL, der durch den Protokollnamen `javascript` gekennzeichnet ist. Wiederum ist zu beachten, daß diese Lösung Netscape-spezifisch ist.

3.4 Netzwerk

Die Netzwerkfähigkeit ist eines der Grundmerkmale von Java als Entwicklungsplattform. Selbst die ersten JDK-Versionen verfügten über die Unterstützung von Sockets. Spätere Versionen unterstützen zusätzlich Remote Methode Invocation (RMI, siehe *RMI*, S. 134) beziehungsweise auch CORBA (*CORBA*, S. 131). Dieser Abschnitt gibt eine Übersicht über die grundlegenden Netzwerkklassen und zeigt, wie man mit wenigen Befehlen Netzwerkanbindungen in Java realisieren kann.

Das `java.net`-Package stellt eine Reihe von Klassen für das Netzwerkmanagement zur Verfügung. Abbildung 3–23 gibt einen Überblick.

Die abstrakte Klasse `ContentHandler` stellt die Superklasse für alle jene Klassen dar, die ein Objekt über eine sogenannte `URLConnection` lesen. Die Datagram-Klassen `DatagramPacket`, `DatagramSocket`, `MulticastSocket` und `DatagramSocketImpl` dienen zur Implementierung von Netzwerkverbindungen über UDP (Uniform Datagram Protocol). Die abstrakte Klasse `HttpURLConnection` ist ab der Version 1.1 neu eingeführt worden. Sie erleichtert den Umgang mit URLs, indem sie direkt Methoden des Hypertext Transfer Protocols wie zum Beispiel `GET` oder `POST` unterstützt. `InetAddress` dient der Repräsentation von IP-Adressen.

`ServerSocket`, `Socket` und die dazugehörige Implementierungsklasse `ServerSocketImpl` stellen eine (fast) vollständige Implementierung des von BSD bekannten Socket-Protokolls zur Verfügung [KERN84]. Die Java-Klasse `ServerSocket` kann beispielsweise zur Implementierung von Servern verwendet werden (siehe *Ein simpler HTTP-Server*, S. 147).

Die URL-Klassen schließlich sind direkt für den Einsatz im Web geschaffen. Die Klasse `URL` stellt eine einfache Schnittstelle für einen Internet Uniform Resource Locator zur Verfügung. Mit einer Instanz dieser

Klasse kann eine Referenz auf eine Quelle im Internet angegeben beziehungsweise diese Quelle auch bearbeitet, d.h. geladen usw., werden. Die abstrakte Klasse URLConnection bildet die abstrakte Superklasse für alle jene Klassen, die auf URL-Ressourcen zugreifen. Diese Klasse stellt das Protokoll zum Lesen und Schreiben auf diese Ressourcen zur Verfügung. Und URLEncoder wird dazu verwendet, Daten, die über eine URL-Verbindung gesendet werden, in ASCII zu ›verschlüsseln‹. Der Grund liegt darin, daß über TCP/IP nur ASCII-Daten gesendet werden können.

*Abb. 3–23
Java-Klassen für Netzwerkanwendungen (Version 1.1 von JDK)*

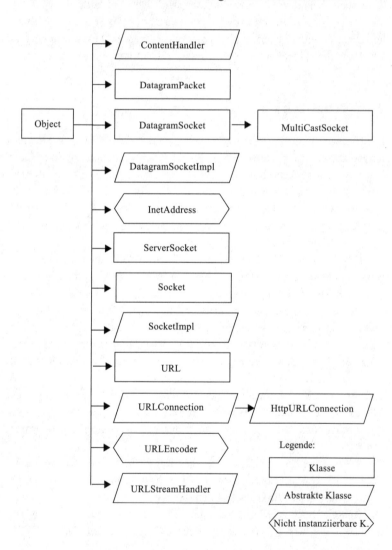

Ab der Version 1.1 von JDK wurden die Netzwerkklassen stark verbessert. Vor allem wurde die Funktionalität erhöht sowie vermehrt die Möglichkeit geschaffen, Methoden des Frameworks zu überschreiben und dadurch eigene Funktionalität zu programmieren. Dies kann zum Beispiel der Implementierung von Sicherheitsmerkmalen dienen oder auch, um eine besonders effiziente Implementierung von Sockets für eine bestimmte Plattform oder ein bestimmtes Protokoll zu erlauben. Zu den wesentlichsten Änderungen zählen:

- Erweiterbare `Socket`- und `ServerSocket`-Klassen
- Neue Optionen für Sockets wie zum Beispiel das Setzen von Timeouts usw. Dadurch sind Java-Sockets den aus Unix und C bekannten BSD-Sockets ziemlich ähnlich geworden.
- Zusätzliche Klassen, die die Ausnahmen von Sockets betreffen. Dadurch ist eine feinere Granularität in der Behandlung von Ausnahmezuständen möglich.
- Das Einführen einer neuen Klasse `HttpURLConnection`, die das Arbeiten mit URLs vereinfacht

3.4.1 Allgemeines über Netzwerke

Die grundlegenden Protokolle, also Sprachen, die Computer verwenden, die über das Internet miteinander verbunden sind, sind Transmission Control Protocol (TCP) und Uniform Datagram Protocol (UDP). Eingebettet in das 7-Schichten-ISO/OSI-Referenzmodell ergibt sich folgendes Bild:

(7) Anwendung	http, ftp, telnet ...
(6) Darstellung	
(5) Kommunikationssteuerung	
(4) Transport	
(3) Vermittlung	TCP, UDP
(2) Sicherung	IP
(1) Bitübertragung	

Abb. 3–24
ISO/OSI-7-Schichten
Modell [TANE95]

Der wesentliche Unterschied zwischen den beiden Protokollen TCP und UDP liegt dabei darin, daß TCP eine verläßliche Verbindung zwischen den kommunizierenden Rechnern aufbaut; d.h., TCP garantiert, daß ein Paket, das abgeschickt wurde, auch ankommt, und es garantiert auch, daß die Reihenfolge der Pakete des Empfängers jener des Absenders entspricht. Im Gegensatz dazu ist UDP verbindungslos und garantiert nicht das Ankommen und dieselbe Reihenfolge der abgeschickten Pakete. Die Datenpakete, die mittels UDP versendet werden, werden *Datagrams* genannt.

TCP wird daher für jene Anwendungen verwendet, die ein Erfordernis an Verläßlichkeit haben: Ein zu übertragendes GIF-Bild sollte beispielsweise in der richtigen Reihenfolge wieder zusammengesetzt werden; es sollten auch alle Pakete, d.h. das gesamte Bild, übertragen werden. Ein Zeit-Server (clock-server) andererseits, der auf Anfrage die aktuelle Uhrzeit liefert, kann sich nicht um ein rechtzeitiges Ankommen des Pakets kümmern: Die Zeit könnte dann schon nicht mehr korrekt sein, und das Überprüfen wäre somit sinnlos.

Nachdem ein Computer im allgemeinen nur über einen Netzwerkanschluß verfügt, aber mehrere Anwendungen hat, die sich des Netzwerks bedienen, muß es noch einen Mechanismus geben, der eine weitere Differenzierung der ein- und ausgehenden Pakete erlaubt. Dieser Mechanismus wird durch sogenannte Ports sichergestellt. Ein Datenpaket, das über das Internet geschickt wird, hat daher als Adressierungsinformation die IP-Adresse des Rechners sowie eine Port-Nummer, an die das Datenpaket geschickt werden soll. Die IP-Adresse ist 32-Bit, die Port-Nummer ist 16 Bit groß. Abbildung 3–25 zeigt ein Datenpaket, das für den Port 80 (also den für World Wide Web-Dienste reservierten Port) des Rechners mit der IP-Nummer 140.78.90.1 gedacht ist.

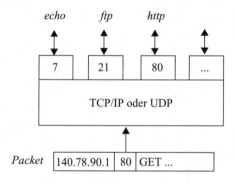

Abb. 3–25
Netzwerkzugriff über Ports

Bei verbindungsorientierter Kommunikation über TCP wird ein sogenannter Socket mit einem bestimmten Port verbunden, und zwei Anwendungen auf entfernten Rechnern können dann miteinander kommunizieren. Ein Socket kann nur einmal mit einem Port verbunden werden. Zwischen den Anwendungen werden Datenpakete entsprechend einem bestimmten Protokoll der Anwendungsschicht übertragen: z.B. http im Falle des World Wide Web oder ftp im Falle von Dateiübertragung.

Bestimmte Ports sind vorreserviert. Der http-Port hat beispielsweise die Nummer 80, der telnet-Port die Nummer 23 usw. Im allgemeinen sollten für eigene Anwendungen – also solche Anwendungen, die ein eigenes Protokoll verlangen – Ports ab Nummer 1024 verwendet werden.

3.4.2 Arbeiten mit URLs

URLs (Uniform Resource Locators) sind Zeichenketten, die eine Ressource im Internet eindeutig identifizieren. Sie bestehen dabei grundsätzlich aus der Angabe des Protokolls und der eigentlichen Angabe der Ressource. Zum Beispiel bedeutet der URL

```
http://www.ifs.uni-linz.ac.at:80/index.html
```

daß über das Hypertext Transfer Protocol (HTTP) eine Datei mit Namen `index.html` auf einem Rechner im Internet mit Namen `www.ifs.uni-linz.ac.at` erreicht werden kann. In manchen Fällen wird optional noch eine Port-Nummer oder eine Referenz angegeben.

Die Java-Klasse `URL` stellt Methoden zur Verarbeitung von URLs zur Verfügung. Mit `getPort()` oder `getProtocol()` können beispielsweise die Port-Nummer oder das Protokoll abgefragt werden. Im folgenden Beispiel wird eine Instanz der Klasse URL angelegt. Mit dieser Variable sowie einem davon erzeugten Datenstrom wird dann die Datei, die der URL spezifiziert, gelesen und auf die Console ausgegeben.

```java
import java.util.*;
import java.io.*;
import java.net.*;
public class ReadFile {
public static void main(String[] args) throws IOException {
  URL u = new URL ("http://www.ifs.uni-linz.ac.at/");
  URLConnection conn = u.openConnection();
  BufferedReader in = new BufferedReader(new
    InputStreamReader(conn.getInputStream()), 4096);
  int c;
  while ((c = in.read()) != -1)
    System.out.write(c);
  System.out.println("Protocol "+u.getProtocol());
  System.out.println("Port "+u.getPort());

  in.close();
  }
}
```

Nachdem ein `URL`-Objekt erfolgreich erzeugt wurde, kann man ein Stream-Objekt damit verbinden und so Daten vom `URL`-Objekt lesen. Die Methode `getInputStream()` gibt ein `InputStream`-Objekt zurück. Mit der Klasse `URLConnection` lassen sich zusätzliche Informationen über den Inhalt eines URLs herauslesen: beispielsweise Größe, Datum der letzten Änderung, usw.

3.4.3 Datagrams

Wie bereits oben erwähnt, ist UDP ein verbindungsloses Transportprotokoll, das dazu dient, unabhängige Datenpakete – sogenannte Datagrams – von einem Rechner zu einem anderen zu senden. Die entsprechenden Java-Klassen lauten `DatagramPacket`, `DatagramSocket` und `DatagramSocketImpl`. Diese Klassen werden unterschiedlich instanziiert, je nachdem, ob Daten gesendet oder empfangen werden sollen.

Um ein Datagram zu senden, muß zuerst ein Objekt der Klasse `DatagramPacket` angelegt werden, das die zu übertragenden Daten, deren Größe, den Rechner und Port usw. enthält. Mit der Methode `send()` von `DatagramSocket` kann das Datagram dann übertragen werden. Die Klasse `DatagramSocket` ist allgemein gehalten: Man kann mit einem Objekt dieser Klasse beliebige Daten auf beliebige Rechner und Ports übertragen und empfangen. Das folgende Beispiel zeigt, wie ein Server und ein Client mittels Datagrams kommunizieren können.

Der Server ist als Thread implementiert (siehe auch das Beispiel *Ein simpler HTTP-Server*, S. 147). Auf einem als Parameter übergebenen Port wartet der Server-Prozeß auf eingehende Pakete. Die Größe der Pakete sowie die Größe des Puffers werden zur Kontrolle ausgegeben. An dieser Stelle könnten die Pakete auch an einen anderen Prozeß zur Verarbeitung weitergegeben werden.

```java
public class DGServer extends Thread {
  protected int port = 1024;
public void run() {
  byte buffer[] = new byte[ 8192];
  byte tbuf[] = new byte[ 8192];
  DatagramPacket p = null;
  DatagramSocket cSocket = null;

  try {
    p = new DatagramPacket(buffer, buffer.length);
    cSocket = new DatagramSocket(port);
    while (true) {
      cSocket.receive(p);
      tbuf = p.getData();
      System.out.println("I received "+p.getLength()
        +" bytes; length of buffer is "+p.getData().length);
      //do somethingThreaded(p);
    }
  }
  catch (SocketException e) {
    System.out.println("Socket Exception " + e);
  }
  catch (IOException e) {
    System.out.println("IOException " + e);
  }
}
```

Clients, die Datagrams verwenden, könnten die Daten folgendermaßen aufbereiten:

```
...
public static void main(String[] args) {
BufferedReader d;
String line = "";
String hname = "sigi.ecs.soton.ac.uk";
InetAddress iAdd = null;
try {
   iAdd = InetAddress.getByName(hname);
}
catch (UnknownHostException e) {
   System.err.println("Couldn't resolve host "+ hname);
   System.exit(1);
}
DatagramSocket sock = null;
DatagramPacket pack= null;
try {
   File f = new File("test.txt");
   sock = new DatagramSocket();
   d = new BufferedReader(new FileReader(f), 4096);
   while ((line = d.readLine())!= null) {
     System.err.println("Read line "+line);
     byte tbuff [] = line.getBytes();
     pack  = new DatagramPacket(tbuff, tbuff.length,
                     iAdd, 1024);
     System.out.println("Sending "+pack.getLength()+
     " bytes from local port "+ sock.getLocalPort()
      +" to port "+pack.getPort()+" of host "+
     pack.getAddress().getHostName() +" ...");
     sock.send(pack);
   }
}
catch (SocketException e) {
   System.out.println("SocketException " +e);
}
catch (FileNotFoundException e) {
   System.out.println("File not found " +e);
}
catch (IOException e) {
   System.err.println("IOException "+e);
}
...
```

Ein gepufferter Eingabestrom wird an eine Datei ›test.txt‹ angelegt. Die Datei wird zeilenweise gelesen und jede Zeile als Paket an den Datagram-Server abgeschickt. Dabei ist zu beachten, daß diese Pakete nicht zwingendermaßen in derselben Reihenfolge ankommen, in der sie abgesendet werden. Man muß daher anwendungsspezifische Semantik verwenden, um die Pakete auf der Empfängerseite wieder zu sortieren (beispielsweise eine Identifikationsnummer). Innerhalb von LANs (Local Area Networks) stimmt die Reihenfolge, in der die Pakete eintreffen, allerdings fast immer mit der Reihenfolge, in der sie abgesendet wurden, überein, und der Gewinn an Performanz durch Wegfall des Kontrollaufwands kann beträchtlich sein.

4 Anwendungsszenarios und Datenmanagement

Szenarios eignen sich hervorragend, um Anforderungen an Anwendungen zu erheben, sowie um beispielhaft Kategorien von Anwendungen zu beschreiben. Dieses Kapitel beschäftigt sich daher mit ausgewählten Szenarios verteilter Informationssysteme sowie Architekturen zu deren Realisierung. Aufbauend auf den vorgestellten Szenarios werden Komponenten verteilter Informationssysteme definiert und anhand des Beispiels der Datenbankanbindung verschiedene Möglichkeiten der Realisierung dargestellt.

Die folgenden Szenarios werden beschrieben:

- Multimedialer Informationskiosk: Dieses erste Beispiel hat die mittlerweile weit verbreiteten Informationsterminals zum Schwerpunkt.
- Multimediales Lernen: Dieses Szenario beschreibt beispielhaft, wie Informationstechnologie zur Lernunterstützung eingesetzt werden kann.
- Buchungssystem: Die wesentlichen Aspekte hinsichtlich Funktionalität und Realisierung von Buchungssystemen via Internet werden erläutert.
- Software-Agenten: Dieses Szenario befaßt sich mit der Technologie von sogenannten intelligenten Software-Agenten und beschreibt, wie diese als Unterstützung zur Informationsaufbereitung beziehungsweise -verarbeitung im Internet eingesetzt werden können.

4.1 Szenario ›Multimedialer Informationskiosk‹

Das erste Szenario, das wir vorstellen, bezieht sich auf einen ›multimedialen Informationskiosk‹. Diese auch ›Infoterminals‹ genannten Einrichtungen findet man oft auf Flughäfen, Bahnhöfen, Bibliotheken usw. Abbildung 4–1 zeigt das Beispiel eines solchen Terminals.

Abb. 4–1
*Ein typisches
Infoterminal*

*Zum Thema
Informationskiosk gibt es
eine eigene Internet-
Newsgroup:
comp.infosystems.kiosk*

Unterschiedliche Hardware ist eines der wesentlichen Kennzeichen dieser Terminals. Die meisten erlauben die Bedienung über Touchscreens, manche verfügen über mausähnliche Zeigegeräte, manche erlauben dem Benutzer die Eingabe über die Tastatur. Auch Prozessoren, Bildschirme, Speichermedien usw. sind sehr heterogen.

Das Informationsangebot ist multimedial, vordefinierte Hypertext-Verknüpfungen erlauben es dem Benutzer, zwischen Informationseinheiten zu navigieren. Des weiteren ist das Informationsangebot meist relativ starr zu bezeichnen. Die Benutzerschnittstelle sollte ansprechend sein, um die Aufmerksamkeit potentieller Benutzer im Vorbeilaufen zu erregen; Ton und Video in Verbindung mit farbigen Animationen sind daher unabdingbar.

Ist der Benutzer dann gefangen, sollte er zwischen den einzelnen Informationsteilen navigieren können. Dabei sollte das System das Hin- und Herspringen des Benutzers mitprotokollieren, damit dieser jederzeit wieder an eine Stelle verzweigen kann, die er schon besucht hat.

Beständigkeit der angebotenen Information bezieht sich auf die Änderungsrate. Die allermeisten Informationsterminals bieten Übersichtspläne, Kulinarisches, Verkehrsverbindungen und andere relativ beständige Informationen an. Veranstaltungshinweise sind seltener vertreten, aber selbst diese erfordern lediglich ein tägliches Update.

Im allgemeinen ist das Buchen durch den Benutzer nicht möglich, d.h., der Benutzer kann sich das Informationsangebot anschauen, im besten Fall ausdrucken. Eine Überprüfung etwa auf Verfügbarkeit von Hotelplätzen beziehungsweise eine Reservierung in einem Restaurant sind nicht möglich (ein Szenario eines solchen Reservierungssystems stellen wir unter Szenario ›Buchungssystem‹, S. 111, vor).

Die Firma Big Electronics bietet unter dem Produktnamen WEBTYME ein PC-basiertes Internet/Intranet Terminal für den Einsatz in Informationskioske an. Dabei stehen dem Benutzer beziehungsweise Anbieter verschiedene Möglichkeiten offen. So kann das Terminal mit einer Geldscheinlesefunktion ausgestattet werden; auch Kartenleseoptionen sind möglich.

Weitere Infos zu WEBTYME siehe: http://www.webtyme.com

4.2 Szenario ›Multimediales Lernen‹

Die typische Situation in einer Klasse ist gekennzeichnet durch Präsentation, Wissensvermittlung, strukturierte Dialoge, Bücher und lehrergesteuerte Interaktionen. In sogenannten kollaborativen Klassenzimmern ist der Lehrer gleichzeitig Präsentator, Experte und Vermittler. Kollaboratives Lernen ist somit gekennzeichnet durch [HOAD95]:

- Lernen von anderen
- Sehen mehrerer unterschiedlicher Gesichtspunkte
- Testen der eigenen Ideen
- Teilen von Verantwortung

Computer und Netzwerke bieten dabei eine Reihe vielversprechender Möglichkeiten. Im allgemeinen sind solche Systeme interaktiver, erlauben unterschiedlichste Datenformate und damit Anwendungen bis hin zu eigenen, selbstgeschriebenen Programmen. Des weiteren können diese Systeme von mehreren gleichzeitig auch über weite Distanzen verwendet werden. Autorenwerkzeuge bieten auch für nicht-professionelle Benutzer die Möglichkeit, multimediale Inhalte zu erstellen.

Multimedia bietet daher die Voraussetzungen zum strukturierten Zugang zu Information, modularer Speicherung und Übertragung der Lehrmaterialien sowie Zugang zu Experten über entfernte Distanzen.

Zu den einfachen allgemein verwendbaren Beispielen für diese Systeme zählen:

- Internet-Newsgroups, die Diskussionsrunden im Internet
- Electronic Mail (E-Mail) ebenfalls als asynchrones Medium

Daneben gibt es noch eine ganze Reihe sowohl von Systemen als auch von Forschungsprototypen, die Kollaboration in verteilten Systemen unterstützen.

4.3 Szenario ›Buchungssystem‹

Weltweit verfügbare Online-Buchungssysteme auf der Basis von Web-Technologie werden derzeit am häufigsten im Bereich der Flugreservierung und des Tourismus angeboten und haben das experimentelle Stadium längst verlassen. Hingegen scheitern Systeme, wie eine VRML-unterstützte Sitzplatzreservierung für Kino oder Theater, derzeit noch an den zu geringen Bandbreiten der Netzwerke. Die Möglichkeit, im virtuellen Raum einen bestimmten Platz einzunehmen und die Aussicht zu ›testen‹, bevor die Kino- oder Theaterkarte bestellt wird, oder die Umgebung eines Hotels zu erkunden, bevor das Zimmer reserviert wird, stellt eine der spannendsten Entwicklungen dar. Versucht man jedoch, die Aspekte für eine hohe Akzeptanz durch den Endbenutzer nach Wichtigkeit aufzuzählen, stehen zumindest derzeit noch Sicherheit, Zuverlässigkeit und die Breite des Informationsangebots vor einer aufwendigen multimedialen Aufbereitung.

Erst eine effiziente Suchfunktionalität ermöglicht dem Kunden die optimale Nutzung

Ein Tourismus-Informationssystem mit der Möglichkeit, ein Hotelzimmer oder den Urlaub im Bauernhof via Internet zu buchen, bietet dem Benutzer die Chance, auf ein breites Informationsangebot zugreifen zu können. In diesem Zusammenhang ist es besonders wichtig, eine effiziente Suchfunktionalität anzubieten, die den Vergleich ähnlicher Angebote ermöglicht. Sie übernimmt gewissermaßen eine Art Beraterfunktion und soll daher mehr bieten als eine herkömmliche Schlagwortsuche (siehe dazu auch *Szenario ›Software-Agenten‹*, S. 113). Die Realisierung einer solchen ›intelligenten‹ Suchmaschine stellt trotz großer Fortschritte noch immer eine technische Herausforderung dar. Die Ursache liegt nicht so sehr an fehlenden Grundlagen und Methoden aus den Bereichen Information Retrieval und Artificial Intelligence, sondern vielmehr in den riesigen Datenmengen, die bei einer Anfrage verarbeitet werden müssen, und den daraus resultierenden Antwortzeiten. Beispielsweise eine einfache Schlagwortsuche kann durch Verwendung eines indizierten Registers sehr effizient realisert werden. Möchte man hingegen eine phonetische Suche anbieten (d.h., einfache Tippfehler wie ›Beriln‹ anstatt ›Berlin‹ werden toleriert), so ist der Direktzugriff über einen solchen Index nicht mehr ohne weiteres möglich und daher viel zeitaufwendiger.

Aktualität durch eigenverantwortliche Datenpflege der Anbieter und Generierung der Web Seiten aus einer Datenbank

Der häufigste Grund für ein sogenanntes ›never come back‹ eines Internet-Kunden ist ein veraltetes Informationsangebot. Dies ist doppelt schwerwiegend bei Online-Buchungssystemen, wo ein hohes Maß an Vertrauen die Voraussetzung ist, daß bei einem passenden Angebot letztlich auch wirklich der entscheidende Schritt – die Buchung – getan wird. Das Problem der Aktualität wurde beispielsweise in TISCover – einem stark expandierenden österreichischen System unter http://www.tiscover.at – dadurch gelöst, daß die einzelnen Anbieter, wie Hotelbetreiber oder örtliche Tourismusorganisationen selbst für die Datenpflege verantwortlich sind. Mit Hilfe eines entsprechenden Wartungssystems, das ebenfalls basierend auf Internet-Technologie implementiert ist, kann direkt auf die zentrale Datenbank einer Tourismusregion zugegriffen werden. Die Möglichkeiten für den Anbieter gehen von einer einfachen ›manuellen‹ Aktualisierung des Datenbestands bis zur vollautomatischen Integration in ein bestehendes Reservierungssystem. Indem die im Internet angebotenen Informationen aus der Datenbank generiert werden, ist sichergestellt, daß Änderungen sofort wirksam werden und immer aktuelle Informationen im Netz verfügbar sind.

Der Einsatz von Datenbanken ist außerdem eine wichtige Voraussetzung für die korrekte Durchführung von Buchungen. Transaktionsmanagement und Integrationsprüfung durch ein DBMS garantieren Vollständigkeit und Konsistenz der Buchungsdaten. Ein Problem in diesem Zusammenhang ist die Transaktionskontrolle. Einerseits sollten dem Kunden möglichst aktuelle Daten angeboten werden, andererseits dürfen Informationen bei der Anzeige noch nicht exklusiv für einen Benutzer gesperrt werden. Generell kann gesagt werden, daß in Internet-Anwendungen ausschließlich eine optimistische Transaktionskontrolle Sinn macht. Das heißt, Datensätze werden erst direkt beim Buchungsvorgang durch das DBMS gesperrt und sind bis dahin allgemein abrufbar. Allerdings kann es dadurch auch vorkommen, daß die Buchung eines bestimmten Hotelzimmers fehlschlägt, da es inzwischen durch einen anderen Interessenten reserviert wurde.

Transaktionsmanagement und Integrationsprüfung

4.4 Szenario ›Software-Agenten‹

Entwicklung und Anwendung der Technologie der Software-Agenten wird allgemein als ein besonders wachsender Bereich der Informationstechnologie gesehen. Manche gehen sogar so weit zu sagen, daß in etwa 10 Jahren der Großteil der Neuentwicklungen an Informationstechnologie davon betroffen sein wird und daß außerdem Software-Agenten in vielen Endbenutzersystemen zum Einsatz kommen werden [GUIL95].

Die Definition des Begriffs ›Software-Agent‹ ist Mittelpunkt zahloser Diskussionen, und zur Zeit gibt es noch keine allgemein akzeptierte Definition. Dennoch kann man eine Reihe von gemeinsamen Merkmalen wie Interoperabilität, Fähigkeit zur Kooperation usw. herausfiltern, die zur Beschreibung von Software-Agenten herangezogen werden können [HUHN97][WOOL95].

Das Szenario, das hier beschrieben wird, hat den Einsatz von intelligenten Software-Agenten im Internet – insbesondere im World Wide Web – zum Mittelpunkt. Forschungsintensive Industrien, wie etwa die pharmazeutische Industrie, beruhen zu einem großen Maß auf effizienter Verwaltung ihrer Daten, d.h. ihrer Dokumente. Durch den vermehrten Einsatz von Intranets [PICH97] werden auch verstärkt Dokumente mit Standard-Web-Browsern gelesen. Dieser Trend wird auch durch die Tatsache unterstützt, daß Hersteller von Dokumentmanagementsystemen, wie zum Beispiel *Documentum*, HTTP-Schnittstellen für ihre Produkte anbieten. Dies bedeutet, daß Benutzer mit Standard-Web-Browsern auf ihre Dokumente zugreifen und diese verarbeiten können.

Die stetig steigende Menge an Information – über die letzten 100 Jahre verdoppelt sich der schriftliche Output der Naturwissenschaften etwa alle 10 Jahre, allgemein alle 15 Jahre [ZIMM95] – trägt außerdem dazu bei, die Entwicklung jener Technologien zu fördern, die die Verwaltung dieser Informationsmengen ermöglichen. Zu diesen Technologien zählen intelligente Software-Agenten. Solche Agenten könnten automatisch analysieren, welche Schlüsselwörter in einem Textdokument vorkommen (siehe auch das Beispiel *Ein Java-Agent, der Schlüsselwörter aus Textdokumenten extrahiert*, S. 190); sie könnten Verweise (Hyperlinks) in Dokumenten auflösen und den Benutzer auf andere ebenfalls relevante Dokumente hinweisen; oder sie könnten auch – falls der Benutzer dies erlaubt – die Dokumente, mit denen verschiedene Benutzer arbeiten, vergleichen und auf diese Weise Benutzer auf andere gleichfalls relevante Informationen von Kollegen hinweisen.

Für den Einsatz im World Wide Web gibt es bereits eine ganze Menge solcher Werkzeuge. Im folgenden beschreiben wir beispielhaft einige und gehen dann auf gemeinsame Merkmale von Software-Agenten ein.

Agentware i3 kann via http://www.agentware.com getestet werden

- *Agentware i3* ist ein Produkt von Autonomy [AUTO97]. Pattern-Matching Algorithmen werden, verbunden mit kontextabhängigen Textanalysen, dazu verwendet, Benutzer mit Informationen zu von ihnen eingegebenen Stichwörtern zu versorgen. Etwa 50 News-Dienste dienen dabei als Datenquelle. Benutzer können ihre persönlichen Agenten entsprechend ihren Interessensbereichen definieren.

- IBMs *Web-Browser Intelligence* [BARR97] zielt darauf ab, das Web durch Verwendung von Software-Agenten den persönlichen Bedürfnissen der Benutzer anzupassen. WBI ist ein proxy-basiertes System, das es Agenten erlaubt, jene Seiten, die ein Benutzer besucht, zu analysieren und daraus auf persönliche Präferenzen angepaßte Strukturen zu erstellen. Ampeln geben dem Benutzer Informationen darüber, wie ›schnell‹ HTML-Seiten abgefragt werden können. Über eine Programmierschnittstelle können versierte Benutzer ihre eigenen Analysen starten. Die Benutzerschnittstelle von WBI ist übrigens in Java geschrieben.

- *Alexa* [KAHL98] stellt einen Navigationsdienst für Endbenutzer dar. Basierend auf Erfahrungen anderer Benutzer werden Empfehlungen (weiter)gegeben. Das bedeutet, daß Benutzer Web-Seiten, die sie besuchen, bewerten. Diese Bewertungen werden analysiert und anderen Benutzern in Form von ›Wo soll ich von hier aus hingehen‹-Empfehlungen mitgeteilt. Des weiteren sind Informationen, wie wer zur Zeit ›online‹ ist, abrufbar. Alexa verfügt auch

4.4 Szenario ›Software-Agenten‹

über einen eigenen Backup-Dienst, der auf Wunsch alle besuchten Seiten archiviert.
- *NetAttaché Pro* ist ein client-seitiger Web-Agent von Tympani. Internet-Dokumente wie zum Beispiel HTML-Dateien können automatisch mitprotokolliert und analysiert werden. Als Basis dienen dabei Benutzerpräferenzen wie zum Beispiel Bookmarks oder auch Schlüsselwörter. Eine eigene Schnittstelle dient als ›frontend‹ für eine Reihe von Internet-Suchmaschinen. Vom selben Hersteller gibt es auch ein Server-Produkt mit Namen *Atlas Server*, das es erlaubt, Daten mehrerer Benutzer zu verknüpfen beziehungsweise auszuwerten.

  Weitere Infos zu NetAttaché Pro finden Sie unter:
  http://www.tympani.com

- *Vrisko* ist ebenfalls ein Software-Agent zur Verwaltung von Internet-Dateien. Vrisko ist vollständig in Java entwickelt und unterstützt integriertes Suchen mehrerer Suchmaschinen und Sortieren der Resultate. Benutzerprofile sowie ein Kontext können erstellt werden; außerdem können Bookmarks wiederverwendet werden, um automatisch Benutzerprofile zu erzeugen.

  Weitere Infos zu Vrisko finden Sie unter:
  http://www.dlib.com/ Products/vrisko.html

- *WebWatcher* [JOAC97] ist ein Software-Agent, der Benutzern beim Surfen im World Wide Web assistiert. D.h., der Agent reagiert auf Benutzerentscheidungen (welche Seite wählt der Benutzer), analysiert diese und gibt aufbauend auf Wissen, das er von früheren Benutzern (und deren Verhalten) hat, Tips beziehungsweise Hinweise, welche Seiten für einen Benutzer noch interessant sein könnten.

Software-Agenten, die die oben beschriebenen Aufgaben beziehungsweise Funktionen (teil-)automatisch für Benutzer ausführen können, sind durch eine Reihe von Merkmalen gekennzeichnet:

- Reaktivität und Proaktivität: Intelligente Software-Agenten reagieren auf Benutzereingaben beziehungsweise geänderte Umgebungsvariablen. Proaktives Verhalten bedeutet, daß Agenten auch von sich aus den Benutzer oder auch andere Agenten auf Änderungen aufmerksam machen; d.h., sie agieren selbständig.
- Autonomes Verhalten: Wenn ein Software-Agent aktiv ist, sollte sein Verhalten autonom sein, d.h., er soll beispielsweise als Hintergrundprozeß laufen und auch selbständig über Erfolg oder Mißerfolg von Teiloperationen entscheiden können [MAES90].
- Fähigkeit der sozialen Interaktion: Agenten sollen in der Lage sein, mit ihrer Umwelt zu kommunizieren. Diese Kommunikation kann auf verschiedenen Ebenen passieren, typischerweise wird ein Software-Agent mit anderen Agenten, mit seiner Umgebung sowie mit Benutzern interagieren müssen.

❑ Mobilität: Agenten können auch auf geographisch entfernten Rechnern ablaufen. Sie müssen somit auf unterschiedlichen Systemen lauffähig sein.

❑ Lernfähigkeit: Agenten sollen aus ihrem eigenen Verhalten, aus den Eingaben durch Benutzer sowie aus Feedback lernen können, um dadurch ihr Verhalten besser anpassen zu können.

Natürlich wird nicht jeder Software-Agent sämtliche Merkmale in vollem Ausmaß unterstützen. [NWAN96] unterscheiden daher in kooperative Agenten, Agenten für Benutzerschnittstellen (siehe auch [MAES94]) und sogenannte *Smart Agents*. Letztere sind neben den wesentlichen Eigenschaften wie Kommunikationsfähigkeit mit anderen Agenten und Autonomie vor allem durch Lernfähigkeit gekennzeichnet.

4.5 Datenmanagement

In den vorhergehenden Abschnitten wurden eine Reihe von Szenarios vorgestellt. Diese haben jeweils unterschiedliche Anforderungen an die Architekturen, mit denen sie realisiert werden. Ein Informationskiosk am Flughafen dient hauptsächlich dem Abfragen von Daten wie beispielsweise Busverbindungen, Hoteladressen usw. Diese Daten werden überdies ›starr‹ sein, das heißt, sie werden sich selten ändern.

In einem Online-Buchungssystem hingegen werden von mehreren Personen an unterschiedlichen Orten gleichzeitig Abfragen und Buchungen vorgenommen. Die Daten werden sich daher ständig ändern, und die Gewährleistung der Konsistenz ist daher von hoher Priorität.

Beide Beispiele zeigen, daß verschiedene Anwendungen unterschiedliche Ansprüche an die zugrundeliegenden Software-Architekturen stellen. Und verschiedene Architekturen beziehungsweise Realisierungen werden diese Anforderungen unterschiedlich gut erfüllen.

In den folgenden Abschnitten wird als stellvertretendes Beispiel für diese unterschiedlichen Architekturen, die zur Realisierung herangezogen werden können, die Verwaltung von Daten mit Hilfe des World Wide Web als Benutzerschnittstelle dargestellt. Der erste Abschnitt befaßt sich mit den Komponenten, die dafür notwendig sind; die folgenden Abschnitte beschreiben verschiedene Architekturmöglichkeiten der Datenbankanbindung. Am Ende erfolgt eine Gegenüberstellung und Zusammenfassung der verschiedenen Ansätze.

4.5.1 Komponenten

Als ersten Schritt in der Darstellung der verschiedenen Varianten der Datenbankanbindung beschreiben wir überblicksmäßig die verwendeten Komponenten. Nicht alle dieser Komponenten werden in allen Architekturvarianten Verwendung finden; insbesondere wird auch die Wichtigkeit unterschiedlich sein.

Der Browser

Der Browser oder auch Viewer stellt die Schnittstelle zum Benutzer dar. In bezug auf Internet und insbesondere das World Wide Web sind die bekanntesten Browser Netscape Navigator, Microsoft Internet Explorer und Mosaic von NCSA. Die Browser für das Hyper-G/HyperWave-System [MAUR96] tragen die Namen Amadeus (für Windows 95-PCs) sowie Harmony (für die Unix-Plattformen). Allen Browsern ist gemeinsam, daß sie die ›Sprache‹ des World Wide Web, nämlich HTML (HyperText Markup Language) unterstützen. HyperWave verwendet zwar ursprünglich ein eigenes Format, das sogenannte Hyper-G Text Format (HTF, [KAPP95]), es existiert jedoch eine Konvertierungsmöglichkeit mit minimalem Informationsverlust. Da auch server-seitig automatisch konvertiert wird, können HyperWave-Server mit World Wide Web-Browsern verwendet werden; die zusätzliche Funktionalität des HyperWave-Systems ist dann allerdings nicht beziehungsweise nur eingeschränkt verfügbar.

Der Server

Unter dem Begriff ›Server‹ verstehen wir in der Folge einen World Wide Web-Server [BERN94], d.h., einen Systemprozeß, der Anfragen (›Requests‹) von Browsern erhält und diese bearbeitet. Im einfachsten Fall wird das angeforderte Dokument an den Browser zurückgesendet. In komplexeren Fällen, z.B. bei der Verwendung von Common Gateway Interface (CGI, [NCSA97])-Skripten, werden zusätzlich serverseitige Prozesse gestartet und das Endresultat dann an den Browser übertragen. Eine weitere Aufgabe des Servers besteht in der Überprüfung von serverseitigen Zugriffsberechtigungen.

Das Protokoll

Das Anwendungsprotokoll, das zwischen Browser und Server als Kommunikationssprache dient, ist das HyperText Transfer Protocol (HTTP, [FIEL97]). HTTP ist zustandslos und erweiterbar, d.h., es besteht die Möglichkeit, neue beziehungsweise anwendungsspezifische Semantik in HTTP auszudrücken. Unter dem Titel PEP (Protocol Extension Protocol, [NIEL97]) laufen innerhalb des W3-Konsortiums Bestrebungen, diese Erweiterungen zu generalisieren und zu standardisieren. Dabei soll weniger die Funktionalität als vielmehr die Art und Weise, wie Browser und Server über Erweiterungen kommunizieren, standardisiert werden. PEP wird beispielsweise auch ermöglichen, daß Server dynamisch Funktionen, die ein Browser anfordert, laden.

Weitere Informationen zu PEP finden Sie unter: http://www.w3.org/TR/WD-http-pep-970428

Server-Anwendungen

Die Verwendung von CGI-Skripten als sogenannte ›Middleware‹ hat zur Folge, daß die eigentlich gewünschte zusätzliche Funktionalität – also beispielsweise das Abfragen einer Datenbank – mit einer eigenen Anwendung geschehen muß. In der Praxis bedeutet das, daß ein Programm serverseitig über das CGI aufgerufen wird; dieses Programm kann ein einfaches Perl-Skript sein, es könnte Perl-Skript mit einer Datenbankabfrage sein oder auch ein Java-Programm: Der Verwendung der Programmiersprache sind nur durch die Plattformabhängigkeit Grenzen gesetzt. In der Praxis haben sich vor allem Skriptsprachen wie Perl, Tool-Command-Language (TCL), JavaScript, aber auch C und Java durchgesetzt.

Externe Anwendungen

Unter externen Anwendungen (›external viewers‹) verstehen wir Programme, die durch den Browser aufgerufen werden. Diese sind plattformabhängig und nicht Bestandteil des Browsers. Sie werden verwendet, um die Funktionalität zu erweitern beziehungsweise Datentypen zu behandeln, mit denen der Browser selbst nicht umgehen kann. Anwendungen zum Abspielen von Audio oder Video fallen zum Beispiel in diese Kategorie. Der Ablauf ist folgender: Ein Browser fordert von einem Server ein Dokument an. Der Server sendet als Antwort auf die Anfrage des Browsers dieses Dokument. Aufgrund des Dokumenttyps – der Dokumenttyp ist in Form eines sogenannten ›MIME-Types‹ kodiert [POST94] – entscheidet der Browser, ob er selbst diesen Dokumenttyp bearbeiten kann oder nicht. Falls nicht, versucht er die entsprechende externe Anwendung zu starten, und gibt die Kontrolle an diese weiter. Sogenannte ›Plug-Ins‹ offerieren eine ähnliche Lösung. Der wesentliche Vorteil von Plug-Ins besteht darin, daß die Kontrolle beim Browser selbst bleibt. Plug-Ins sind so wie externe Anwendungen plattform- und browser-abhängig. Sie müssen auch explizit installiert und konfiguriert werden.

Weitere Informationen zur ›Media Type Registration Procedure‹ findet man unter: http://ds.internic.net/rfc/rfc1590.txt

Die Datenbank

Hinsichtlich des Typs der verwendeten Datenbank bestehen keinerlei Restriktionen: Hierarchische, relationale, objektorientierte oder auch objekt-relationale Datenbanken sind möglich. In der Praxis finden sich meist relationale Datenbanken mit SQL als Datenmanipulations- und Abfragesprache.

Datenbanken stellen altbewährte Datenbankfunktionalität wie Persistenz, Mehrbenutzerfähigkeit, Transaktionsmanagement, Recovery, Verteilung usw. sicher.

Bei der Entwicklung von Schnittstellen zwischen World Wide Web und Datenbanken kann jede der vorgestellten Komponenten entweder modifiziert oder auch direkt Verwendung finden. Dabei müssen aber auch die Konsequenzen einer Veränderung bedacht werden: Modifikationen am Browser, um Datenbankzugriffe zu gewährleisten, mögen technisch möglich sein. Ein solcher Eingriff würde aber dem Kriterium der Offenheit widersprechen und wäre außerdem in der Praxis schwer durchsetzbar, da jeder Benutzer eine neue Version des Browsers erstehen und installieren müßte.

4.5.2 Datenbankanbindung

Die steigende Popularität des World Wide Web hat ein verstärktes Interesse von Firmen an der Nutzung des Internet für Verkaufs-, aber auch Verwaltungszwecke zur Folge. In der Regel verfügen Firmen bereits über Datenbanken. Es liegt daher nahe, diese Datenbanken an das World Wide Web anzubinden und somit mit einfach zu bedienenden Benutzerschnittstellen auf vorhandene Datenbestände zuzugreifen.

In diesem Abschnitt wollen wir grundsätzlich auf die Möglichkeiten der Datenbankanbindung eingehen, d.h., wir beschränken uns nicht auf Java, sondern zeigen auch andere Architekturen auf. Die einzelnen Komponenten sowie die Kriterien wurden bereits in *Komponenten*, S. 117, dargestellt. Wir unterscheiden folgende Möglichkeiten der Datenbankanbindung:

- CGI – Common Gateway Interface
- SSI – Server Side Include
- Datenbank als HTTP-Server
- JDBC – Java Database Connectivity
- Datenbankzugriff mit externen Anwendungen
- Plug-Ins
- Proxy-basierte Datenbankanbindung
- Datenbankanbindung in Hyper-G/HyperWave

4.5.3 Kriterien zur Datenbankanbindung

Um die verschiedenen Varianten der Datenbankanbindung vergleichen zu können, ist es notwendig, Kriterien zu definieren. Die verwendeten Kriterien mögen dabei kontroversiell sein. Sie sind auch von eher genereller Natur, d.h., sie beschreiben beispielsweise Performanz im allgemeinen und nicht Transaktionen pro Sekunde.

Aus Sicht der Anwendungen, d.h. der Szenarios, ist zu bemerken, daß nicht für jede Anwendung alle Kriterien gleichermaßen wichtig sind. Ein Informationskiosk (siehe *Szenario ›Multimedialer Informationskiosk‹*, S. 109) beispielsweise wird eher Anforderungen an die Gestaltung der Benutzerschnittstelle stellen als an die Konsistenz der präsentierten Daten. Ein Reservierungssystem (siehe *Szenario ›Buchungssystem‹*, S. 111) andererseits wird besonders hohe Anforderungen an die Konsistenz der Daten stellen. Jede Reservierung soll schließlich genau einmal erfolgen.

Die folgenden Kriterien werden unterschieden [EHMA97B]:

- ❑ Integrierte Benutzerschnittstelle: Die Benutzerschnittstelle soll die Integration verschiedener Datentypen erlauben. So sollen zum Beispiel Abfrageergebnisse aus einer Datenbank mit statischem Text und Grafiken gemeinsam in einem Browser dargestellt werden können.
- ❑ Interaktivität: Interaktivität bedeutet, daß der Inhalt beispielsweise von Web-Seiten als Reaktion auf eine Benutzereingabe geändert werden kann. Man kann dabei verschiedene Varianten der Interaktivität unterscheiden. *Unmittelbare Interaktivität* bedeutet, daß eine Reaktion direkt und daher client-seitig erfolgt. Mittelbare Interaktivität bedeutet, daß eine Benutzereingabe erst an den Server gesendet werden muß, dieser darauf reagiert und das Ergebnis an den Client zurückgegeben wird. Unmittelbare Interaktivität entlastet den Server, erfordert allerdings ein intelligentes Verhalten des Clients.
- ❑ Konsistenz und Integrität: Jede Manipulation von Daten muß grundsätzlich so erfolgen, daß die Konsistenz der Daten gewährleistet bleibt. In einer World Wide Web-Umgebung treten Probleme dabei meist aufgrund der Zustandslosgkeit des HTTP-Protokolls beziehungsweise der Tatsache, daß der Browser und die Datenbank nicht integriert sind, auf.
- ❑ Performanz: Die Performanz der verschiedenen Varianten der Datenbankanbindung ist sehr unterschiedlich und erlaubt durch die teilweise wesentlichen Abweichungen in den zugrundeliegenden Architekturen auch keinen direkten Vergleich. Engpässe beziehungsweise generelle Schwachstellen können aber identifiziert werden.

❏ Skalierbarkeit: Skalierbarkeit bezieht sich auf die Menge der Daten einerseits sowie auf die Zahl der Benutzer, die gleichzeitig auf ein System zugreifen, andererseits.

❏ Offenheit: Dieses Kriterium bezieht sich auf die Möglichkeit des Einbindens neuer Komponenten, z.B. zusätzliche Datenbanken, andere Skript-Sprachen, usw., in ein System. Plattformunabhängigkeit ist ein weiteres Kriterium, das mit dem Kriterium der Offenheit in Zusammenhang steht.

In den folgenden Abschnitten werden verschiedene Varianten der Datenbankanbindung vorgestellt. Jede Variante wird mit den präsentierten Kriterien verglichen. Eine Zusammenfassung und Übersicht erfolgt am Ende dieses Kapitels.

4.5.4 CGI – Common Gateway Interface

CGI (Common Gateway Interface, [NCSA97]) beschreibt eine standardisierte Schnittstelle zwischen Servern und externen Anwendungen. Die gegenwärtige Version ist 1.1. Der Ansatz, CGI-Skripts zur Erweiterung der Funktionalität von Servern zu verwenden, ist weitverbreitet; Abbildung Abb. 4–2 gibt einen Überblick.

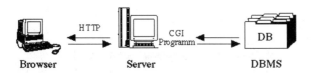

Abb. 4–2

Datenbankanbindung mit CGI

Der Ablauf sieht folgendermaßen aus. Ein Browser fordert den Server dazu auf, ein ausführbares Programm zu starten (dies geschieht meist in der Form von HTML-Formularen). Der Server startet das Programm mit den Parametern, die er vom Browser erhalten hat, als Input. Das Programm verarbeitet die Eingabedaten, d.h., es erfolgt der Datenbankzugriff, und das Ergebnis wird an den Server-Prozeß zurückgegeben. Dieser leitet die Daten an den Browser weiter.

Der wesentliche Vorteil von CGI liegt in der Freiheit der Wahl der Programmiersprache, die für die Anbindung an die Datenbank verwendet wird. In der Praxis üblich sind Perl, C und C++ oder auch TCL. Zwei wesentliche Nachteile kennzeichnen den CGI-Ansatz: Erstens trägt der Server die volle Last des Aufrufs des CGI-Programms. Dabei ist zu bedenken, daß für jede Anfrage eines Browsers das jeweilige Programm (auch wenn es nur ein CGI-Skript ist) aufgerufen wird. Das Problem kann gelindert werden, indem pro Server nur jeweils eine aktive Verbindung zur Datenbank existiert (siehe [HADJ97]). Der zweite Nachteil betrifft das Transaktionsmanagement. Nachdem der Server die Anfrage des Browsers bearbeitet und das Ergebnis zurückgeliefert hat, sieht der Server die Anfrage als erledigt an. Eine typische Benutzersitzung umfaßt aber in der Regel eine ganze Reihe von Aktionen; da HTTP zustandslos ist, ergeben sich Probleme mit Transaktionen, die aus mehr als einem Anfrage/Antwortzyklus bestehen. Umgehen kann man dieses Problem auf zwei Arten. Entweder man ändert HTTP ab, oder man speichert den jeweiligen Status einer Transaktion browser-seitig.

Zum Beispiel modifizieren [BJÖR95] HTTP derart, daß bei jeder Verbindung zwischen Browser und Server die Nummer der jeweiligen Transaktion angehängt wird. Ein Time-out-Parameter garantiert, daß die Transaktionen nicht ewig geöffnet bleiben (zum Beispiel im Falle eines Browsercrashs).

Eine andere Art, den Status einer Transaktion zu speichern, ist die Verwendung von sogenannten ›Cookies‹. Cookies sind Zustandsobjekte, die browserseitig gespeichert werden. Abfragen und Speichern können dabei auch durch serverseitige Prozesse erfolgen. In [MENG96] wird beispielsweise eine Modifikation von Netscapes Cookie-Mechanismus vorgeschlagen, um zusätzlich Information über Transaktionen zu speichern.

4.5.5 SSI – Server Side Include

Ein weiterer in der Praxis sehr populärer Ansatz zur Anbindung von Datenbanken ist die Verwendung sogenannter Server Side Includes. Netscapes LiveWire beispielsweise ist ein Produkt, das diesen Ansatz verfolgt. Dabei wird ein spezieller Server verwendet, der Datenbankanweisungen ›versteht‹, die in HTML eingebettet sind. Abbildung 4–3 zeigt die grundsätzliche Architektur.

Abb. 4–3
Datenbankanbindung mit SSI

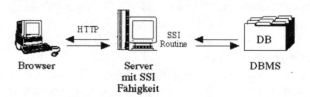

Eine HTML-Datei mit Anweisungen zum Zugriff auf eine Datenbank könnte folgendermaßen aussehen:

```
<HTML>
...
<SERVER>
database.connect(...)
result = database.cursor("select name, age from Person")
name1 = result.name
age1 = result.age
document.writeln(name1 + ", " + age1 + "<BR>")
result.next() //fetches next record
name2 = result.name
...
</SERVER>
</HTML>
```

Die Vor- und Nachteile dieser Art der Datenbankanbindung sind ähnlich jenen beim CGI-Ansatz, d.h., die Transaktionsproblematik ist nicht gelöst; auch kann der Server leicht zum Engpaß werden, weil er WWW und Datenbankdienste gleichzeitig bewältigen muß. Netscapes LiveWire stellt durch die Verwendung von Open Database Connectivity (ODBC) Verbindungen zu allen SQL kompatiblen Datenbanken her.

4.5.6 Datenbank als HTTP-Server

Ausgehend von SSI ist der logisch nächste Schritt, einen HTTP-Server direkt in der Datenbank zu implementieren. Das bedeutet, daß die Datenbank ebenso wie ein Server HTTP ›spricht‹ und somit in der Lage ist, HTTP-Anfragen zu bearbeiten. Als Datenmanipulationssprache dienen dabei in HTML eingebettete Zusatzanweisungen (ähnlich wie beim oben beschriebenen SSI-Ansatz). Abbildung 4–4 zeigt die Architektur dieses Ansatzes.

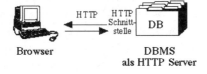

Abb. 4–4
Datenbank als HTTP-Server

Der wesentliche Vorteil dieses Ansatzes gegenüber SSI liegt darin, daß der Browser direkt mit der Datenbank kommunizieren kann. Da dabei ebenfalls HTTP als Protokoll verwendet wird, bleibt die Zustandslosgkeit als Grundproblem für Transaktionen vorhanden.

4 Anwendungsszenarios und Datenmanagement

4.5.7 Direkter Zugriff mit Java

Java bietet einen eigenen, sehr generellen Ansatz zur Datenbankanbindung, nämlich JDBC (Java Database Connectivity, siehe Abschnitt *JDBC*, S. 157). Durch die Tatsache, daß praktisch alle Browser Java unterstützen, kann JDBC auch in fast allen Anwendungsfällen eingesetzt werden.

Sogenannte Client Side Includes (CSI, im Gegensatz zu SSI) erlauben gemeinsam mit standardisierten Datenbankschnittstellen die Kommunikation zwischen Applet und Datenbank. Die in Abbildung 4–5 dargestellte Architektur könnte auch unter Zuhilfenahme von Plug-In-Technologie implementiert werden (siehe unten).

Abb. 4–5
Datenbankzugriff mit JDBC

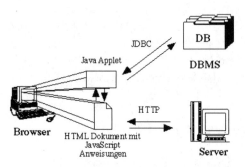

Die Datenbankanbindung in Java baut darauf auf, daß ein dediziertes Programm – ein Applet – entweder lokal oder von einem Server geladen wird. Dieses Applet ist dann für die Kommunikation mit der Datenbank zuständig, d.h., sobald das Applet geladen ist, wird der Server nicht mehr gebraucht.

Dieser Ansatz bietet wesentliche Vorteile. Volles Transaktionsmanagement ist sichergestellt [SOMM97], [SUN97]; gleichzeitig garantieren die Plattformunabhängigkeit von Java und die Unterstützung durch beinahe sämtliche Browser breite Verfügbarkeit. Die Interaktion mit HTML ist grundsätzlich gegeben – auch wenn sie noch nicht ideal ist, und darüber hinaus kann man mit Java tolle Animationen gestalten. Auch die Performanz kann profitieren, weil ja der Zugriff auf die Datenbank direkt vom Browser erfolgt und nicht der Weg über den Server beschritten werden muß. JDBC ist außerdem ähnlich abstrakt wie ODBC definiert, so daß der Zugriff auf alle SQL-kompatiblen Datenbanken sichergestellt sein sollte. Darüber hinaus stellt JDBC auch eine Schnittstelle zu objektorientierten Datenbanken dar.

Die Integration zwischen Java und HTML ist zur Zeit noch nicht befriedigend gelöst. Java-Applets können beispielsweise nicht direkt auf Attribute in HTML-Forms zugreifen. Dies ist nur unter Zuhilfenahme von

4.5 Datenmanagement

JavaScript möglich [GOOD96]. Im folgenden wird ein Applet gezeigt, das den Zugriff auf eine Datenbank realisiert:

```
public int getConnection(String alias ...);
public int commit(String alias);
public int rollback(String alias);
public int executeQuery(String alias, String cursor,
                       String sqlStatement);
public int next(String alias, String cursor);
public String getValue(String alias, String cursor,
                       String attributeName);
public Date getDate(alias, cursor, attributeName);
```

Diese Methoden können innerhalb von JavaScript aufgerufen werden; beim Wechsel über mehrere Seiten bleibt dabei die Verbindung zur Datenbank erhalten. Für den eigentlichen Zugriff auf die Datenbank wird nicht HTTP, sondern ein eigenes, datenbankspezifisches Protokoll verwendet. Bei Bedarf kann auch Verschlüsselung verwendet werden.

Folgender JavaScript-Code erlaubt die Einbindung des Applets in gewöhnliche HTML Seiten:

```
<HTML>
<APPLET CODEBASE="..." NAME="dbAccess">
</APPLET>
...
<SCRIPT language="JavaScript">
document.dbAccess.getConnection("al", "dbhost.com")
cn = document.dbAccess.executeQuery("al",
  "cn", "select ...")
...
document.writeln("<B>" +
  document.dbAccess.getValue("al", "cn", "name") +
  "</B><BR>")
document.dbAccess.next("al", "cn")
...
</SCRIPT>
...
</HTML>
```

JavaScript-Programmierer können eine Verbindung durch ihren Alias ansprechen, sobald die Verbindung aufgebaut worden ist. Somit sind auch Verbindungen zu mehreren Datenbanken gleichzeitig möglich.

Wie aus den kurzen Beispielen ersichtlich, erreicht die Verwaltung beziehungsweise Wartung der verschiedenen HTML- beziehungsweise JavaScript-Seiten mit den darin eingebundenen Applets sehr schnell ein großes Maß an Komplexität. Auch sollte man bedenken, daß JavaScript nicht die Mächtigkeit Javas hat und auch nicht auf allen Plattformen verfügbar ist. Ähnliche Probleme mit der Einbindung von Java in HTML durch JavaScript berichten beispielsweise auch [GRØN97].

4.5.8 Datenbankzugriff mit Hilfe externer Anwendungen

Dieser Ansatz basiert auf der Typinformation des geladenen Dokuments (MIME-Type). Dabei wird ein eigener Dokumenttyp für Datenbankzugriffe, z.B. eine SQL-Abfrage, verwendet. Wenn der Browser dann ein Dokument dieses Typs erkennt, kann er automatisch eine externe Anwendung – im Normalfall einen Datenbank-Client – laden. Die Kontrolle geht dabei vom Browser an den Client über.

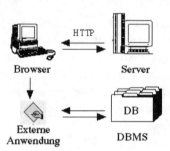

Abb. 4–6
Datenbankzugriff mit externen Anwendungen

Transaktionssicherheit ist bei dieser Variante in vollem Ausmaß gegeben. Offen bleibt nur die Frage, warum man eigentlich einen Web-Browser verwendet: Die Kontrolle geht an den Datenbank-Client über, der Browser wird nur zum Starten gebraucht.

4.5.9 Datenbankzugriff mit Plug-Ins

Sogenannte *Plug-Ins* sind plattform- und browser-spezifische Programme, die die Fähigkeiten eines Browsers erweitern. Die Hersteller von Browsern definieren Schnittstellen, die dann die Implementierung zusätzlicher Funktionalität für bestimmte Datentypen erlauben.

Der Ansatz der Verwendung von Plug-Ins zur Datenbankanbindung ist mit der Verwendung externer Anwendungen sehr gut vergleichbar: Der Plug-In ist plattformabhängig (und auch browser-abhängig), er muß explizit installiert und der Browser konfiguriert werden. Im Unterschied zu externen Anwendungen laufen Plug-Ins jedoch innerhalb des Browsers, und somit bleibt die Kontrolle beim Browser.

4.5.10 Proxy-basierte Datenbankanbindung

Die Möglichkeit, die Funktionalität des WWW durch sogenannte ›Proxy‹-Server zu erweitern, ist weitverbreitet. Proxy-Server wurden ursprünglich dazu gedacht, Dokumente zu ›cachen‹, so daß der Browser nicht immer eine Verbindung zum Original herstellen muß und ein beschleunigter Zugriff auf Dokumente ermöglicht wird. Der Proxy-Mechanismus kann aber auch dazu verwendet werden, die Anfragen des Browsers mitzuprotokollieren beziehungsweise zu überarbeiten und dann an den eigentlichen Proxy beziehungsweise Server weiterzuleiten.

Eine Datenbankanbindung mittels Proxy entspricht im wesentlichen einem Server-Side-Include und hat deshalb auch dieselben Eigenschaften.

4.5.11 Datenbankanbindung in HyperWave

Hyper-G/HyperWave [MAUR96] ist ähnlich wie das WWW ein globales, Internet-basiertes Hypermedia-System. Es wird oft auch als Internet-Werkzeug der zweiten Generation bezeichnet. HyperWave verwendet eigene Browser (›Harmony‹ und ›Amadeus‹) sowie ein eigenes Format (HTF – Hypertext Format) und Protokoll. Durch die Allgegenwart des WWW gibt es auch eine Schnittstelle zu WWW-Browsern; HTML Dokumente können ebenfalls verarbeitet werden.

HyperWave ermöglicht die Anbindung an Datenbanken durch eine eigene Komponente. Durch diese ›Three-Tier‹-Architektur wird eine effiziente Verbindung zu mehreren Datenbanken möglich.

Abbildung 4–7 zeigt die Komponenten dieser Architektur. Die mit ›SQL Gateway Server‹ bezeichnete Komponente ist dafür verantwortlich, einlangende SQL-Befehle zu parsen, zur Datenbank zu verbinden sowie die Resultate zu formatieren. Überdies erlaubt diese Komponente das Editieren von SQL-Anweisungen sowie das Setzen eines MIME-Attributs für Präsentationszwecke.

*Abb. 4–7
Datenbankzugriff
in HyperWave*

Die Verwendung einer dedizierten Schnittstellenkomponente zur Datenbank hat weitere vielfältige Vorteile: So kann die Anzahl der Verbindungen zur Datenbank reduziert und dadurch sowohl Lizenz- als auch Zeitkosten gesenkt werden. Auch Caching und Aufrechterhalten bestehender Verbindungen dienen der Steigerung der Performanz. Im Vergleich zur Zwei-Schichten-Architektur, wie sie bei den meisten anderen Ansätzen zur

Datenbankanbindung Verwendung findet, bietet eine Drei-Schichten-Architektur auch Vorteile hinsichtlich Skalierbarkeit und Verteilung.

4.5.12 Zusammenfassung

Tabelle 4–1 faßt die verschiedenen Arten der Datenbankanbindung nochmals zusammen. Die Tabelle stellt außerdem dar, welche Variante welche Eigenschaft wie gut erfüllt.

Tab. 4–1
Varianten der Datenbankanbindung und ihre Merkmale

Ansatz Merkmal[a]	CGI	SSI	DBw-HTTP	JDBC	Ext. Viewer	Plug-In	Proxy	Hyper-Wave
Integrierte Benutzerschnittstelle	++	++	++	++	-	+	++	++
Interaktivität	-	+	+	++	-	++	-	++
Konsistenz	-	+	++	++	++	-	+	++
Performanz	+	+	+	++	++	+	++	++
Skalierbarkeit	+	+	+	+	++	++	++	++
Offenheit	+	-	-	++	-	+	+	+

a. + wird grundsätzlich unterstützt, ++ wird voll unterstützt, - wird nicht oder kaum unterstützt.

Wie man aus der Tabelle leicht erkennen kann, erfüllen zwei Ansätze – JDBC und HyperWave – die meisten Merkmale ausgezeichnet. Das bedeutet, daß jeder dieser beiden Ansätze gut geeignet ist, um eine Datenbankanbindung mit Web-Browsern zu realisieren. Die Wahl der Anbindung hängt jedoch vom Anwendungsfall ab. Für Anwendungen, in denen es rein um Datenbankabfragen geht und die überdies keine großen Anforderungen an Interaktivität stellen, wie z.B. Abfragen von Artikeldaten wie Preis, Größe, usw., eignet sich die CGI-Variante durchaus. Für den Fall, daß Offenheit und Skalierbarkeit nicht die wesentlichen Kriterien darstellen, eignen sich Ansätze mittels Server Side Include recht gut für eine Vielzahl von Anwendungen. So wird beispielsweise im österreichischen Tourismusinformationssystem TISCover, das auch das Buchen erlaubt, Netscapes LiveWire verwendet (siehe auch *Szenario ›Buchungssystem‹*, S. 111).

TISCover online ist als http://www.tiscover.co.at/ verfügbar

Zusammenfassend lassen sich zwei Schlüsse ziehen. Erstens leiden vielversprechende Lösungen wie jener mit JDBC unter der Mischung von Kontrollcode und Formatierungsanweisungen. Die Hauptgründe dafür liegen in der Zustandslosigkeit von HTTP sowie in der unzureichenden Integration von Java und HTML Seiten. Zweitens ist gerade der Bereich der

Datenbankanbindung durch ständige Änderungen und Neuerungen gekennzeichnet, was die Verwendung mancher Ansätze in der Praxis erschwert.

Ein zustandsabhängiges Protokoll könnte als zusätzliches Protokoll für Datenbankanwendungen verwendet werden – ähnlich der Datenbankanbindung mit JDBC. Auch HTTP und die Verwendung von Cookies (wie oben erwähnt) können als Möglichkeit gesehen werden, Transaktionsprobleme bei der Datenbankanbindung zu lösen.

Das Problem der Mischung von Kontrollcode und Formatierungsanweisungen, wie sie insbesondere bei der Verwendung von CGI oder SSI auftritt, könnte teilweise durch die Verwendung sogenannter Stylesheets gelöst werden [BOS98]. Ein anderer interessanter Ansatz ist, eine eigene Sprache zu entwickeln, die das Ersetzen von SQL-Variablen durch HTML oder auch andere Konstrukte ermöglicht [NGUY95]. Dieser Ansatz ist allerdings nicht portabel beziehungsweise erfüllt nicht das Kriterium der Offenheit.

5 Realisierung erweiterter Konzepte

Dieses Kapitel hat die Realisierung von Anforderungen verteilter Informationssysteme in Java zum Inhalt. Beginnend mit einer Übersicht über Middleware-Technologien wird Javas Remote Method Invocation (RMI)-Mechanismus beschrieben. Parallelität und Java-Threads, die Komponentenarchitektur JavaBeans, die Datenbankanbindung mit JDBC, das Behandeln von Ausnahmen, die Erweiterbarkeit sowie Sicherheitsaspekte von Java sind weitere Schwerpunkte. Der letzte Abschnitt dieses Kapitels ist den intelligenten Software-Agenten gewidmet.

5.1 Middleware

Eine Reihe von Technologien und Produkte unterstützen die Entwicklung verteilter Anwendungen. In diesem Abschnitt beschreiben wir überblicksartig CORBA sowie Microsofts COM/DCOM und gehen dann insbesondere auf Javas RMI ein.

5.1.1 CORBA

CORBA – Common Object Request Broker Architecture – stellt eine Komponententechnologie dar und ist ein Standard des OMG (Object Management Group)-Konsortiums. Die OMG setzt sich aus Mitgliedern von Universitäten, Firmen und anderen Organisationen zusammen. Wesentliches Ziel der OMG ist die Entwicklung einer offenen, verteilten und standardisierten Infrastruktur für objektorientierte Informationssysteme. Die OMG wurde 1989 gegründet. Die Hauptaufgabe der OMG besteht darin, Spezifikationen zu entwickeln, die dann von Entwicklern gemäß diesen Spezifikationen implementiert (und verkauft) werden können. Dadurch entsteht ein Markt von Anbietern für ORB-Technologien.

Vereinfacht ausgedrückt, ermöglicht CORBA das Erstellen verteilter heterogener Objektarchitekturen. Dafür wird eine sogenannte Interface Definition Language (IDL) verwendet, in der programmiersprachenunabhängig Module und Klassen beschrieben werden können. Folgendes Codefragment beschreibt ein Package Bank, das ein Konto implementiert:

```
module Bank {
  interface Account {
    attribute long balance;
    int getBalance();
  };
};
```

Die IDL-Beschreibung wird mit Hilfe eines IDL-Prozessors übersetzt und daraus ein sogenannter *stub* für Client-Anwendungen entwickelt. Dieser *stub* wird mit der Client-Anwendung verbunden und kapselt damit Aufrufe beziehungsweise Zugriffe auf Objekte. Diese Objekte können auch auf einem Server liegen, d.h., Verteilung wird transparent. Als Alternative kann eine Client-Anwendung auch dynamisch einen CORBA-Server über die Schnittstelle eines Objekts abfragen und entsprechend Methoden auf Objekte anwenden (dieser Mechanismus ist dem Java Core Reflection sehr ähnlich, siehe *Funktionsumfang von Java Core Reflection*, S. 171). Die Unterschiede der beiden Ansätze liegen im wesentlichen in Geschwindigkeit und Größe der Client-Anwendung: Beim statischen stub-Ansatz wird die Client-Anwendung größer sein, dafür die Ausführungsgeschwindigkeit zur Laufzeit höher sein; dynamisches Aufrufen hingegen erlaubt kleinere Client-Anwendungen, hat dafür jedoch Einbußen im Laufzeitverhalten zur Folge, weil ja erst zur Laufzeit die Schnittstelle erfragt werden muß und erst dann Objekte beziehungsweise Methoden aktiviert werden können. Letzterer Ansatz hat auch den Vorteil, flexibler zu sein, weil er an geänderte Schnittstellen leichter anpaßbar ist.

Der IDL-Übersetzer generiert eine sogenannte *skeleton*-Klasse, die dazu verwendet wird, die eigentliche Funktionalität serverseitig in einen CORBA-Dienst einzubinden. Im allgemeinen wird ein Entwickler eine Unterklasse von der in der *skeleton*-Klasse generierten Schnittstelle bilden und diese implementieren. Die skeleton-Klasse enthält beispielsweise schon Funktionalität, um den neuen Dienst mit der CORBA Laufzeitumgebung anzumelden, Parameter zu kapseln oder Anfragen von und zu Clients zu verwalten.

Die CORBA-Laufzeitumgebung (CORBA Runtime) enthält als Kernelement den Object Request Broker (ORB). Ein ORB besteht aus einer Reihe von Diensten wie etwas das Lokalisieren von (entfernten) Objekten, Zugriff auf Objekte über die Schnittstellen usw. Mit stubs, skeleton, IDL und ORBs sieht die grundlegende CORBA-Architektur wie in Abbildung 5–1 dargestellt aus. ORBs erhalten Anfragen von Clients (statisch oder dynamisch) und leiten diese an den Server weiter. Ähnlich läuft der Weg zurück vom Server zum Client. Die Kommunikation zwischen ORBs erfolgt dabei über das Internet Interorb Protocol (IIOP).

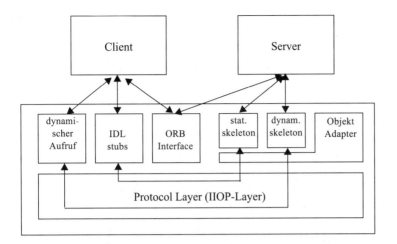

Abb. 5–1
CORBA – Common Object Request Broker Architecture

5.1.2 DCOM

DCOM (Distributed Component Object Model) ist Microsofts Ansatz komponentenbasierter Software für Windows 95/NT. COM ist die zugrundeliegende Technologie für DCOM (ebenso für OLE 2.0 und ActiveX). COM wurde mit folgenden Anforderungen entwickelt:

- Software-Komponenten, die in verschiedenen Programmiersprachen entwickelt wurden, sollten über eine binäre Schnittstelle miteinander kommunizieren können.
- Versionsprobleme sollten leichter handhabbar sein.
- Entwickler sollten die Möglichkeit haben, mit einem Komponentenmodell auf verschiedenen Plattformen Anwendungen zu erstellen.

COM ist gleichzeitig Architektur und Entwicklungsumgebung. COM-Objekte werden über Schnittstellen (Interfaces) angesprochen. Im Gegensatz zu CORBA sind dabei mehrere Schnittstellen pro Objekt möglich. Diese Schnittstellen sind nicht mehr änderbar. Erweiterungen oder Änderungen werden durch das Hinzufügen neuer Schnittstellen realisiert. Damit wird das Verwalten mehrerer Versionen erleichtert. Alle Schnittstellen müssen von der Schnittstelle IUnknown abgeleitet werden. IUnknown unterstützt die drei grundlegenden Methoden Addref, Release und QueryInterface. Mit QueryInterface kann dynamisch zur Laufzeit die Schnittstelle eines Objekts erfragt werden. Addref und Release dienen zum Erhöhen beziehungsweise Freigeben von Referenzen auf diese Schnittstelle. Wenn kein Objekt mehr eine bestimmte Schnittstelle referenziert, kann diese Schnittstelle freigegeben werden, da sie ja nicht mehr benötigt wird.

Jedes Objekt wird durch einen Global Unique Identifier (GUID), der 128 Bit groß ist, identifiziert. Die sogenannte COM Library ist dafür zuständig, die Integration mit dem Betriebssystem zu erstellen sowie Objekte zu lokalisieren. Der Programmierer fordert von der Bibliothek ein Objekt mit einem GUID an, die Bibliothek prüft, ob das Objekt lokal vorhanden ist, lädt dann die entsprechende DLL und registriert das betreffende Objekt selbst; ist das Objekt nicht lokal zugreifbar, wird die Anfrage an die registrierten Server weitergeleitet.

DCOM ist ein Microsoft-Produkt, das für Windows 95/NT verfügbar ist – verteilte Informationssysteme sind daher derzeit nur auf Microsoft-Plattformen möglich. Unter dem Namen *EntireX* entwickelt jedoch die Software AG COM/DCOM-Portierungen für Unix-Plattformen.

5.1.3 RMI

RMI steht als Abkürzung für Remote Method Invocation und kann als die Weiterentwicklung von Remote Procedure Calls (RPCs) für Java gesehen werden. Durch RMI werden Mechanismen mit einer Reihe von Klassen und Interfaces definiert, die den Aufruf von Methoden über die Grenzen von Prozessen und Rechnern hinaus ermöglichen. Die Besonderheit von RMI ist, daß die Verwendung von ›entfernten‹ Methoden und den dazugehörigen Objekten weitgehend transparent möglich ist, sich also von Methodenaufrufen lokaler Objekte nicht unterscheidet; der Programmierer muß allerdings zusätzliche Fehlerfälle berücksichtigen. Für den korrekten Austausch von Eingabe- und Rückgabeparametern zwischen verteilten Objekten sorgt eine spezielle Transportschicht, welche die Übergabe der Parameterobjekte über TCP/IP-Verbindungen realisiert. In Java implementierte Anwendungen können somit durch RMI relativ einfach auf mehrere virtuelle Maschinen beziehungsweise Rechner verteilt werden, einzige Voraussetzung ist die Vernetzung auf der Basis von TCP/IP.

RMI ist voll objektorientiert

Echte Verteilung von Client- und Server-Objekten.

Bei der Verwendung von RMI muß zwischen *Client-Objekt* und *Server-Objekt* unterschieden werden, welche in verschiedenen virtuellen Maschinen erzeugt wurden. Das Client-Objekt ruft eine ›entfernte‹ Methode auf, die durch ein Server-Objekt implementiert ist. Diese Methode wird in der virtuellen Maschine des Server-Objekts ausgeführt, und ein eventueller Rückgabeparameter an das Client-Objekt zurückgesendet. Die Klasse des Servers bleibt dabei dem Client verborgen, genauso hat der Server keinen Zugriff auf die Klasse des Clients. Die möglichen Methodenaufrufe und der damit verbundene Datenaustausch wird durch eine Schnittstelle realisiert.

5.1 Middleware

Abbildung 5–2 zeigt ein Client-Objekt `Ticker`, welches von einem Server-Objekt `Quotes` durch Aufruf der Methode `getQuote()` den aktuellen Kurs einer bestimmten Aktie abruft. Der Client kann dabei als eine Java-Applikation realisiert sein, aber genauso auch als Applet. Das verteilte Objektmodell von RMI ermöglicht die logische Verschmelzung der beiden virtuellen Maschinen für Client und Server. Ein Objekt `Ticker` verwendet `Quotes` wie ein lokales Objekt, während Methodenaufruf und Datenaustausch durch das RMI-System über TCP/IP realisiert wird (siehe *Architektur von RMI*, S. 138).

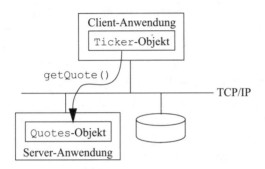

Abb. 5–2
Client/Server-Beispiel mit RMI

Die Klassen und Schnittstellen für die Umsetzung von Verteilung mit RMI sind im Package `java.rmi` zu finden, welches ab der JDK-Version 1.1 in die Entwicklungsumgebung integriert ist.

Definition einer RMI-Schnittstelle

Die Methoden eines Server-Objekts, die von einem Client aufgerufen werden können, müssen durch ein *Remote Interface* definiert werden, das die Server-Klasse implementiert. Für die Klasse `Quotes` wird dazu ein Interface `QuoteServer` spezifiziert, welches die Methode `getQuote()` vorgibt:

```
public interface QuoteServer extends java.rmi.Remote {
   float getQuote(String symbol)
      throws java.rmi.RemoteException;
}
```

Die Interaktion von Client und Server wird durch Remote Interfaces definiert

Durch Ableiten vom Interface `java.rmi.Remote` kann jede beliebige Java-Schnittstelle zu einem Remote Interface gemacht werden. Wichtiger Unterschied zu normalen Schnittstellendefinitionen ist, daß aufgrund der netzwerkbasierten Kommunikation alle Methoden eines Remote Interfaces zusätzliche Fehlerfälle behandeln müssen. Die verschiedenen Fehler, die bei der Verwendung von RMI auftreten können, sind durch die Klasse `java.rmi.RemoteException` definiert.

Implementieren eines Server-Objekts

Die Realisierung der Interaktion zwischen Client- und Server-Objekt wird durch RMI-Klassen implementiert

Die Klasse eines Server-Objekts implementiert eine oder mehrere RMI-Schnittstellen, das heißt, es müssen alle Methoden, die durch die jeweiligen Remote Interfaces definiert sind, realisiert werden. Die RMI-Server-Klasse `java.rmi.server.UnicastRemoteObject` ist ein Beispiel einer solchen Server-Klasse. Durch Ableiten von der Klasse `UnicastRemoteObject` kann diese Funktionalität vererbt werden. Dabei handelt es sich um jene Funktionen, die für den Verbindungsaufbau und den Parameteraustausch zwischen Client- und Server-Objekt zuständig sind. Diese Methoden werden ausschließlich vom RMI-System verwendet und bleiben für den Anwendungsprogrammierer verborgen:

```
import java.rmi.server.UnicastRemoteObject;
import java.rmi.*;

public class Quotes extends UnicastRemoteObject
    implements QuoteServer {
  public Quotes() throws RemoteException {
    super(); // Server-Objekt exportieren
  }
  public float getQuote(String symbol)
      throws RemoteException {
    float q = 0;
    ...
    return q;
  }
}
```

Für die Initialisierung des RMI-Systems muß der Konstruktor der Klasse `UnicastRemoteObject` ausgeführt werden. Bei individuellen Server-Klassen kann die Initialisierung durch den expliziten Aufruf von `super()` sichergestellt werden. Dadurch wird bei der Instanziierung das Server-Objekt ›exportiert‹, indem die Transportschicht des RMI-Systems (siehe *Architektur von RMI*, S. 138) auf den Verbindungsaufbau durch Client-Objekte wartet.

Eine Alternative zum Ableiten von `UnicastRemoteObject` für die Implementierung eines Server-Objekts bietet die statische Methode `exportObject(java.rmi.Remote obj)` der Klasse `UnicastRemoteObject`. Diese Variante muß dann gewählt werden, wenn die Server-Klasse von einer anderen – lokalen – Klasse als `UnicastRemoteObject` abgeleitet werden soll.

Aktivieren eines Server-Objekts

Um ein Server-Objekt zu aktivieren, genügt die Instanziierung der entsprechenden Server-Klasse (z.B. `Quotes`). Aus Sicherheitsgründen muß zuvor ein Sicherheits-Manager geladen und installiert werden. Mit der Klasse `java.rmi.RMISecurityManager` wird ein Standard-Sicherheits-Manager zur Verfügung gestellt, welcher jedoch durch eine individuelle Implementierung ersetzt werden kann (siehe *Sicherheit*, S. 175).

```
import java.rmi.*;

public class MyRemoteServices {
public static void main(String[] args) {
  // RMI Security Manager installieren
  System.setSecurityManager(
    new RMISecurityManager());
  try {
    // ein oder mehrere Server-Objekte aktivieren
    Quotes qs = new Quotes();
    Naming.rebind("//host/IBIS", qs);
    ...
  }
  catch(Exception e) {
    ...
  }
}
}
```

Für den Aufruf von Server-Methoden durch einen Client benötigt dieser eine Referenz auf das Server-Objekt. Zum Auffinden von Server-Objekten bietet RMI ein URL-basiertes Registrierungssystem an (`java.rmi.Naming`), womit jedem Server-Objekt eine URL im Format *//host/name* zugeordnet werden kann. Im Beispiel wird dem Server-Objekt `qs` der Name `IBIS` zugeordnet. Dies erlaubt den Clients die Suche nach Server-Objekten im Registrierungssystem eines bestimmten *Hosts*, welches zum jeweiligen *Namen* (`IBIS`) eine Referenz auf das entsprechenden Server-Objekt (`qs`) liefert (siehe auch *Verwendung eines Server-Objekts*, S. 137). Eine solche Referenz kann beim Aufruf einer ›entfernten‹ Methode auch als Parameter weitergegeben werden, was in manchen Fällen eine effiziente Alternative zur Verwendung der Registrierung darstellt.

URL-basierte Registrierung von Server-Objekten

Verwendung eines Server-Objekts

Bevor die Methoden eines Server-Objekts für den Client verfügbar sind, muß eine Referenz auf das entsprechende Server-Objekt erzeugt werden. Durch Aufruf der statischen Methode `lookup("//host/name")` der Klasse `java.rmi.Naming` erhält der Client ein Stub-Objekt, das genau jenes Remote Interfaces definiert, das letztendlich von dem entsprechend registrierten Server-Objekt implementiert wird (siehe *Aktivieren eines Ser-*

Die Suche nach registrierten Server-Objekten erfolgt mit der Methode `lookup()`

ver-Objekts, S. 137). Der Rückgabeparameter der `lookup`-Methode muß daher vor der Verwendung auf den benötigten Interface-Typ geändert werden. Im gezeigten Beispiel implementiert das Server-Objekt der Klasse `Quotes` lediglich ein Remote Interface `QuoteServer`, es ist daher ausschließlich eine Typumwandlung auf `QuoteServer` möglich.

```
import java.rmi.*;

public class Ticker {
  public static void main(String[] args) {
    try {
      // Referenz auf Server-Objekt suchen
      QuoteServer qs = (QuoteServer)
        Naming.lookup("//host/IBIS");
      for (int i=0; i < args.length; i++)
        System.out.println(args[ i] + ": " +
          qs.getQuote(args[ i] ));
    }
    catch(Exception e) { ... }
  }
}
```

Die hier gezeigte Klasse `Ticker` verwendet die in der Kommandozeile übergebenen Zeichenketten als Aktiensymbole, ruft damit die Methode `getQuote()` auf und gibt die Ergebnisse auf die Standardausgabe aus:

```
% java Ticker BMW DBK BAYE
```

Architektur von RMI

Das RMI-System besteht aus den drei Schichten *Stub/Skeleton*, *Remote Reference* und *Transport*. Abbildung 5–3 zeigt schematisch den Aufbau des RMI-Systems und dessen Beziehung zur Anwendungsschicht.

Abb. 5–3
Architektur des
RMI-Systems

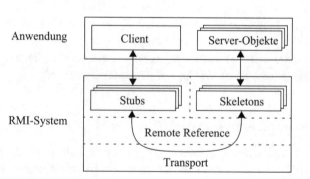

Der Methodenaufruf eines Clients und die damit verbundene Parameterübergabe erfolgt durch Weitergabe an die einzelnen Schichten bis zur Transportschicht des Clients, wo die Übertragung zur Transportschicht des

Servers erfolgt, die den Aufruf wiederum durch die Schichten nach oben weitergibt.

Ein Client benutzt einen sogenannten *Stub* oder auch *Proxy* genannt als Kanal oder Vermittler zu einem bestimmten Server-Objekt. Die Referenz zu einem Server-Objekt, die der Client beispielsweise vom Registrierungssystem erhalten hat (siehe *Verwendung eines Server-Objekts*, S. 137) ist physisch als Referenz zum entsprechenden Stub des Server-Objekts realisiert. Ein Stub implementiert alle RMI-Schnittstellen seines Server-Objekts und gibt deren Methodenaufrufe über die darunterliegenden Schichten weiter.

Stubs implementieren RMI-Schnittstellen zum Zweck der Weitergabe von Methodenaufrufen

Auf der Server-Seite werden analog zu Stubs sogenannte *Skeletons* benutzt, um Methodenaufrufe von Clients an das richtige Server-Objekt weiterzugeben. Realisiert ist diese ›Weitergabe‹, indem das Skeleton die entsprechende Server-Methode ausführt und anschließend eventuelle Rückgabeparameter an den zugehörigen Stub zurücksendet. Es besteht also eine 1:1-Beziehung zwischen Server-Objekten, Stubs und Skeletons, wobei die Stub/Skeleton-Schicht die logische Verschmelzung von Client und Server realisiert. Die Parameterübergabe – das sogenannte Marshalling – wird in dieser Schicht mit Hilfe der in Java integrierten Objektserialisierung implementiert, welche die Umwandlung von Objekten in einen Bytestrom und umgekehrt deren Rekonstruktion erlaubt (siehe *Objektserialisierung*, S. 59). Mit dem Übersetzer `rmic` der Entwicklungsumgebung ist es möglich, aus den Server-Klassen die dazugehörigen Stubs und Skeletons zu generieren (siehe *Installation einer RMI-basierten Anwendung*, S. 139).

Skeletons sind verantwortlich für die Ausführung von Server-Methoden

Stubs und Skeletons werden vom `rmic`-Übersetzer generiert

Die Remote-Reference-Schicht implementiert das Kommunikationsprotokoll zwischen Stubs und Skeletons, während die Transportschicht für den Verbindungsaufbau auf der Client-Seite und das ›Horchen‹ auf der Server-Seite verantwortlich ist.

Installation einer RMI-basierten Anwendung

Anhand des Beispiels aus Kapitel 5.1.3 soll gezeigt werden, welche Schritte für Übersetzung und Installation einer RMI-basierten Anwendung notwendig sind. Die vom Entwickler implementierten Klassen beziehungsweise Schnittstellen sind:

Zum Aufruf und möglichen Optionen der Werkzeuge siehe RMI-Werkzeuge, S. 46

- ❑ `QuoteServer`-RMI-Schnittstelle
- ❑ `Quotes`-Server-Klasse, implementiert `QuoteServer`
- ❑ `Ticker`-Client-Klasse, verwendet ein Objekt `Quotes`
- ❑ `MyRemoteServices`, aktiviert ein Server-Objekt `Quotes`

Die Dateien `QuoteServer.java`, `Quotes.java`, `Ticker.java` und `RemoteServices.java` sind mit dem `javac`-Compiler zu übersetzen. Anschließend erfolgt mit `rmic` das Generieren der entsprechenden

Stub- und Skeleton-Klassen aus den Binärdateien der Server-Klassen, die dabei erzeugten Klassennamen haben das Format `Server-Klasse_Stub.class` und `Server-Klasse_Skel.class`:

```
% javac QuoteServer.java Quotes.java
    Ticker.java MyRemoteServices.java
```

Resultat:

```
QuoteServer.class
Quotes.class
Ticker.class
MyRemoteServices.class
```

```
% rmic Quotes
```

Resultat:

```
Quotes_Stub.class
Quotes_Skel.class
```

Server-Anwendung und Registrierungssystem müssen am gleichen Host ausgeführt werden

Bevor der Server durch Aufruf von `java MyRemoteServices` gestartet werden kann, muß das Registrierungssystem durch Aufruf des Programms `rmiregistry` aktiviert werden. Dabei handelt es sich um einen einfachen Nameserver, der keine Ausgabe liefert und im Hintergrund läuft. Aus Sicherheitsgründen können Server-Objekte dieses Programm nur dann zur Registrierung verwenden, wenn es am gleichen Host aktiviert wurde. Somit wird verhindert, daß Referenzen unerlaubterweise ›remote‹ verändert werden können. Die Verwendung zur Suche nach Server-Objekten ist allerdings für beliebige Clients möglich. Um die Server-Anwendung `MyRemoteServices` ausführen zu können, müssen die Binärdateien der Server-Klasse `Quotes`, des Remote Interfaces `QuoteServer` und aller Stub- und Skeleton-Klassen (`Quotes_Stub`, `Quotes_Skel`) auf der Server-Seite verfügbar sein.

Stub-Klassen können auf der Client-Seite statisch oder dynamisch installiert werden

Das Client-Programm wird mit "`java Ticker`" gestartet und benötigt für dessen Ausführung die Binärdateien des Remote Interfaces `QuoteServer` und der Stub-Klasse `Quotes_Stub`. Stub-Klassen können als Alternative zur statischen Installation auf der Client-Seite auch dynamisch von einem HTTP-Server geladen werden. Das RMI-System übernimmt diesen Vorgang vollständig. Die entsprechende HTTP-Adresse liefert die Server-Anwendung und wird durch das Property `java.rmi.server.codebase` definiert. Beim Start des Servers kann der Wert für das Property bestimmt werden, zum Beispiel:

```
% java -Djava.rmi.server.codebase=
    "http://www.ifs.uni-linz.ac.at/Services/"
    MyRemoteServices
```

Auf der Client-Seite fehlende Stub-Klassen können somit beim Start eines Client-Programms dynamisch vom Server www.ifs.uni-linz.ac.at geladen und installiert werden.

5.2 Parallelisierung

Aktivitäten, die in einem Programm parallel ausgeführt werden, bezeichnet man mit Multithreading. Jede Aktivität wird in einem sogenannten Thread ausgeführt. Diese Threads werden auch als light weight processes bezeichnet. Voraussetzung für eine effiziente Anwendung auf Einprozessor-Maschinen ist ein Betriebssystem, das Multitasking unterstützt (z.B. Unix, Windows NT, OS2, usw.). Bei Mehrprozessor-Maschinen können Threads auf verschiedenen Prozessoren ablaufen. Nur bei solchen Systemen ist ›echte‹ (zeitliche) Parallelität realisierbar.

Der wesentliche Aspekt von Multithreading ist eine effiziente Nutzung der Kapazitäten in einer Multitasking- beziehungsweise einer Mehrprozessor-Umgebung (dazu zählen auch Netzwerke). Für den Programmierer bedeutet dies eine neue Herausforderung im Entwurf seiner Programme, wobei die Schwierigkeit darin liegt, ein Problem so zu strukturieren, daß parallel ausführbare Abläufe berücksichtigt werden. Da Threads einen gemeinsamen Datenbereich nutzen, ist zwar die Kommunikation einfach, jedoch die Gefahr von Inkonsistenzen und *deadlocks* groß. Um die Implementierung von Threads sicherer und einfacher zu gestalten, wurden Threads in Java als elementarer Bestandteil sowohl der Sprache als auch der Bibliotheken aufgenommen.

Im folgenden Abschnitt werden wir die Verwendung von Threads anhand der Programmierung eines HTTP-Servers aufzeigen. Als Anwendungsszenario stellen Sie sich einfach vor, Sie sollten einen Web-Server als Grundlage für einen Informationskiosk selbst programmieren (siehe auch *Szenario ›Multimedialer Informationskiosk‹*, S. 109). Der Server sollte plattformunabhängig und leicht erweiterbar sein, und Sie entscheiden sich deshalb für eine Eigenentwicklung in Java.

Einen in Java programmierten Web-Server gibt es übrigens als Entwicklung des W3Consortiums. Dieser ist unter dem Namen ›jigsaw‹ verfügbar

5.2.1 Threads als Objekte

Threads werden in Java durch die Klasse Thread im Package java.lang repräsentiert. Die drei grundlegenden Methoden zum Starten und Beenden eines Threads sind:

- ❑ start() generiert den Thread auf Betriebssystemebene.
- ❑ run() wird von start() aufgerufen und enthält den eigentlichen Programmablauf, wird also normalerweise überschrieben.
- ❑ stop() beendet einen Thread, kann nicht überschrieben werden.

5 Realisierung erweiterter Konzepte

Für den Fall, daß eine benutzerdefinierte Klasse bereits von einer anderen Klasse (nicht von `Thread`) abgeleitet wurde, unterstützt der Konstruktor der Klasse `Thread` das Interface `Runnable`. Es definiert lediglich den ausführbaren Teil eines Threads mit der Methode `run()`.

Für die Steuerung von Threads werden folgende Methoden angeboten:

- `sleep(<Millisekunden>)`
- `suspend()` – unterbrechen
- `resume()` – fortfahren
- `yield()` – Kontrolle wird temporär abgegeben.
- `join([<Millisekunden[, <Nanosekunden>]])` – erst nach Ablauf der Zeit kann der Thread abgebrochen werden

Bei der Verwendung von `join()` ist zu beachten, daß ein eventueller Aufruf von `stop()` so lange blockiert, bis die angegebene Zeit abgelaufen ist, Null oder kein Wert als Parameter ›unendliches‹ Warten bedeutet und bei mehreren Aufrufen von `join()` hintereinander sich die Zeit addiert.

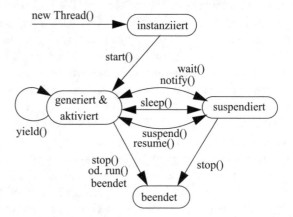

Abb. 5–4
Zustandsänderung eines Threads mit den entsprechenden Messages

Die `IllegalThreadStateException` wird abgesetzt, wenn an ein `Thread`-Objekt eine dem Status widersprechende Message gesendet wird. Ist ein Thread beispielsweise lediglich instanziiert, aber nicht aktiviert, und wird dann die Methode `suspend()` aufgerufen, würde das Programm mit dieser Exception beendet werden.

Der Java-Scheduler der virtuellen Maschine verwaltet Threads nach Prioritäten. Das heißt, es wird die Rechenzeit nach ›Wichtigkeit‹ vergeben. Die Klassenvariablen `MAX_PRIORITY`, `MIN_PRIORITY` und `NORM_PRIORITY` definieren den erlaubten Wertebereich und einen Standardwert. Durch die Methode `setPriority(<neue Priorität>)` ist eine Änderung möglich, und eine Abfrage wird durch `getPriority()` erlaubt. Beim Start wird der Thread mit der höchsten Priorität ausgeführt, dieser läuft so lange, bis er den Status beendet oder suspendiert erreicht, erst dann kann ein Thread mit kleinerer Priorität aktiviert werden. Mit der Methode `yield()` kann ein Thread Rechenzeit abgeben, allerdings nur an solche mit gleicher Priorität, ansonsten wird der Aufruf ignoriert. Die Laufzeitumgebung von Java unterstützt kein Zeitscheibenverfahren (timeslice). Das heißt, Threads mit gleicher Priorität bekommen nicht durch Java abwechselnd Rechenzeit (CPU-Zeit) zugeteilt, sondern durch das jeweilige Betriebssystem. Dies muß berücksichtigt werden, wenn Java-Programme auf Nicht-Multitasking-Betriebssystemen ablaufen sollen, die ein Zeitscheibenverfahren nicht unterstützen.

Achtung: Prioritäten sind nicht zur Synchronisation von Abläufen geeignet

Für die Erfüllung bestimmter Dienste, die jederzeit verfügbar sein sollten, werden spezielle Prozesse, sogenannte *Daemons,* verwendet. In Java können Threads als Daemon konfiguriert werden. Beispielsweise der WWW-Browser HotJava (in Java implementiert) benutzt einen Daemon-Thread ›ImageFetcher‹ für das Laden von Grafiken vom Netz oder von einer Datei. Spezifiziert wird ein Thread als Daemon einfach durch den Aufruf der Methode `setDaemon()` der Klasse `Thread`. Für die Abfrage wird die Methode `isDaemon()` zur Verfügung gestellt, welche `true` oder `false` zurückgibt. Der wesentliche Unterschied von Daemon-Threads zu normalen Threads ist, daß der Java-Interpreter beendet wird, sobald nur mehr Daemon-Threads aktiv sind, welche dann eigenständig weiterlaufen. Die Grundidee von Daemons ist, Dienste für andere Prozesse (Threads) zur Verfügung zu stellen. Wenn nun nur mehr solche Dienstprozesse (Daemons) laufen, gibt es keine anderen Prozesse mehr, die die Dienste in Anspruch nehmen. Der Java-Interpreter kann somit beendet werden.

5.2.2 Synchronisation von Threads

Verwenden mehrere Threads die gleichen Objekte (Daten), würde der Zugriff asynchron erfolgen, das heißt, der Zeitpunkt des Zugriffs wird nicht vom Programmablauf definiert. Zur Vermeidung von Inkonsistenzen obliegt es dem Programmierer, die Synchronisation für kritische Programmteile vorzunehmen. Des weiteren muß in Programmen mit Multithreading für eine gerechte Aufteilung von Ressourcen gesorgt werden, um *deadlocks* und ein sogenanntes Verhungern (starvation) zu vermeiden. Dies wird in Java durch einen speziellen Sperrmechanismus (locking) ermöglicht, der exklusiven Zugriff garantiert. Dabei können Methoden, Programmteile und Objekte definiert werden, für die ein gleichzeitiger Zugriff durch das Laufzeitsystem von Java unterbunden werden soll. Wird eine Variable (beziehungsweise das referenzierte Objekt) von einem Thread gesperrt, so wird ein Monitor für exklusiven Zugriff auf diese Daten eingerichtet.

Um Attribute eines Objekts konsistent zu halten, kann das Schlüsselwort `volatile` bei der Deklaration verwendet werden. Es sagt aus, daß zur Laufzeit für diese Variable keine Kopie in einem Register abgelegt werden darf und bei jedem Zugriff der Wert vom Speicher gelesen werden muß. Außerdem weist es den Compiler an, keine Optimierungen durchzuführen.

→ Sperren einer Methode: `<Zugriffsrecht> synchronized <Rückgabetyp> <Methodenname> (<Parameterliste>) { ... }`

→ Sperren eines Programmblocks: `{ ... synchronize(<Variablenname>) { <synchronisierter Programmblock> } ... }`

→ Konsistenzbedingung für Variablen: `<Zugriffsrecht> volatile [ static] <Variablenname>;`

In Java erhält jedes Objekt, das eine synchronisierte Methode definiert, einen eindeutigen Monitor, wodurch auch dessen Attribute gesperrt sind. Beim Sperren eines Programmblocks wird der Monitor auf das übergebene Objekt (siehe vorher – definiert durch `<Variablenname>`) gesetzt. Der Eintritt eines weiteren Threads in diesen Programmteil wird bis zum Erreichen des Blockendes verhindert.

Zusätzlich können Wartepunkte (Methode `wait()`) bestimmt werden, an denen der Programmablauf eines Threads so lange unterbrochen wird, bis eine Freigabe (Bestätigung mit der Methode `notify()`) durch einen anderen Thread erfolgt. Die Methode `wait()` ist so definiert, daß bis zur Reaktivierung durch `notify()` der Monitor freigegeben wird. Diesen Mechanismus benötigt man für die Programmierung sogenannter Erscheinungsregeln (race conditions). Das sind Bedingungen, die erfüllt werden müssen, bevor Zugriff auf Daten durch einen Thread erlaubt ist.

→ Monitor temporär freigeben: `wait([ long <Timeout in Millisekunden>, int [ Nanosekunden]]);`

→ Bestätigung einer race condition und Datenfreigabe: `notify();` oder `notifyAll();`

Beim Aufruf der Methode `notify()` zur Freigabe von Daten ist bei mehreren wartenden Threads **nicht** definiert, welches `wait()` beendet wird. Es obliegt somit dem Programmierer zu prüfen, ob die für den jeweiligen Thread gültige race condition wirklich eingetreten ist. Wenn nicht, muß `wait()` neuerlich aufgerufen werden. Bei mehreren möglichen Threads im Wartezustand kann auch die Methode `notifyAll()` verwendet werden. Sie bewirkt, daß alle wartenden Threads wieder aktiviert werden. Da die Implementierung der Datenstruktur für wartende Threads nicht Teil der

Spezifikation von Java-Threads und somit implementierungsspezifisch ist, sollte immer `notifyAll()` verwendet werden. Wird beispielsweise ein Stack zur Verwaltung der Datenstruktur verwendet, wie es bei der virtuellen Maschine von Symantec der Fall ist, kann es in manchen Fällen zu *deadlocks* kommen, weil beispielsweise der erste Thread im Stack die race-condition nicht erfüllt, aber immer nur dieser Thread benachrichtigt wird. Der zusätzliche Aufwand, der durch das Senden der Nachricht an alle Thread-Objekte entsteht, ist vernachlässigbar.

5.2.3 Thread-Gruppen

Threads können in Java zu Gruppen zusammengefaßt werden, welche durch die Klasse `ThreadGroup` repräsentiert wird. Dies stellt eine einfache Verwaltungsform mehrerer Threads für die gemeinsame Behandlung dar, beispielsweise beim Beenden. Beim Start des Java-Interpreters wird automatisch eine Thread-Gruppe mit dem Namen ›main‹ instanziiert. Jeder neue Thread, der keiner Gruppe zugeordnet ist, wird implizit der Gruppe ›main‹ zugeteilt. Die explizite Zuordnung zu einer Thread-Gruppe erfolgt bei der Instanziierung von `Thread` Objekten. Die Klasse `Thread` stellt dazu Konstruktoren zur Verfügung, dem als Parameter zusätzlich zum Objekt `Runnable` ein `ThreadGroup`-Objekt übergeben werden kann.

```
public Thread(ThreadGroup group, Runnable target);
public Thread(ThreadGroup group, String name);
public Thread(ThreadGroup group, Runnable target,
              String name);
```

Jeder dieser Konstruktoren generiert einen Thread und ordnet diesen der Thread-Gruppe `group` zu. Die zugewiesene Gruppe kann während der gesamten Lebensdauer des Threads nicht mehr verändert werden. Mit dem Parameter `name` vom Typ `String` kann dem Thread ein Name zugeteilt werden.

Thread-Gruppen muß bei der Instanziierung ein Name gegeben werden. Des weiteren können sie nicht nur Threads, sondern wiederum Thread-Gruppen enthalten. Dazu die Konstruktoren der Klasse `Thread-Group`:

```
public ThreadGroup(String name);
public ThreadGroup(ThreadGroup parent, String name)
   throws NullPointerException;
```

Wird bei der Instanziierung eine Thread-Gruppe angegeben, wird zwischen der neuen Gruppe und der übergebenen eine Eltern/Kind-Beziehung definiert. Standardmäßig stellt die Thread-Gruppe ›main‹ die Eltern-Gruppe dar.

Die Klasse `ThreadGroup` stellt Methoden zur Verfügung, die in vier Kategorien unterteilt werden:

1. Abfrage von Information über die Gruppe
2. Handling des Objekts `ThreadGroup`
3. Allgemeine Ausführung von Thread-Methoden
4. Sicherheitsspezifische Einschränkungen je nach Gruppenzugehörigkeit

Zu Punkt 1 zählen Methoden wie `activeCount()` – Anzahl aktiver Threads, `activeGroupCount()` – Anzahl aktiver Untergruppen und `enumerate()` – Liste von Referenzen auf aktive Threads und Untergruppen.

Für den Zugriff auf individuelle Daten eines Objekts vom Typ `ThreadGroup` sind folgende Methoden vorgesehen:

```
getMaxPriority(), setMaxPriority()
getDaemon(), setDaemon()
getName()
getParent(), parentOf()
toString()
```

Beim Setzen der maximalen Priorität mit `setMaxPriority()` wird die Priorität der Gruppe inklusive aller Untergruppen verändert, nicht aber die Priorität der Threads. Die maximale Priorität der Gruppe gilt aber für Threads, die innerhalb der Gruppe generiert werden. Ähnlich ist die Situation beim Setzen des Status ›Daemon‹ mit `setDaemon()`. Dies hat keinerlei Auswirkung auf den Status der Threads. Es zeigt dem Laufzeitsystem lediglich an, daß die Thread-Gruppe zerstört wird, wenn alle ihr zugeordneten Threads beendet wurden.

Operationen, die für alle Threads ausgeführt werden, ersparen dem Programmierer lediglich, diese für jeden einzelnen Thread explizit aufzurufen. Vorgesehen sind dazu die Methoden `resume()`, `stop()`, `suspend()` und `destroy()`.

Da die Thread-Gruppe selbst keine Einschränkungen bezüglich Zugriffsrechte auf Threads und andere Thread-Gruppen prüfen kann, wird vor der Durchführung von kritischen Methoden (z.B.: `stop()`, `suspend()`, usw.) die Methode `checkAccess()` aufgerufen. Diese wiederum ruft die gleichnamige Methode des Sicherheits-Managers auf, welcher die eigentliche Prüfung durchführt und im Falle eines unerlaubten Zugriffs das Programm in den Ausnahmezustand `SecurityException` versetzt (siehe auch *Ausnahmebehandlung*, S. 164).

5.2.4 Ein simpler HTTP-Server

Wie bereits in der Einleitung erwähnt, soll als Anwendungsbeispiel die Entwicklung eines simplen HTTP-Servers dienen. Stellen Sie sich vor, Sie sollen einen plattformunabhängigen und auch erweiterbaren Server implementieren. Dieser könnte beispielsweise als Grundlage der Entwicklung eines Datenbankzugriffs-Servers dienen (siehe *Anwendungsszenarios und Datenmanagement*, S. 109); oder Sie wollen einen eigenen Proxy implementieren, um zusätzliche beziehungsweise erweiterte Funktionalität für Web-Benutzer zur Verfügung zu stellen (zum Beispiel caching, siehe auch *Szenario ›Software-Agenten‹*, S. 113).

Die grundsätzliche Arbeitsweise eines solchen Servers ist dabei sehr einfach gehalten: Ein Server-Prozeß wartet auf ›Anfragen‹ von Clients. Sowie dieser Prozeß eine neue Anfrage erhält, startet er einen eigenen Thread, dessen Aufgabe es ist, die Anfrage abzuarbeiten. Diese Arbeitsweise wird für einfache Anwendungen ausreichen. Für professionelle Web-Server oder auch Proxy-Server wird es allerdings notwendig sein, eine Reihe von Prozessen zu starten (die dann ihrerseits wiederum Threads aktivieren). Für unser Beispiel gehen wir der Einfachheit halber aber von *einem* (System-) Prozeß aus.

Das folgende Codestück startet den Server-Prozeß auf einem als Parameter übergebenen Port. Der Server-Prozeß wartet auf eingehende Socket-Verbindungen und startet dann jeweils einen Thread der Klasse `ConnThread` zur Bearbeitung der Anfrage.

Näheres zu Sockets und Netzwerk in Java im allgemeinen finden Sie in: Netzwerk, S. 101

```
class Server {
public static void main(String argv[]) throws IOException {
  int port = Integer.parseInt(argv[0]);
  ServerSocket ss = null;

  try {
    ss = new ServerSocket(port);
  }
  catch (IOException e) {
    System.err.println("IOException: cannot "+
     "listen on port " + port);
    return;
  }
  while (true) {
    try {
      Socket s = ss.accept();
      new ConnThread(s);
    }
    catch (Exception e) {
      System.err.println("ServerException: "+e);
    }
  }
}//main
}//class
```

5 Realisierung erweiterter Konzepte

Den Kern der Klasse `Server` bilden die Anweisungen `ServerSocket()` sowie eine `while`-Schleife, die auf eingehende Anfragen wartet und dann eine Instanz der Klasse `ConnThread` erzeugt. Die Klasse `ConnThread` wird von `Thread` abgeleitet und besitzt folgenden Aufbau:

```
public class ConnThread extends Thread {
  static String header200 = "HTTP/1.0 200 OK \n";
  static String serverName = "Server: SimpleServer\n\n";
  private Socket socket;

ConnThread(Socket s){
  socket = s;
  this.start();
}
public void run() {
  PrintStream dataOut = null;
  DataInputStream dataIn = null;
  String line = "";

  try {
    dataOut = new PrintStream(socket.getOutputStream());
    dataIn = new DataInputStream(socket.getInputStream());

  }
  catch (IOException e) {
    System.err.println("Couldn't create "+
    " streams on port "+socket.getPort());
    return;
  }

  dataOut.println(header200+serverName);
  dataOut.println("<P>I received the following
  data:<UL>");
  try {
    line = dataIn.readLine();
    while (!line.equals("")){
      dataOut.println("<LI>" + line);
      line = dataIn.readLine();
    }
    dataOut.println("</UL>");
    dataOut.println("\n");
    dataOut.flush();
    dataOut.close();
    socket.close();
  }
  catch (Exception e) {
    System.err.println("Exception: "+ e);
  }
}
}
```

Durch Verwendung von `BufferedOutput-Stream` *kann die Performanz der Lese- und Schreiboperationen stark verbessert werden (siehe: Verketten von Datenströmen, S. 62)*

Die Klasse `ConnThread` implementiert einen minimalen HTTP-Server. Zwei Datenströme werden an die übergebene Socket/Port-Referenz angelegt, einer für die Eingabe und einer für die Ausgabe. Der Algorithmus der `run()`-Methode ist einfach: Alles, was vom Client übergeben wird, wird als Antwort zurückgegeben (inklusive des HTTP-Headers). Die Zahl 200 bedeutet übrigens, daß die Anfrage des Client erfolgreich bearbeitet worden ist (genauso wie ›404‹ bedeutet, daß das angefragte Dokument nicht gefunden wurde).

Nach dem Übersetzen können Sie den Server ganz einfach mit

```
java Server 1024
```

starten. Nun geben Sie in das Eingabefeld Ihres Web-Browsers

```
http://localhost:1024/
```

ein, und Sie werden als Antwort jene Informationen erhalten, die Ihr Browser an den Server gesendet hat.

Anstelle von `localhost` *können Sie auch die IP-Adresse 127.0.0.1 eingeben*

5.3 JavaBeans

JavaBeans, oft auch einfach als Beans bezeichnet, sind Java-Objekte, die durch das *JavaBean-API* definierte Methoden und Eigenschaften implementieren. Ziel des JavaBean-API ist die Definition eines Modells, das es ermöglicht, sogenannte Software-Komponenten zu entwickeln, die einerseits durch standardisierte Mechanismen und Schnittstellen beliebig miteinander kombiniert werden können, anderseits durch den Benutzer konfigurierbar sind. Entwicklungswerkzeuge können dieses Modell verwenden, um Informationen über eine Software-Komponente herauszufinden und dynamisch in die Entwicklungsumgebung zu integrieren. Beispielsweise könnte ein Werkzeug zur Erstellung von Benutzeroberflächen JavaBeans-konforme GUI-Komponenten eines beliebigen Herstellers einbinden und dem Programmierer zur Verfügung stellen. Eine vergleichbare Architektur ist für Microsofts OLE (Object Linking and Embedding) beziehungsweise ActiveX Controls definiert.

Das JavaBean-API definiert ein Modell zur Entwicklung von Software-Komponenten

Ein Hauptziel des JavaBean-Modells ist die Definition einer plattformunabhängigen Komponentenarchitektur, die sowohl für die Entwicklung von Komponenten grafischer Benutzeroberflächen als auch ›unsichtbarer‹ Komponenten angewendet werden kann. Innerhalb der Java-Welt ist dieses Ziel durch die virtuelle Maschine bereits Realität. Die Integration eines JavaBeans in einem plattformspezifischen Container – wie zum Beispiel Visual Basic (VBX), Microsoft Word oder Netscape Navigator – ist allerdings nur mittels einer entsprechenden *Bridge* möglich. Bei der Entwicklung der JavaBean-Architektur wurde darauf geachtet, daß eine möglichst saubere Umsetzung des API in die verbreiteten Modelle, wie OpenDoc, OLE/COM, ActiveX und LiveConnect, möglich ist.

Bridges erlauben die Kombination von JavaBeans mit Komponenten unterschiedlicher Architekturen

Eine Reihe von fundamentalen Eigenschaften, die Software-Komponenten erfüllen müssen, basieren auf Meta-Informationen und können folgendermaßen zusammengefaßt werden (siehe auch Abbildung 5–5):

Komponenten beschreiben sich selbst durch Meta-Informationen

5 Realisierung erweiterter Konzepte

- Die Funktionalität einer Komponente kann von dem Komponentenobjekt selbst abgefragt oder durch die Analyse der Komponentenklasse (*Introspection*) ermittelt werden.
- Eine Komponente definiert Eigenschaften durch Attribute (*Properties*).
- Aussehen und Verhalten einer Komponente können durch Verändern der Eigenschaften beeinflußt werden, ohne die Komponente dabei neu übersetzen zu müssen (*Customization*).
- Die Interaktion zwischen Komponenten basiert auf Senden und Empfangen von Ereignissen (*Events*).
- Die Einstellungen und der Status einer Komponente können gespeichert werden (*Persistence*).

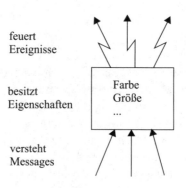

Abb. 5–5
JavaBeans

Komponenten implementieren Benutzerschnittstellen für die Verwendung in der Designphase selbst

Für das Konfigurieren von Beans sieht das Komponentenmodell vor, daß jede Komponente ihre eigene Benutzerschnittstelle implementiert, die nur zum Anpassen und Ändern von Eigenschaften vorgesehen ist. In Java ist es möglich, die entsprechenden Klassen durch Einhaltung von Namenskonventionen generieren zu lassen (siehe *Funktionsumfang von Java Core Reflection*, S. 171) oder diese explizit zu implementieren. Bei der Verwendung eines Beans muß daher zwischen Entwicklungszeit – also der Verwendung in einem Werkzeug – und Ausführungszeit unterschieden werden. Durch das JavaBean-API ist es möglich, diese beiden Aspekte bei der Implementierung einer Komponente klar zu trennen, so daß zur Ausführungszeit keine Klassen der Entwurfsphase benötigt werden.

Klassenbibliotheken decken die fundamentale Funktionalität zu einem bestimmen Problem ab

Während Beans Software-Komponenten sind, die mit geeigneten Werkzeugen visuell manipuliert und angepaßt werden können und in Abhängigkeit davon ein bestimmtes Verhalten aufweisen, bieten Klassenbibliotheken Funktionalität, die für eine visuelle Anpassung nicht geeignet ist. JDBC beispielsweise stellt eine Klassenbibliothek dar, die alle fundamentalen Klassen und Methoden für die Realisierung von Datenbankzugriffe definiert. Eine direkte Umsetzung von JDBC in ein JavaBean bringt hinsichtlich Verwendbarkeit keine Verbesserung, allerdings wäre es denkbar, basierend auf JDBC Beans zu entwickeln, die spezielle Anwendungsfälle implementieren, beispielsweise das Ausführen eines beliebigen SELECT- Kommandos und die Darstellung der Ergebnisse.

Sämtliche Klassen und Interfaces des JavaBeans-API sind im Package java.beans zu finden, welches ab der JDK-Version 1.1 integriert ist.

5.3.1 Das Bean Development Kit

Derzeit existieren bereits eine Reihe von Entwicklungssystemen, die das JavaBeans-API voll unterstützen, also die Einbindung von Beans in die Entwicklungsumgebung ermöglichen. Eine Auflistung von Produkten kann am Web-Server von Sun Microsystems unter der Adresse http://java.sun.com/beans gefunden werden. Unter dieser Adresse ist auch das Beans Development Kit (BDK) mit Dokumentation zum Thema JavaBeans frei erhältlich. Im folgenden wird anhand des BDK die Intention der Beans-Architektur gezeigt, also wie Komponenten angepaßt und verknüpft werden können.

Das BDK ist nicht für die Anwendungsentwicklung gedacht

Das BDK stellt eine reine Java-Anwendung (Version 1.1) dar, die es ermöglicht, Beans zu testen und zu neuen Komponenten zusammenzufügen. Dazu ist im BDK der Container *BeanBox* implementiert, der sowohl sichtbare als auch unsichtbare Komponenten darstellen kann und die Anpassung sowie die Kombination von Beans erlaubt. Für den Aufruf ist in der derzeitigen Version eine Batchdatei run.bat im Verzeichnis Bdk/beanbox/ zu finden. Vor dem Aufruf ist zu beachten, daß die Pfade zum JDK 1.1 gesetzt sein müssen (siehe PATH und CLASSPATH).

Der Container BeanBox ist wiederum als Bean implementiert

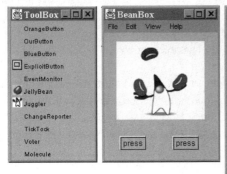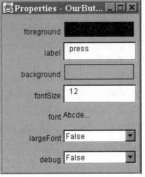

*Abb. 5–6
BeanBox mit drei Komponenten*

Nach erfolgreichem Start erscheinen die drei Fenster (Frames) ToolBox, BeanBox und PropertySheet. In der ToolBox werden eine Reihe von Bean-Beispielen aufgelistet, die im BDK bereits inkludiert sind. Zum Testen beispielsweise von Eigenentwicklungen können weitere Beans über das Menü *File* der BeanBox geladen werden. Durch Auswahl einer Kom-

Das BDK ist in erster Linie zum Testen von Beans gedacht

ponente aus der `ToolBox` kann nun ein Bean-Objekt instanziiert und in der `BeanBox` angezeigt werden. Im Beispiel aus Abbildung 5–6 wurden die Beans `Juggler` – eine einfache Animation, die das Java-Maskottchen jonglieren läßt – und zwei Komponenten vom Typ `OurButton` erzeugt. Bei der Instanziierung der Beans wird die spezielle Methode `Beans.instanciate()` aus dem Package `java.beans` benutzt.

Wird eine in der `BeanBox` angezeigte Komponente ausgewählt, erscheint im Frame `PropertySheet` die dazugehörige Benutzerschnittstelle zum Ändern der Eigenschaften einer Komponente. Im gezeigten Beispiel sind die möglichen Einstellungen für `OurButton` zu sehen, wie Farben (`foreground`, `background`), Buttontext (`label`) und Schriftart (`fontsize` ...). Wie bereits im Kapitel eingangs erwähnt, besitzt jede Komponente ihre eigene Benutzerschnittstelle für diesen Zweck. Das Werkzeug – in diesem Fall die `BeanBox` – benutzt eine Klasse `OurButtonCustomizer` zum Generieren der `PropertySheets` (siehe auch Klasse `java.beans.Introspector` und das Interface `java.beans.BeanInfo`).

Mit Hilfe der `BeanBox` können nun die drei Komponenten logisch verknüpft werden. Als Beispiel wird ein Button zum Stoppen und der zweite Button zum Starten des `Jugglers` verwendet. Zuerst kann einfach durch Ändern des Textes im Eingabefeld `label` der beiden Buttons der Text auf `Stop` beziehungsweise `Start` geändert werden. Bei Klick auf `Stop` soll nun das Jonglieren beendet werden können. Für die Realisierung des Verhaltens muß eine entsprechende logische Verknüpfung zwischen dem Button und der Komponente `Juggler` hergestellt werden. Dies wird durch Ereignisse realisiert. Der Button `Stop` beziehungsweise `Start` ›feuert‹ ein Ereignis, das der `Juggler` ›auffängt‹ und entsprechend verarbeitet. Da die JavaBeans-Architektur einen standardisierten Mechanismus für die Ereignisbehandlung beschreibt, kann das Werkzeug (die `BeanBox`) diesen Vorgang visuell unterstützen und die entsprechenden Klassen für die Weitergabe von Ereignissen generieren.

Für das Stoppen des Jugglers wird im ersten Schritt der entsprechende Button selektiert und über das Menü *Edit* das Ereignis ausgewählt, das behandelt werden soll (siehe Abbildung 5–7). Im Beispiel ist dies *action* (entspricht `ActionEvent` des Packages `java.awt.event`), das durch Implementieren die Methode *actionPerformed* behandelt werden kann.

Die logische Verknüpfung von Komponenten basiert auf der Ereignisbehandlung des AWT 1.1

5.3 JavaBeans

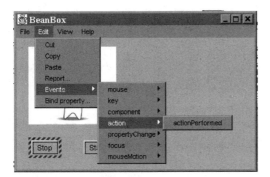

Abb. 5–7
Auswahl des Ereignisses für den Button Stop

Im zweiten Schritt muß nun die Zielkomponente bestimmt werden, die bei der Ereignisbehandlung beeinflußt werden soll, nämlich die Komponente `Juggler`.

Abb. 5–8
Zur Auswahl stehende Methoden des Jugglers zur Ereignisbehandlung

Nach dem Zuordnen der Zielkomponente erscheint in einem neuen Frame `EventTargetDialog` eine Liste von den möglichen Behandlungsarten eines Ereignisses (siehe Abbildung 5–8). Jeder Eintrag entspricht einer Methode, die diese Komponente implementiert. Es wird *stopJuggling* ausgewählt, was auf der Implementierungsebene durch eine Methode `stopJuggling()` realisiert ist. Bei der Auswahl des Buttons `Stop` wird nun dessen Methode `actionPerformed()` ausgeführt, die wiederum die Methode `stopJuggling()` der Komponente `Juggler` aufruft. Analog läuft die Vorgangsweise für den Button `Start` ab, der den Aufruf der Methode `startJuggling()` auslösen muß.

5.3.2 Eigenschaften

Eigenschaften von Komponenten werden durch Attribute repräsentiert, die nur Lesen, nur Schreiben oder Lesen und Schreiben erlauben. Änderungen von Eigenschaften können *beobachtbar* (bound) oder sogar *beeinspruchbar* (constrained) sein. Für die Anpassung der Attributwerte müssen entsprechende Methoden zum Schreiben beziehungsweise Lesen implementiert sein. Als Namenskonvention gilt: Methoden zum Schreiben beginnen mit `setXXX()` und Leseoperationen mit `getXXX()`, während der Rest des Names (XXX) mit dem Attributnamen der betroffenen Eigenschaft übereinstimmen muß. Eine Methode `isXXX()` zeigt einen logischen Rückgabewert an:

```
public class TestBean extends Canvas {
  String name;
  boolean active;
  ...
  public void setName(String n) { name = n; }
  public String getName(String n) { return name; }
  public void setActive(boolean a) { active = a; }
  public boolean isActive() { return active; }
}
```

Eine beobachtbare Eigenschaft liegt dann vor, wenn die Komponente bei einer Wertänderung andere Komponenten informieren kann. Das Java-Beans-API implementiert dazu eine Klasse `PropertyChangeSupport`, welche die Vermittlerrolle übernimmt und Änderungen von bestimmten Attributen an angemeldete Beobachter (Komponenten) weitergibt. Das Anmelden und die Methoden zur Weitergabe sind durch das Interface `PropertyChangeListener` definiert. Angenommen, der Status `active` des Beispiels `TestBean` soll beobachtbar sein, so müssen folgende Ergänzungen durchgeführt werden:

```
public class TestBean extends Canvas {
  // Vermittler erzeugen
  PropertyCangeSupport changes = new
    PropertyCangeSupport(this);
  // zum Anmelden von Beobachtern
  public addPropertyCangeListener(
    PropertyCangeListener listener) {
    changes.addPropertyCangeListener(listener);
  }
  // zum Abmelden von Beobachtern
  public removePropertyCangeListener(
    PropertyCangeListener listener) {
    changes.removePropertyCangeListener(listener);
  }
  ...
  public void setActive(boolean a) {
    boolean oldState = active;
    active = a;
    changes.firePropertyChange("active", oldState, a);
  }
}
```

Analog zu beobachtbaren Eigenschaften arbeitet die Systematik für beeinspruchbare Eigenschaften unter der Verwendung der Klasse `vetoable-`

`ChangeSupport` für Vermittlerobjekte, `vetoableChangeListener` als Interface für Beobachterkomponenten mit ›Einspruchsrecht‹ und der Methode `fireVetoableChange()` zum Anzeigen von Wertänderungen. Ein ›Einspruch‹ erfolgt durch Auslösung der Ausnahme `PropertyVetoException` von einem der angemeldeten Beobachter.

5.3.3 Ereignisse

Das Verhalten und die logische Verknüpfung von Komponenten basiert auf dem ›Feuern‹ und ›Empfangen‹ von Ereignissen. Für die Realisierung dieses Konzepts wird das Delegation Model angewendet, das ebenfalls für die Ereignisbehandlung im AWT 1.1 Verwendung findet und bereits im Abschnitt *Ereignisbehandlung des AWT 1.1*, S. 77, vorgestellt wurde. Für die Implementierung von JavaBeans-konformen Ereignissen sind verschiedene Namenskonventionen einzuhalten.

Im ersten Schritt muß eine Klasse zum Abbilden des Ereignisses definiert werden, welche von `java.util.EventObject` abzuleiten ist. Der Klassenname soll dabei immer mit ›Event‹ enden. Für Ereignisattribute gelten die gleichen Konventionen wie für Eigenschaften von Komponenten (siehe vorher).

```
ANewEventEvent extends java.util.EventObject { ... }
```

Für die Definition und Gruppierung von Behandlungsmethoden, die ein bestimmtes Ereignis betreffen, werden Interfaces verwendet, die von `java.util.EventListener` abgeleitet werden und mit ›Listener‹ enden müssen. Da das Ereignisobjekt die entsprechenden Daten kapseln soll, wird das Ereignisobjekt selbst als einziger Eingabeparameter von Behandlungsmethoden empfohlen.

```
ANewEventListener extends java.util.EventListener {
   void handleEvent_A(ANewEvent e);
   void handleEvent_B(ANewEvent e);
   ...
}
```

Für die Weitergabe von Ereignissen an ein Listener-Objekt ist die Registrierung bei jener Komponente notwendig, die das Ereignis auslösen kann. Dazu sind die entsprechenden Methoden (`add` und `remove`) durch das Quellobjekt zu implementieren.

```
public class TestBean extends Canvas {
   ...
   private ANewEventListener listener = null;
   // Anmeldung eines Listeners
   public synchronized void
   addANewEventListener (ANewEventListener l ) {
```

```
      listener = l;
   }
   // Abmeldung des Listeners
   public synchronized void removeANewEventListener() {
      listener = null;
   }
}
```

Im Beispiel `TestBean` ist lediglich ein Listener-Objekt vorgesehen, es könnten die Methoden `add` und `remove` jedoch genauso für die Registrierung von beliebig vielen Listenern implementiert werden. Die Weitergabe eines Ereignisses muß letztendlich ebenfalls durch die Komponente implementiert werden:

```
public class TestBean extends Canvas {
...
   private throwsEvent() {
      ANewEventEvent e = new ANewEventEvent();
      if (listener != null) {
         listener.handleEvent_A(e);
         listener.handleEvent_B(e);
         ...
      }
   }
}
```

Wann und durch welche Bedingungen ein Ereignis ›gefeuert‹ wird, ist der individuellen Implementierung der Komponente überlassen.

5.3.4 Analyse einer Komponente

Für die Verwendung einer Komponente zur Laufzeit oder in einem Entwicklungswerkzeug ist es notwendig, alle Eigenschaften, Ereignisse und Methoden herauszufinden, die unterstützt werden. Ein Ziel bei der Entwicklung der JavaBeans-Architektur war, auf zusätzliche Beschreibungssprachen zu verzichten. Für die Analyse von Komponenten wird dazu eine Klasse `java.beans.Introspector` bereitgestellt, die sowohl eine explizite Spezifikation durch den Entwickler erlaubt als auch eine implizite Analyse basierend auf Namenskonventionen und den Reflektionsmechanismen (siehe *Funktionsumfang von Java Core Reflection*, S. 171) ermöglicht.

Die explizite Beschreibung von Beans ist mit Hilfe einer Klasse möglich, die das Interface `java.beans.BeanInfo` implementiert. Der Introspector sucht nach `BeanInfo`-Klassen, wobei wiederum eine Namenskonvention eingehalten werden muß. Für die Komponente `TestBean` wäre dies eine Klasse `TestBean`**`BeanInfo`**:

```
public class TestBeanBeanInfo implements BeanInfo {
   ...
}
public class TestBeanBeanInfo extends SimpleBeanInfo {
   ...
}
```

Die zweite Variante benutzt die Klasse `java.beans.SimpleBeanInfo`, die das Interface `BeanInfo` bereits mit Dummy-Methoden implementiert. Es müssen somit nur noch die gewünschten Operationen überschrieben werden.

5.4 JDBC

Java Database Connectivity, abgekürzt JDBC, stellt den Überbegriff für eine Reihe von Klassen und Interfaces dar, die eine Anbindung von Java an relationale Datenbanken ermöglichen [HAMI97]. Anders formuliert, JDBC definiert eine Schnittstelle für den Aufbau der Verbindung zu einer Datenbank, zum Absenden von SQL-Kommandos und für die Verarbeitung der Resultate von Datenbankabfragen.

Um JDBC für die Anbindung einer Java-Anwendung an eine bestimmte Datenbank benutzen zu können, wird ein geeigneter JDBC-Treiber benötigt. JDBC-Treiber enthalten die eigentliche Implementierung für die Kommunikation mit der jeweiligen Datenbank, das heißt, ein passender JDBC-Treiber wird meist vom Datenbankhersteller selbst zur Verfügung gestellt.

Großer Vorteil bei der Verwendung von JDBC zur Implementierung von Datenbankzugriffen ist, daß der Austausch des JDBC-Treibers ohne Programmänderungen möglich ist, somit kann das Datenbankmanagementsystem (DBMS) ohne Portieraufwand gewechselt werden. Ist der JDBC-Treiber dann noch zu 100% in Java implementiert, bleibt zusätzlich die Plattformunabhängigkeit der Anwendung erhalten. In diesem Zusammenhang wird JDBC oft mit ODBC verglichen. ODBC steht für Microsofts Open Database Connectivity und definiert genauso wie JDBC eine datenbankunabhängige SQL-Schnittstelle, allerdings basiert ODBC auf der Programmiersprache C und ist daher für eine rein objektorientierte Sprache wie Java nicht direkt verwendbar. Existierende ODBC-Treiber können jedoch mit Hilfe eines speziellen JDBC-Treibers, der sogenannten JDBC-ODBC Bridge von Sun, ebenfalls für Datenbankzugriffe genützt werden.

Abbildung 5–9 zeigt die verschiedenen Schichten, auf die ein Java-Programm bei der Verwendung von JDBC aufbaut. Für den Anwendungsprogrammierer ist lediglich die JDBC-Schnittstelle sichtbar, also jene Klassen und Methoden, die für die Kommunikation mit einer relationalen

5 Realisierung erweiterter Konzepte

Datenbank vorgesehen sind. Der eigentliche Datenaustausch basiert auf dem Internet-Protokoll TCP/IP und wird durch die entsprechenden JDBC-Treiber realisiert. JDBC sieht für die Verwaltung von Treibern einen sogenannten Treiber-Manager vor, dieser erlaubt die gleichzeitige Verwendung von mehreren Treibern, womit der Zugriff auf unterschiedliche Datenbankmanagementsysteme ermöglicht wird.

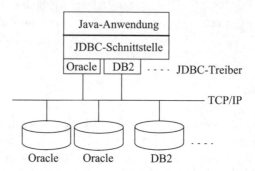

Abb. 5–9
Datenbankzugriffe mit JDBC

Alle JDBC-Klassen und Interfaces sind im Package `java.sql` zusammengefaßt. Zusätzlich werden für Zahlen, die mehr als 32 Bits zu ihrer Darstellung benötigen, zwei Klassen aus dem Package `java.math` verwendet. Für ganzzahlige Werte dient dazu die Klasse `java.math.BigInteger` und für Dezimalzahlen `java.math.BigDecimal`. Das Package `java.sql` und die beiden Klassen aus `java.math` sind in der Java-Version 1.1 inkludiert, genauso die JDBC-ODBC Bridge. Für die Java-Version 1.0.2 gibt es entsprechende zusätzliche Packages, die aus der Programmierersicht völlig identisch sind.

Das folgende Beispiel zeigt das Laden eines JDBC-Treibers, den Verbindungsaufbau und die Implementierung einer SQL-Abfrage auf eine Microsoft Access-Tabelle PERSON, mit den Spalten VORNAME und NACHNAME. Als JDBC-Treiber wird die JDBC-ODBC Bridge verwendet, welche wiederum einen unter Windows eingerichteten ODBC-Treiber für MS-Access benützt. Dieser ODBC-Treiber wurde für dieses Beispiel in der Systemsteuerung von Windows 95/NT unter dem Namen Verein eingerichtet. Eine detaillierte Erläuterung der einzelnen Schritte erfolgt in den nachfolgenden Abschnitten.

Programmablauf für Verbindungsaufbau und Zugriff auf Daten

```
import java.sql.*;
...
// JDBC-Treiber laden: JDBC-ODBC Bridge
Class c =
      Class.forName("sun.jdbc.odbc.JdbcOdbcDriver");
// Treiberobjekt erzeugen
Driver d = (Driver) c.newInstance();
// Treiber bei Treiber-Manager registrieren
DriverManager.registerDriver(d);
```

```java
...
// Verbindung zur Datenbank herstellen:
// mit Namen "Verein", Login "admin"
// und ohne Paßwort ""
Connection con =
    DriverManager.getConnection
      ("jdbc:odbc:Verein", "admin", "");
...
// SQL Abfrage an die Datenbank senden:
// Statement-Objekt erzeugen
Statement stmt = con.createStatement();
// Abfrage senden und ResultSet-Objekt
// für Ergebnis speichern
String query = "SELECT * FROM PERSON";
ResultSet rs = stmt.executeQuery(query);
// Ergebnis verarbeiten
while(rs.next())
  System.out.println(
    rs.getString("VORNAME") + " " +
    rs.getString("NACHNAME"));
// Statement und ResultSet schließen
stmt.close();
rs.close();
...
// Verbindung schließen
con.close();
```

5.4.1 Laden eines JDBC-Treibers

JDBC-Treiber können zur Laufzeit geladen werden. Das Laden einer Klasse wird mit der Klassenmethode `java.lang.Class.forName()` durchgeführt. Im Beispiel oben wird dabei die Klasse `sun.jdbc.odbc.JdbcOdbcDriver` geladen und anschließend mit der Methode `newInstance()` das entsprechende Treiberobjekt erzeugt. Für das Anmelden beim Treiber-Manager `java.sql.DriverManager` muß das resultierende Objekt in den Datentyp `java.sql.Driver` umgewandelt werden. Der Typ `Driver` definiert in JDBC lediglich eine Schnittstelle (ein Interface), die der jeweilige Treiber implementieren muß, bei Verwendung der JDBC-ODBC Bridge ist dies die Klasse `sun.jdbc.odbc.JdbcOdbcDriver`.

5.4.2 Der Verbindungsaufbau

Der Verbindungsaufbau wird durch den Treiber-Manager durchgeführt und erfolgt beim Aufruf der Klassenmethode `DriverManager.getConnection()`. Für das Auffinden einer lokalen Datenbank oder eines DBMS im

Netz wird die Datenbankadresse (*Connectstring*) als Parameter übergeben, die der zugehörige JDBC-Treiber akzeptiert. Das Format dieser Datenbankadresse ist daher vom jeweiligen Treiber abhängig. Für die Anmeldung beim DBMS wird außerdem der Benutzer (Login) und das Paßwort an den Treiber-Manager übergeben. Der Rückgabeparameter von `getConnection()` ist vom Typ `java.sql.Connection` und repräsentiert die Verbindungen zur Datenbank. Auf diese Art können mehrere Verbindungen gleichzeitig bestehen und zum Datenaustausch benutzt werden.

Jede Verbindung entspricht einer Datenbanksitzung, welche bis zum Schließen durch Aufruf der Methode `close()` aktiv bleibt. Während dieser Zeit können beliebig viele Transaktionen ausgeführt werden. Das Transaktionsmanagement erfolgt grundsätzlich durch das Senden der entsprechenden SQL-Kommandos. Zusätzlich stellt die Verbindungsklasse `Connection`-Methoden zur Verfügung, die zum Bestätigen einer Transaktion (`commit()`), zum Rücksetzen der aktuellen Transaktion (`rollback()`) und zum Aktivieren beziehungsweise Deaktivieren des autocommit-Modus (`setAutoCommit(boolean)`) verwendet werden können.

5.4.3 SQL-Kommandos an das DBMS senden

Das Senden von SQL-Kommandos erfolgt durch Verwendung der Schnittstelle `java.sql.Statement`. Objekte, die diese Schnittstelle implementieren, werden durch Aufruf der `Connection`-Methode `createStatement()` erzeugt und als Rückgabeparameter an das aufrufende Programm übergeben. Das Objekt vom Typ `Statement` implementiert drei Methoden, die zum Ausführen von SQL-Kommandos verwendet werden können:

1. Methode für das Senden von Datenbankabfragen:
   `ResultSet executeQuery(String query)`
   Der Rückgabeparameter repräsentiert die Menge der Datensätze, die eine Abfrage ergibt. Die Verarbeitung des Ergebnisses einer Abfrage wird im Abschnitt 5.4.4 erläutert.
2. Methode zum Ändern von Datenbankinhalten mit den SQL-Kommandos `UPDATE`, `INSERT` und `DELETE`:
   `int executeUpdate(String changes)`
   Der ganzzahlige Rückgabeparameter gibt Auskunft über die Anzahl der manipulierten Datensätze.
3. Methode zum Absenden beliebiger SQL-Kommandos:
   `boolean execute(String sql)`
   Grundsätzlich können mit dieser Methode beliebige SQL-Kommandos an das DBMS übergeben werden, auch Kommandos zum Abfragen oder Ändern. Ansonsten ist diese Methode für meist datenbankspezifische SQL-Kommandos gedacht, wie zum Beispiel

für die Abwicklung von komplexen Transaktionen oder zum Ändern einer Tabellenstruktur. Der logische Rückgabeparameter zeigt an, ob durch das SQL-Kommando ein Objekt vom Typ `ResultSet` generiert wurde, also Datensätze zur eventuellen Weiterverarbeitung vorliegen. Auf dieses Ergebnis kann durch Aufruf der Methode `getResultSet()` zugegriffen werden.

5.4.4 Abfrageergebnisse verarbeiten

Eine Datenbankabfrage mit SQL ergibt eine Menge von Datensätzen, die für die weitere Verarbeitung in Java durch ein Objekt vom Typ `java.sql.ResultSet` repräsentiert wird. Die Schnittstelle `ResultSet` definiert Methoden, die den Zugriff auf die Datensätze und deren Attributwerte ermöglicht. In der Datenbankwelt wird für ein solches Objekt der Begriff *Cursor* verwendet.

Mit der Methode `next()` erfolgt logisch gesehen die Positionierung auf den nächsten Datensatz. Erst dann sind die Attributwerte dieses Datensatzes verfügbar. Der logische Rückgabeparameter zeigt mit `true` an, daß ein Datensatz vorhanden ist. Es wird nicht automatisch auf den ersten Datensatz positioniert, d. h., `next()` muß mindestens einmal aufgerufen werden.

Für den Zugriff auf Attributwerte ist für jeden Datentyp eine eigene Methode vorgesehen, der einzige Parameter kann entweder den Attributnamen als `String` enthalten oder die Spaltennummer, wobei die Numerierung der Spalten bei 1 beginnt. Die Methode `getString()` konvertiert andere Typen als Zeichenketten in einen String:

```
String getString("VORNAME");
String getString(1);
int getInteger(...);
Date getDate(...);
InputStream getBinaryStream(...);
...
```

JDBC definiert die unterschiedlichen SQL-Datentypen in der Klasse `java.sql.Types`. Die Zuordnung von SQL-Datentypen zu Java-Datentypen wird in der folgenden Tabelle ersichtlich, wobei für jeden Java-Datentyp durch das `ResultSet` Objekt eine entsprechende `Methode (XXX getXXX())` für den Zugriff auf Attributwerte implementiert ist.

Tab. 5–1
Zuordnung von SQL-Datentypen in JDBC

SQL-Datentyp	Java-Datentyp
CHAR, VARCHAR, LONGVARCHAR	`java.lang.String,` `java.io.InputStream`
BINARY, VARBINARY, LONGVARBINARY	`byte[],` `java.io.InputStream`
BIT	`boolean`
TINYINT, SMALLINT	`short`
BIGINT	`long`
REAL	`float`
DOUBLE, FLOAT	`double`
DECIMAL, NUMERIC	`java.math.BigDecimal`
DATE	`java.sql.Date`
TIME	`java.sql.Time`
REAL	`float`
TIMESTAMP	`java.sql.Timestamp`

Für Datenbankabfragen, die beispielsweise über eine Benutzerschnittstelle eingegeben wurden, ist die Struktur der Ergebnisse zur Implementierungszeit unbekannt. Um eine generische Verarbeitung von SQL-Abfragen zu ermöglichen, wird durch JDBC der Zugriff auf sogenannte Meta-Daten erlaubt. Das Interface `ResultSet` definiert dazu die Methode `getMetaData()`, welche ein Objekt liefert, das wiederum eine Schnittstelle `java.sql.ResultSetMetaData` implementiert. Das somit erzeugte Meta-Datenobjekt ermöglicht beispielsweise, die Anzahl der Spalten und deren Datentypen festzustellen.

5.4.5 Applets und JDBC

Die Anbindung von Datenbanken im Internet und speziell im World Wide Web ist wahrscheinlich einer der wesentlichsten Punkte für die Verwendung von Internet-Technologie in Informationssystemen. Java bietet mit JDBC eine Alternative zu dynamisch generierten HTML Seiten, wo der Datenbankzugriff durch den Web-Server erfolgt. Mit Hilfe von JDBC können Applets eine direkte Datenbankverbindung herstellen, ohne den Web-Server zu belasten. Die Vor- und Nachteile der verschiedenen Varianten werden im Abschnitt *Datenbankanbindung*, S. 119, sowie in [EHMA97B] ausführlich erläutert.

Verschiedene Einschränkungen für Applets, die aus Sicherheitsgründen eingeführt wurden, müssen bei der Auswahl des JDBC-Treibers berücksichtigt werden. Da ein Applet keine Möglichkeit hat, auf lokal beim Web-Client installierte Programmbibliotheken zuzugreifen, kann beispielsweise die JDBC-ODBC Bridge nicht für Applets verwendet werden. Ein JDBC-Treiber für Applets muß daher die gesamte Funktionalität für die Kommunikation mit einer Datenbank oder eines Datenbank-Gateways implementieren. Allgemein werden vier Typen von JDBC-Treibern unterschieden:

1. Typ-1, die JDBC-ODBC Bridge, welche einen externen ODBC-Treiber verwendet, der mit der Java-Anwendung installiert werden muß.
2. Typ-2, ein JDBC-Treiber, der anstatt eines ODBC-Treibers wie in Punkt 1 auf einen datenbankspezifischen Treiber zugreift, z.B. SQLNet für Oracle.
3. Typ-3 oder auch JDBC-Net-Treiber greifen nicht direkt auf eine Datenbank zu, sondern ausschließlich indirekt über ein Datenbank-Gateway. Dieses Gateway stellt eine Mittelschicht zwischen Datenbank und Anwendung dar und wird auch als Middleware bezeichnet. Der benötigte Typ-3-Treiber hängt daher vom verwendeten Datenbank-Gateway ab und ist üblicherweise beim jeweiligen Produkt dabei.
4. Typ-4 oder *native-protocol*-Treiber stellen die effizienteste Art der Kommunikation mit einer bestimmten Datenbank dar. Dieser Treibertyp implementiert das spezifische Datenbankprotokoll und kann daher direkt mit dem DBMS kommunizieren. Typ-4-Treiber werden meistens vom Datenbankhersteller selbst angeboten, beispielsweise der JDBC Thin Driver von Oracle – siehe http://www.oracle.com/st/products/jdbc/.

Applets können nur mittels Typ-3- oder Typ-4-Treibern JDBC zur Anbindung an eine Datenbank verwenden. Durch die Vermittlerrolle eines Datenbank-Gateways erlauben Typ-3-Treiber einerseits eine flexible Anbindung an unterschiedliche Datenbankmanagementsysteme, anderseits wird die Kommunikation mit Datenbanken ermöglicht, für die keine Typ-4-Treiber existieren.

5.5 Ausnahmebehandlung

Das Behandeln von Ausnahmen ist ein relativ junges Konzept, das in Java eine starke Ähnlichkeit zu C++ hat. Das Berücksichtigen von (möglichen) Fehlern in Programmen ist oft aufwendig. Speicherüberlauf, Division durch Null, Probleme mit Peripheriegeräten usw. sind ja im vorhinein nicht bekannt und daher schwer einzuplanen. Die Grundidee der Ausnahmebehandlung ist nun, die für die Fehlerbehandlung zuständige Routine bereits im vorhinein zu definieren und dann vom Laufzeitsystem automatisch aufrufen zu lassen.

Bedenken sollte man dabei, daß nicht jeder Fehler automatisch eine Ausnahmebehandlung bedeutet: Ausnahmen sind nur jene Fehler, die an jeder Stelle im Programm zu berücksichtigen zu aufwendig wäre, also z.B. ein Hardware-Fehler beim Schreiben auf eine Festplatte. So ein Fehler kann potentiell überall auftreten, der Programmcode würde aber unleserlich und auch fehleranfällig (sic!), wenn man bei jeder Anweisung einen möglichen Platten-Crash berücksichtigen würde.

Zur Ausnahmebehandlung in C++ siehe [MEYE95]

Im Gegensatz zu C++, wo Ausnahmebehandlungen zwar zum Sprachumfang zählen, aber noch immer nicht von allen Übersetzern unterstützt werden, sind Ausnahmebehandlungen in Java ein wesentlicher Bestandteil der Sprache und des Java Frameworks.

Die wesentlichen Unterschiede zur ›klassischen‹ Fehlerbehandlung sind, daß Ausnahmebehandlungen im allgemeinen leichter lesbar sind, einen ›schöneren‹, weil besser strukturierten, Code aufweisen und durch die Objektorientiertheit der Sprache Java auch die Klassifizierung der aktivierten Ausnahmen unterstützt wird. Ein weiterer wesentlicher Vorteil von Ausnahmebehandlung liegt im Weiterreichen von Fehlern.

Wie bereits oben erwähnt, erlaubt die Objektorientiertheit von Java das ›Klassifizieren‹ von Ausnahmen. Alle Ausnahmen, die aktiviert werden, müssen vom Typ `Throwable` oder einem davon abgeleiteten sein. Im allgemeinen wird man – falls es für die Ausnahme, die aktiviert werden soll, noch keine entsprechende Klasse gibt – eine Unterklasse von `Exception` bilden.

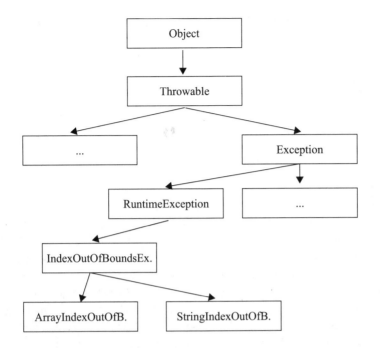

Abb. 5–10
Ausnahmen als first-class-Objekte

5.5.1 Das Verwenden von Ausnahmen

Java verlangt, daß jede Methode jene Ausnahmen, die sie zu aktivieren gedenkt beziehungsweise die in ihrem Bereich aktiviert werden, entweder spezifiziert oder behandelt.

Eine der wesentlichen Grundideen von Ausnahmebehandlung ist, daß der Programmierer eines Packages noch gar nicht weiß, welche Anforderungen der Benutzer dieses Packages an die Fehlerbehandlung stellt. Der Programmierer wird daher Ausnahmen eher ›nach oben‹ (in der Hierarchie der Methodenaufrufe) weiterleiten, als selbst diese Ausnahmen zu behandeln Damit der Benutzer nun aber auf diese Ausnahmen eingehen kann, müssen sie vom Programmierer spezifiziert werden. Die Methode exec der Klasse Runtime beispielsweise spezifiziert, daß sie Ausnahmen vom Typ IOException zu aktivieren gedenkt:

```
public Process exec(String command) throws IOException {
   return exec(command, null);
}
```

Abb. 5–11
Spezifikation von Ausnahmen

Sie spezifiziert dies durch das Schlüsselwort throws und Angabe jener Klassen, die als Ausnahme aktiviert werden können. Der Benutzer, der die Methode exec der Klasse Runtime verwenden will, muß sich nun um das Auffangen der Ausnahme beim Aufruf der Methode exec kümmern. Dies ist für alle durch das Schlüsselwort `throws` spezifizierten Ausnahmen erforderlich; der Compiler würde sonst eine Fehlermeldung ausgeben. Beispiel:

```
...
Runtime r = Runtime.getRuntime();
try {
  r.exec("/usr/bin/cat /etc/passwd");
}
catch (IOException io) {
  System.out.println("IOException " + io);
}
...
```

Der Aufruf der Methode `exec` muß in einen `try`-Block verpackt werden, und die möglichen Ausnahmen müssen in einem `catch`-Block ›aufgefangen‹ werden.

Java unterstützt verschiedene Arten von Ausnahmen (siehe auch Klassenhierarchie in Abbildung 5–12). Ausnahmen vom Typ `RuntimeException` – wie z.B. Indizierungsfehler – können an jeder Stelle und jederzeit auftreten; der Compiler verlangt daher nicht, daß Ausnahmen vom Typ `RuntimeException` oder einem davon abgeleiteten behandelt werden. Der naheliegende Schluß, alle benutzerdefinierten Ausnahmen von der Klasse `RuntimeException` abzuleiten, ist allerdings nicht sinnvoll (siehe *Eigene Klassen für die Ausnahmebehandlung*, S. 168).

Damit Ausnahmen behandelt werden können, müssen sie aktiviert werden. Dies kann einerseits durch Framework-Klassen geschehen (siehe obiges Beispiel) oder aber durch vom Benutzer selbst erstellte Klassen. Verwendet wird jeweils das Schlüsselwort `throw` (ohne ›s‹).

Im Vergleich zu den Ausnahmemechanismen in C++ weist Java eine Besonderheit auf: das `finally`-Statement. Der `finally`-Block folgt auf den `catch`-Block und wird unabhängig vom Ergebnis des `try`-Blocks ausgeführt. Der `finally`-Block kann dazu verwendet werden, sogenannten clean-up code zu programmieren. Dieser Code setzt das Objekt, für das die Ausnahme aktiviert wurde, wieder in einen konsistenten Zustand. Falls also bei einer Netzwerkanwendung beispielsweise eine `ProtocolException` auftritt und eine Methode beendet wird, so sollte auch der entsprechende Socket geschlossen werden.

Das Schließen des Sockets in den `catch`-Block zu geben ist insofern nicht zielführend, als es dann ja in jeden `catch`-Block eingefügt werden muß und es daher zu Codeverdoppelung kommt. Bei Anwendung der `finally`-Anweisung ist zu beachten, daß diese Anweisung in jedem Fall ausgeführt wird, also unabhängig davon, ob

- ❑ der `try`-Block normal durchlaufen wurde
- ❑ eine Ausnahme aktiviert wurde, die behandelt wurde
- ❑ eine Ausnahme aktiviert wurde, die nicht behandelt wurde

❏ ein break-, return- oder continue-Statement die Bedingung des try-Blocks auslöste

5.5.2 Java-Klassen für die Ausnahmebehandlung

Für das Behandeln von Ausnahmen sind die Java-Framework-Klassen Throwable, Error, Exception und Runtime die wesentlichen Grundbausteine.

Die Klasse Error dient dazu, schwerwiegende Fehler als Ausnahmen zu aktivieren. Diese Fehler haben meist eine Beendigung des Programms zur Folge. Beispielsweise würde die Java Virtual Machine eine Instanz der Klasse Error aktivieren, falls ein Fehler beim dynamischen Linken auftritt. Benutzer sollten im allgemeinen solch schwerwiegende Fehler weder behandeln noch aktivieren.

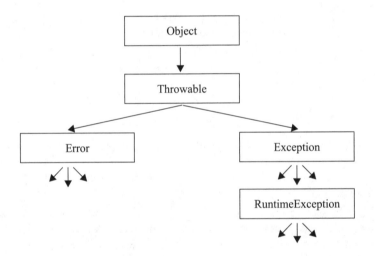

Abb. 5–12
Java-Framework-Klassen für die Ausnahmebehandlung

Die Klasse Exception und die von ihr abgeleiteten Klassen behandeln jene Arten von Fehlern, die Probleme anzeigen, die nicht so schwerwiegend sind, wie Fehler vom Typ Error, und daher vom laufenden Programm behandelt werden können.

Eine besondere Unterklasse von Exception ist die Klasse RuntimeException. Sie behandelt jene Laufzeitfehler, die ›relativ oft‹ auftreten und deren Behandeln und Überwachen an jeder Stelle im Programm fehleranfällig (sic!) und laufzeitintensiv wäre. Alle Arten von Indizierungsfehlern, arithmetische Fehler wie die Division durch Null oder das Referenzieren eines Null-Zeigers zählen zu diesen Fehlerarten. Der Java-Compiler erlaubt daher für alle Ausnahmen vom Typ RuntimeException oder einem davon abgeleiteten, daß sie nicht durch ein catch-Statement behandelt werden müssen.

5.5.3 Eigene Klassen für die Ausnahmebehandlung

Die Behandlung von Ausnahmen stellt einen essentiellen Teil der Programmiersprache Java und des Frameworks dar. Wenn ein Programmierer daher ein eigenes Package oder auch eine eigene Klasse für andere zur Verfügung stellt, sollte er sich auch um die Definition und Implementierung von Klassen für die Ausnahmebehandlung kümmern.

Grundsätzlich bieten sich dabei zwei Varianten an:

1. Verwenden bestehender Klassen für die Ausnahmebehandlung
2. Erstellen eigener Klassen

Die Entscheidung für (2) kann durch Beantwortung der folgenden Fragen erleichtert werden. Falls eine der Fragen mit ›ja‹ beantwortet werden kann, so ist das Erstellen eigener Klassen für die Ausnahmebehandlung meist zielführender:

- ❑ Sollen Ausnahmen aktiviert werden, die von den bestehenden Framework-Klassen nicht abgedeckt sind?
- ❑ Würde es den Benutzern des Packages helfen, wenn sie Ausnahmen dieses Packages von Ausnahmen anderer Packages unterscheiden könnten?
- ❑ Werden im Package mehrere verwandte Ausnahmetypen aktiviert?
- ❑ Sollte das Package unabhängig sein?

Ist die Entscheidung zugunsten einer oder mehrerer eigenen Klassen für Ausnahmebehandlung gefallen, muß außerdem entschieden werden, von welcher Basisklasse die eigenen Klassen abgeleitet werden sollen (siehe Abbildung 5–12).

Mindestens muß die Klasse von `Throwable` abgleitet werden, weil sie sonst nicht als Ausnahme aktiviert werden kann. Java unterteilt jedoch weiter in die Klassen `Error` und `Exception`, wobei – wie bereits erwähnt – `Error` schwerwiegenden Fehlern der Java Virtual Machine vorbehalten bleiben sollte. `Exception` wiederum hat eine spezielle Unterklasse, nämlich `RuntimeException`, die zur Folge hat, daß Ausnahmen dieses Typs nicht zwingend durch `catch`-Statements ›aufgefangen‹ werden müssen. Dieses Argument sollte aber die Entwurfsentscheidung zugunsten oder zuungunsten von `RuntimeException` nicht beeinflussen!

Abschließend bleibt noch die Namensgebung der neuen Klassen zur Ausnahmebehandlung. Hierbei sollte der Java-Namenskonvention gefolgt werden und Klassennamen mit ›Exception‹ enden (z.B. `MyException`).

5.5.4 Zur Problematik von Ausnahmebehandlungen

Bei der Behandlung von Ausnahmen sind grundsätzlich folgende Fälle zu unterscheiden:

- Ausnahmebehandlung während der Ausführung von Methoden: Dabei ist zu beachten, daß lokale Objekte einer Methode beziehungsweise das Objekt selbst in einem konsistenten Zustand ›verlassen werden‹.

    ```
    ...
    sizeOfStack = sizeOfStack + 1;
    //new aktiviert new OutOfMemException()
    stack[ sizeOfStack] = new StackObject();
    ...
    ```
    Wenn beispielsweise in einer Methode Push einer Klasse Stack die Ausnahme OutOfMemoryException auftritt und vorher die Variable sizeOfStack bereits erhöht wurde, wird das Stack-Objekt in einem inkonsistenten Zustand verlassen. Die Anzahl, die in sizeOfStack gespeichert wird, stimmt mit der tatsächlichen Anzahl nicht überein. Abhilfe schafft entweder *clean-up* Code im finally-Statement – wobei zu beachten ist, daß das finally-Statement in *jedem* Fall durchlaufen wird! – oder beachten der Reihenfolge der Aufrufe durch den Programmierer.

- Aktivieren einer Ausnahme einer Ausnahme: Im Gegensatz zu C++ [MEYE95] ist in Java das Aktivieren von Ausnahmen von Ausnahmen möglich. Es können so lange Ausnahmen aktiviert werden, bis die erste Ausnahme nicht durch ein catch-Statement ›aufgefangen‹ wird.

- Ausnahmebehandlung und Parameterübergabe: Im Unterschied zu normalen Funktionsaufrufen, wo das Programm nach Beendigung der Funktion wieder zur aufrufenden Stelle zurückkehrt, wird bei einer Ausnahmebehandlung nicht an das aufrufende Programmstück zurückverzweigt. Dadurch werden Parameter immer kopiert, und es erfolgt daher immer ein call-by-value. Parameterübergaben bei Ausnahmebehandlungen sind somit langsamer als normale Parameterübergaben.

- Ausnahmebehandlung und Polymorphismus: Java verfolgt ebenso wie C++ die Strategie des first-fit. Diese Strategie besagt, daß, falls am Beginn einer Reihe von catch-Statements, die auf einen try-Block folgen, die Oberklasse einer Instanz einer Klasse steht, deren catch-Block durchlaufen wird. Der Java-Compiler warnt jedoch vor solchen Situation durch einen ›Statement not reached‹-Fehler.

Eine generelle Problematik der Verwendung von Ausnahmen entsteht durch das Abgeben von Verantwortung. Durch das Verwenden von Ausnahmen ist der Benutzer von vordefinierten Packages gefordert, sich selbst um Fehler, d.h. um Ausnahmen, zu kümmern. Ein Programmierer eines Packages kann andererseits wiederum selbst durch die Definition von Ausnahmen erzwingen, daß Benutzer ›seines‹ Packages sich um die Ausnahmebehandlung kümmern. Er gibt dadurch Verantwortung ab. Durch die konsequente Verwendung von Ausnahmen in den Standard Java Packages wird dies zusätzlich verstärkt.

5.5.5 Die Kosten von Ausnahmebehandlung

Die Kosten von Ausnahmebehandlung liegen vor allem in der Verwaltung der für Ausnahmebehandlung notwendigen Daten durch den Compiler und andererseits in der Implementierung in `try`-Blocks und `catch`-Statements. Letztere vergrößern den Objektcode bei C++ um etwa 5 – 10 % und verlangsamen die Laufzeit um etwa denselben Faktor [MEYE95]. Ähnliche Werte sollten für Java gelten. Die Kosten für das Aktivieren von Ausnahmen sind eher gering, da ja Ausnahmen eben Ausnahmen und nicht die Regel sein sollten und daher selten auftreten. Falls man daher gezwungen ist, viel Gebrauch von Ausnahmen zu machen, sollte man sich überlegen, ob nicht ein Re-Design notwendig ist.

Generell kann man festhalten, daß das Verwenden von Ausnahmen den Programmentwurf beeinflußt. Beispielsweise wird sich beim Entwurf grafischer Schnittstellen die Kommunikation zwischen *View* und *Model* ändern (zu Model-View-Controller siehe *Allgemeines zu Application Frameworks*, S. 63). Das Model muß mit der View nicht mehr direkt kommunizieren, um Fehler beziehungsweise fehlerhafte Zustände weiterzuleiten: Es aktiviert ›einfach‹ Ausnahmen. Die View (beziehungsweise strenggenommen der *Controller*) verarbeiten dieses Ausnahmen und zeigen sie dem Benutzer an, z.B. in Form einer Fehlermeldung oder aber auch in einem Logfile (denken Sie an einen FTP-Server). Die eigentliche Server-Funktionalität, also das Model beziehungsweise teilweise der Controller, ist ja unabhängig von der Benutzerschnittstelle (der View). Probleme können dann auftreten, wenn vordefinierte Java-Klassen oder -Methoden die Aktivierung von Ausnahmen nicht zulassen (z.B. die Methode `Run()` der Klasse `Thread`).

5.6 Erweiterbarkeit

Erweiterbarkeit beziehungsweise das Abfragen von Funktionalität zur Laufzeit oder auch dynamisches Konfigurieren sind wesentliche Merkmale der Java-Philosophie (siehe auch *G'schichterln über Java ...*, S. 2). Auch die derzeitige Entwicklung Javas zeigt die Wichtigkeit der Erweiterbarkeit auf: verbesserte Einbindung von nativen Methoden, die Komponentenarchitektur von JavaBeans (*JavaBeans*, S. 149) oder auch Laufzeitdienste wie Debugger, Inspektoren oder die Objektserialisierung in Java (*Objektserialisierung*, S. 59), um nur einige Beispiele zu nennen. Ab der Version 1.1 des Java Development Kit (JDK) findet sich daher ein eigenes Package mit Namen ›Core Reflection‹ – `java.lang.reflect`, das eine Schnittstelle zwischen Anwendungsprogrammierung und virtueller Maschine darstellt.

Falls es der Sicherheits-Manager erlaubt (siehe auch *Sicherheit*, S. 175), können folgende Funktionen über diese Schnittstelle realisiert werden:

- Erzeugen von Klassen und Feldern zur Laufzeit
- Zugriff und Modifikation von Objekten und auch Klassen
- Aufruf von Methoden
- Zugriff und Modifikation von Feldelementen

Die Bindung von Klassenlader an den Sicherheits-Manager ist derzeit, d.h. bis einschließlich Version 1.1 von JDK, sehr eng. Das bedeutet, daß der Klassenlader und damit die erlaubte Funktionalität des Packages direkt vom Sicherheits-Manager abhängig sind; der Sicherheits-Manager wiederum ist statisch, er kann also einmal instanziiert, aber zur Laufzeit nicht mehr geändert werden. Künftige Versionen (1.2) sind dahingehend geändert worden, daß Sicherheitsfragen mit Hilfe einer eigenen (externen) Datei, die die Sicherheitspolitik spezifiziert, verwaltet werden. Diese Datei definiert sogenannte Schutzbereiche (Protection Domains), die wiederum auf Klassen zugewiesen werden. Jede Klasse gehört zu genau einem Schutzbereich, der die Zugriffe regelt. Auf diese Art wird die direkte Bindung von Klassenlader und Sicherheits-Manager vermieden.

JDK 1.2 ist derzeit (April 1998) als Beta-Version verfügbar

5.6.1 Funktionsumfang von Java Core Reflection

Zu Sicherheit in Java siehe auch Abschnitt 5.7

Das Java Core Reflection Package stellt Klassen und Methoden zur Verfügung, die Modell und Verhalten von Klassen, Instanzen und Methoden implementieren beziehungsweise kapseln:

- Die Klassen `Field`, `Method` und `Constructor` erlauben einen typsicheren Zugriff auf Klassen, Instanzen und auch Instanzvariablen.
- Zusätzliche Methoden der Klasse `Class` erlauben das Erzeugen neuer Instanzen der Klassen `Field`, `Method` und `Constructor`.
- Die Klasse `Array` erlaubt das Erweitern von Feldern.

❑ Die Klasse `Modifier` erlaubt das Abfragen von Statusinformationen von Methoden, Klassen und Objekten.

Des weiteren wurde das Package `java.lang` um die Klassen `Byte`, `Short` und `Void` erweitert, um auch diese Datentypen konsistent abbilden zu können.

Wie bereits erwähnt, können zwei grundsätzliche Anwendungskategorien für das Core Reflection Package unterschieden werden. Die eine Kategorie setzt sich aus Anwendungen zusammen, die an der konkreten Schnittstelle von Klassen und Methoden zur Laufzeit interessiert sind. Solche Anwendungen stellen beispielsweise die JavaBeans dar (*JavaBeans*, S. 149), aber auch Inspektoren, die das Prüfen von Variablenwerten oder des Typs von Objekten zur Laufzeit erlauben, werden auf diese Funktionalität zurückgreifen. Die zweite Kategorie von Anwendungen wird vor allem am strukturellen Aufbau von Klassen und Objekten zur Laufzeit interessiert sein: Debugger beispielsweise oder Klassen-Browser oder die Objektserialisierung von Java.

Die Sicherheit wird innerhalb dieses Packages zweifach geprüft. Einerseits unterliegen alle Methoden dem Sicherheitskonzept des installierten Sicherheits-Managers. Zusätzlich implementiert das Package jene Sicherheitsmechanismen, die im Sprachumfang von Java bereits enthalten sind, also das Definieren der Zugriffsrechte mit Hilfe der Schlüsselwörter `public`, `private` oder `protected`. Nur für den Fall, daß beide Sicherheitsmechanismen den Zugriff erlauben, erfolgt ein Aufruf beziehungsweise das Ausführen der gewünschten Methode; ansonsten wird eine Ausnahme aktiviert. Folgendes Beispiel gibt sämtliche zur Laufzeit bekannten Methoden der Klasse Objekt bekannt und ruft sie auf:

Abb. 5–13
Dynamisches Abfragen und Aufrufen von Methoden

```
import java.lang.reflect.*;
import java.io.*;
public class CL {
public static void main(String argv[]) throws Exception {

  Class c = Class.forName("java.lang.Object");
  Method ms[] = c.getMethods();
  Object o = new Object();
  for (int i=0; i<ms.length; i++) {
    System.out.println("Method "+i+" "+ms[i]);
    ms[i].invoke(o, argv);
  }
}
}
```

Der Aufruf mit `java CL` ergibt folgende Ausgabe:

```
Method 0 public final native java.lang.Class
java.lang.Object.getClass()
Method 1 public native int java.lang.Object.hashCode()
Method 2 public boolean
  java.lang.Object.equals(java.lang.Object)
  java.lang.IllegalArgumentException:
```

```
wrong number of arguments
   at java.lang.reflect.Method.invoke(Native Method)
   at CL.main(CL.java:12)
```

Das Programm aktiviert beim Ausführen der Methode `equals()` eine Ausnahmebedingung, weil die Anzahl der zur Laufzeit übergebenen Argumente nicht mit jener übereinstimmt, mit der diese Methode definiert wurde. Der Grund liegt darin, daß `invoke()` eine Anzahl von Argumenten aufnehmen kann, aber erst zur Laufzeit geprüft wird, ob die tatsächlich ausgeführte Methode diese Argumente versteht. In den ersten beiden Fällen (`getClass()` und `hashCode()`) waren jeweils keine Argumente erforderlich, d.h., `argv` wurde ignoriert. Man müßte daher das Beispiel dahingehend verfeinern, daß man Rückgabetyp sowie Parametertyp (und eventuell auch mögliche Ausnahmebedingungen) mit den Methoden `getReturnType()`, `getParameterTypes()` und `getExceptionTypes()` abfragt und spezifisch Methoden aufruft.

5.6.2 Entwicklung kompatibler Anwendungen

Der im obigen Abschnitt beschriebene Mechanismus des Abfragens von Schnittstellen beziehungsweise des Aktivierens von Ausnahmen kann dazu verwendet werden, kompatible Anwendungen, die die Version der jeweiligen virtuellen Maschine unterstützen, zu implementieren. Dabei soll nicht unerwähnt bleiben, daß diese Mechanismen aus Sicht des Softwareengineering nicht unbedingt ›sauber‹ sind. In der Praxis stellen sie allerdings in manchen Fällen die einzige Möglichkeit dar, kompatible Programme zu erstellen.

Weitere Infos zum Thema Kompatibilität findet man unter: http://java.sun.com/products/jdk/1.1/compatible/index.html

Die Frage der Kompatibilität hat im Zusammenhang mit Java eine besondere Bedeutung: Java erhebt ja den Anspruch, besonders flexibel im Hinblick auf Änderungen zu sein, und verfügt überdies über das Konzept einer virtuellen Maschine, die den Anwendungsprogrammierer bei seinem Ziel des Erreichens portabler und sicherer Anwendungen als zusätzliche Schicht unterstützen soll. Leider ist zwar der Bytecode standardisiert, nicht aber die Methoden und Klassen des Frameworks, die auf die virtuelle Maschine aufbauen. Da auch zwischen den Versionen des JDK nicht immer Kompatibilität besteht (siehe *Einführung in Java*, S. 9) und Entwickler gerne zusätzliche Funktionalität der neuesten Versionen verwenden wollen, ergibt sich das Erfordernis nach Berücksichtigung der Laufzeitumgebung.

Grundsätzlich können folgende Arten der Berücksichtigung der Laufzeitumgebung in Java unterschieden werden:

❑ Gemeinsamer Quellcode, der verschiedene Versionen berücksichtigt

- Dynamisches Laden des geeigneten Programms
- Mehrere Versionen, der Benutzer trifft die Auswahl

Die erste Variante berücksichtigt verschiedene Versionen der virtuellen Maschine im Quellcode unter Verwendung von `try`- und `catch`-Anweisungen. Diese Methode baut darauf auf, daß verschiedene Versionen über verschiedene Methoden verfügen (siehe auch oben). Man könnte daher folgendes Codestück in ein Applet einbauen:

```
try {
  d = getSize();  //1.1 code
  l.setText("You are using JDK release 1.1");
  doLayout();     //1.1 code
}
catch (NoSuchMethodError e) {
  d = size();     //1.0.X code
  l.setText("You are using JDK release 1.0");
  layout();       //1.0.X code
}
```

Das Berücksichtigen künftiger Versionen verkompliziert die Entwicklung solcher Programme. Auch könnte beispielsweise das Package für Ausnahmen beziehungsweise der Typ der aktivierten Ausnahme geändert werden. Der naheliegende Schluß, die Versionsinformation vom System zu erfragen, ist leider nicht immer zielführend, weil es nicht immer eine 1:1-Beziehung zwischen der Version der Laufzeitumgebung und der vom Framework unterstützen Version gibt. Im Zweifelsfall sollte man daher sicherstellen, daß die gewünschte Klasse beziehungsweise Methode auch wirklich vorhanden ist.

Das ist auch Kernidee der zweiten Variante. Eine zusätzliche Schicht wird in Form eines Applets eingeschaltet, das die derzeitige Version der Laufzeitumgebung ermittelt. Je nach Version wird dann das ›wirkliche‹ Applet geladen. Der wesentliche Unterschied zur zuvor gezeigten Variante liegt somit darin, daß bestehende Anwendungen ohne Änderung weiterverwendet werden können. Ein Beispiel findet sich unter http://java.sun.com/applets/SortDemo/example1.html. Abhängig von der JDK-Version des Browsers, wird das entsprechende Demo Applet geladen. Der Quellcode dafür könnte folgendermaßen aussehen:

```
try {
  Class c = Class.forName("java.awt.AWTEvent");
  //wennn diese Klasse existiert, sollte es
  //Version 1.1 von JDK sein
}
catch (Throwable e) {
  //falls nicht, wird wiederum eine Ausnahme
  //aktiviert
  ...
}
```

Obiges Beispiel baut also ebenfalls auf dem Mechanismus des Aktivierens von Ausnahmen auf. Ebenso könnte eine Anweisung die Versionsnummer abfragen und entsprechend die jeweilige Klasse laden. Es wären dann aber eine ganze Reihe von if- und else-Anweisungen notwendig, da wie erwähnt nicht unbedingt eine 1:1-Beziehung zwischen JDK-Version und der Version der virtuellen Maschine besteht.

Der Vollständigkeit halber sei noch eine dritte Möglichkeit erwähnt: Man implementiert einfach mehrere Versionen eines Programms und läßt die Benutzer die Entscheidung treffen. Eine ähnliche Vorgangsweise findet man teilweise auch auf Web-Seiten, die mit oder auch ohne Frames gestartet werden können.

5.7 Sicherheit

Java erhebt den Anspruch, auf Sicherheit hin entworfen worden zu sein, und wird daher auch besonders streng auf Sicherheitsaspekte hin überprüft. Die Ursache darin liegt nicht zuletzt in dem Java zugrundeliegenden technologischen Konzept, nämlich Programme von einem Server zu laden und dann lokal auszuführen (zum Beispiel in Form von über das WWW geladenen Applets). Das Programmieren in Java erfordert somit auch vom Entwickler gute Kenntnisse der Sicherheitskonzepte sowohl der Sprache als auch der gesamten Umgebung. Aber auch der ›gewöhnliche‹ Surfer im Internet möchte mit den Sicherheitsaspekten vertraut sein: Java-Applets sind in der Zwischenzeit so weit verbreitet, daß Benutzer, die die Ausführung von Java-Code auf ihren Browsern ausschalten, auf eine ganze Reihe hervorragender Web-Seiten verzichten. Wir haben den Sicherheitsaspekten von Java daher diesen Abschnitt gewidmet.

Der Begriff Sicherheit ist sehr umfassend und daher auch vielfältig zu verstehen. Wir wollen Sicherheit als einen Zustand beschreiben, der ›möglichst frei‹ von Bedrohungen ist. Warum ›möglichst frei‹ und nicht gleich ›frei‹? Weil hundertprozentige Sicherheit nicht möglich sein wird beziehungsweise immer auch eine Frage der Kosten ist. Wenn man daher ein sicheres System haben will, muß man zuallererst die möglichen Bedrohungen berücksichtigen. Zu diesen Bedrohungen zählen [McMA97]:

Zusätzliche Informationen zum Thema Sicherheit findet man unter: http://www.javasoft.com/doc/language_environment/Security.doc.html sowie http://www.javasoft.com/sfaq/

- ❏ Enthüllungen (›disclosure‹): Durch Preisgeben von Information beziehungsweise Daten
- ❏ Zerstörung: In Form von permanenten Beschädigungen des Systems, also beispielsweise das Löschen von Dateien
- ❏ Fälschung (›forgery‹): Darunter versteht man, daß die Urheberschaft des Benutzers mißbräuchlich verwendet wird. Zum Beispiel könnte eine E-Mail unter falschem Namen gesendet werden.

- Viren, Trojanische Pferde, Würmer (›worms‹): Programme, die auf verschiedenste Arten Schaden anrichten. Viren modifizieren andere Programme, einerseits, um sich zu verbreiten andererseits auch, um Schaden anzurichten. Trojanische Pferde geben vor, das gewünschte Verhalten zu erfüllen, in Wirklichkeit tun sie aber (heimlich) andere Dinge. Sogenannte Würmer sind Programme, die sich von System zu System bewegen und Daten verarbeiten beziehungsweise sammeln.
- Diebstahl: In diesem Zusammenhang ist nicht so sehr der physische Diebstahl eines Computers gemeint, sondern der Diebstahl von wertvollen Daten zum Beispiel in der Form von elektronischem Geld (›digital cash‹). Diese Art der Bedrohung ist zur Zeit noch verhältnismäßig selten.

Java-Programme (Applets) werden in Form von Bytecodes – beispielsweise über einen Browser – geladen. Daß eine WWW-Seite ein Programm enthält und was dieses Programm macht, merkt der Benutzer erst, wenn es bereits geladen ist. Um Benutzer daher vor den erwähnten Gefahren zu bewahren, setzt das Sicherheitskonzept Javas an folgenden vier Punkten an [TEMP96]:

1. An der Programmiersprache Java selbst
2. An der Java Virtual Machine (JVM)
3. Am Lader für Java-Klassen
4. An der Java-Klassenbibliothek

5.7.1 Sicherheit und die Programmiersprache Java

Bei der Definition der Sprache Java wurde besonderer Wert darauf gelegt, sprachbezogene Sicherheitslücken, wie sie aus C und C++ bekannt sind, zu schließen. Zu den Sicherheitsmerkmalen der Programmiersprache Java zählen:

- Keine Zeigerarithmetik, sondern echte Felder mit Indexprüfung
- Keine ungeprüften Typumwandlungen, d.h., ein Zeiger darf immer nur auf Objekte jener Typen zeigen, die seinem Typ entsprechen
- Sichere Speicherverwaltung durch automatische Garbage Collection (Speicherrückgewinnung). Es gibt also kein `delete` oder `free()` wie in C++ oder C.
- Ausnahmebehandlung (›Exception Handling‹) im Sprachumfang bereits enthalten. Durch Ausnahmebehandlung können zwar nicht unbedingt sicherere Programme erstellt werden, es kann aber im Falle des Falles leichter in einen sichereren Zustand verzweigt werden.
- Erzwungene Initialisierung von Variablen durch den Übersetzer

Umgehen kann man diese Sicherheitsmaßnahmen durch einen manipulierten Compiler oder durch Manipulation des erzeugten Bytecodes vor der Übertragung.

5.7.2 Sicherheit und die Java Virtual Machine (JVM)

Das Gewährleisten der Sicherheit zur Laufzeit ist Aufgabe der Java Virtual Machine (JVM). Diese bedient sich des Java-Zwischencodes. Der Java-Zwischencode enthält mehr Informationen als nötig. Überdies erfolgen beispielsweise Indexprüfungen auch zur Laufzeit, und außerdem wird die Typinformation von Variablen zur Laufzeit geprüft.

Um trotz der Prüfungen möglichst effizient zu sein, verwendet die Java Virtual Machine einen sogenannten *Bytecode-Verifier*, der bereits beim Laden von Klassen Prüfungen durchführt (siehe Abbildung 5–14).

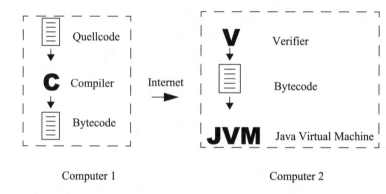

Abb. 5–14
Java-Bytecode und Verifikationsprozeß [HOFF96]

Da ja auch der Verifier selbst Rechenleistung benötigt, werden standardmäßig nur über das Netzwerk geladene Klassen geprüft. Wurde eine Klasse durch den Verifier gecheckt, so gilt für sie:

- Kein Operanden-Stack-Überlauf mehr möglich
- Alle Operationen werden auf Operanden mit korrektem Typ angewendet.
- Keine unzulässigen Typkonversionen
- Einhalten der Zugriffsrechte auf Felder (`public`, `protected`, `private`)
- Gültige Versionsnummer
- Fehlen zusätzlicher Daten in der Datei

Umgangen werden können diese Prüfungen durch die Einbindung von ›nativen‹ Methoden, also etwa C-Funktionen. Native Methoden dienen im allgemeinen dazu, die Geschwindigkeit der Programmausführung zu verbessern oder um spezifische Schnittstellen zu programmieren. Native Methoden sind nicht portabel und müssen explizit installiert und geladen werden (Näheres dazu in *Der Java C-Schnittstellengenerator* `javah`, S. 39). Die JVM erlaubt die Ausführung dieser Methoden, kann aber dabei die Sicherheit, die für Java-Code gilt, nicht garantieren.

5.7.3 Sicherheit und der Java-Klassenlader

Wurde eine Klasse vom *Verifier* akzeptiert, so fügt sie der Klassenlader im entsprechenden Namensraum ein. Ein *Namensraum* ist eine Menge von Klassen, die eine gemeinsame Herkunft hat. Es gibt einen Namensraum für alle lokalen Klassen und für jede Netzwerkadresse einen weiteren. Dadurch sind mehrere Klassen mit gleichem Namen – aber unterschiedlicher Herkunft – möglich. Klassen sind dann lokal, wenn sie über die in `CLASSPATH` spezifizierten Pfade erreicht werden können. Sonst sind sie nicht lokal, auch wenn sie auf der lokalen Platte liegen.

Durch die verschiedenen Namensräume ist es nicht möglich, gewisse Klassen auszublenden oder zu überlagern. Der Klassenlader sucht bei Klassennamen immer zuerst im lokalen Namensraum und erst dann in den Namensräumen des Netzwerks. Somit haben auch die Standarddklassen der Java-Klassenbibliothek Vorrang gegenüber Netzwerkklassen.

5.7.4 Sicherheit und die Java-Klassenbibliothek

Die Java-Klassenbibliothek ist das vierte Element der Java-Sicherheitsmechanismen. Der Beitrag der virtuellen Maschine zur Sicherheit ist dabei, daß sicherheitsrelevante Operationen – z.B. das Lesen der `/etc/passwd`-Datei – bis einschließlich der Version 1.1 des JDK immer über einen sogenannten `SecurityManager` erfolgen müssen. Die Klasse `SecurityManager` darf maximal einmal im System existieren und kann nicht überschrieben werden. So führen die Anweisungen z.B in einer `init()`-Methode eines Applets

```
...
SecurityManager sec = System.getSecurityManager();
System.out.println("SecurityManager = " + sec);
System.setSecurityManager(new MySecurityManager());
```

zur Ausnahmebedingung

```
java.lang.SecurityException: SecurityManager already set
   at java.lang.System.setSecurityManager(System.java)
   at TicTacToe.init(TicTacToe.java:149)
   at sun.applet.AppletPanel.run(AppletPanel.java:259)
   at java.lang.Thread.run(Thread.java)
```

5.7 Sicherheit

Dazu muß man wissen, daß Internet-Browser bereits eine Instanz von `SecurityManager` geladen haben und man diese nicht einfach ersetzen kann.

Im folgenden Beispiel wird versucht, die Paßwortdatei `/etc/passwd` auszulesen. Auch die Ausführung dieses Applets führt zu einer Ausnahmebedingung:

```
...
public class execTest extends Applet {
  public void paint(Graphics g) {
    try {
      Runtime.getRuntime().
          exec("/usr/bin/cat /etc/passwd");
      g.drawString("Successful!", 10, 10);
    }
    catch (SecurityException e) {
      g.drawString("Security exception!", 10, 10);
    }
    catch (IOException e) {
      g.drawString("I/O exception!", 10, 10);
    }
...
```

Abb. 5–15
Lesen der Datei /etc/passwd

Der Java-Appletviewer, `java` oder der Internet-Browser verwenden jeweils unterschiedliche `SecurityManager`. Der `SecurityManager` von Netscape beispielsweise ist sehr einfach und restriktiv (er erlaubt generell keine Dateioperationen), `java` hingegen verfügt standardmäßig über *keinen* eigenen `SecurityManager` – und setzt dadurch (lokal) keine Einschränkungen. Der `SecurityManager` des Appletviewer liegt genau in der Mitte: Er erlaubt lokalen Klassen beinahe alle Dateioperationen, Netzwerkklassen dürfen nur Dateien der sogenannten *Access-Control-List* verwenden. Die Access-Control-List befindet sich z.B. unter Unix in der Datei `~/.hotjava/properties`. Dort stehen unter anderem Einträge der Form

```
acl.read=/tmp:/home/user/java_user
acl.write=/tmp
```

Die Einträge werden durch ›:‹ getrennt

Diese Einträge werden vom `SecurityManager` gelesen und erlauben so eine Parametrisierung der Zugriffsrechte.

Tabelle 5–2 faßt die Zugriffsmöglichkeiten von Applets beziehungsweise selbständigen Java-Anwendungen zusammen.

Tab. 5–2
`SecurityManager` und Zugriffsmöglichkeiten für Applets [KÜHN96]

Operation	[a]NN	NL	AN	AL	java
Lesen einer Datei in `/home/` mit `acl.read=/home/`	-	-	+	+	+
Lesen einer Datei in `/home/` mit `acl.read=null`	-	+	-	+	+
Schreiben einer Datei `/home/` mit `acl.write=/home/`	-	-	+	+	+
Schreiben einer Datei `/home/` mit `acl.write=null`	-	-	-	+	+
Lesen der Datei-Information in `/home/` mit `acl.read=/home/`	-	-	+	+	+
Lesen der Datei-Information in `/home/` mit `acl.read=null`	-	-	-	+	+
Löschen einer Datei mit `exec /usr/bin/rm`	-	-	-	+	+
Löschen einer Datei mit `file.delete()`	-	-	-	-	+
Lesen des Feldes `user.name`	-	+	-	+	+
Netzverbindung zum WWW-Server der geladenen Seite	+	+	+	+	+
Netzverbindung zu Port am eigenen Rechner	-	+	-	+	+
Netzverbindung zu Port eines dritten Rechners	-	+	-	+	+
Laden einer Bibliothek	-	+	-	+	+
Programmbeendigung mit `exit(-1)`	-	-	-	+	+
Öffnen eines Popup-Fensters ohne Warnung	-	+	-	+	+

a. NN: Netscape Navigator 2.x, Applets werden über das Netz geladen
NL: Netscape Navigator 2.x, Applets werden lokal geladen
AN: Appletviewer, JDK 1.x, Applets werden über das Netz geladen
AL: Appletviewer, JDK 1.x, Applets werden lokal geladen
`java`: Applets, die direkt über den `Java`-Interpreter laufen

5.7 Sicherheit

Applets, die von Netscape oder dem Appletviewer aufgerufen wurden, dürfen mit dem Befehl `System.getProperty(String key)` folgende Optionen lesen (siehe Tabelle 5–3):

Option	Bedeutung
java.version	Java version number
java.vendor	Java vendor-specific string
java.vendor.url	Java vendor URL
java.class.version	Java class version number
os.name	Operating system name
os.arch	Operating system architecture
file.separator	File separator (z.B. "/")
path.separator	Path separator (z.B. ":")
line.separator	Line separator

Tab. 5–3
Systemoptionen und Lesezugriff für Java-Applets

Folgende Optionen dürfen *nicht* gelesen werden (siehe Tabelle 5–4):

Option	Bedeutung
java.home	Java installation directory
java.class.path	Java classpath
user.name	User account name
user.home	User home directory
user.dir	User's current working directory

Tab. 5–4
Systemoptionen und nicht erlaubte Lesezugriffe für Java-Applets

Microsofts Internet Explorer erlaubt in der Version 4.0 das Setzen der einzelnen Funktionen beziehungsweise der Zugriffsrechte des Sicherheits-Managers. Auf diese Art kann eine individuelle Anpassung und vor allem dynamische Anpassung der Sicherheitsmechanismen erfolgen. Abbildung 5–16 gibt einen Überblick.

Abb. 5–16
Individuelles Anpassen
der Zugriffsrechte mit
Internet Explorer

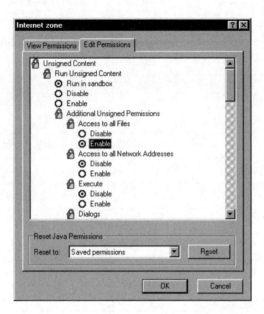

Ab der Version 1.2 des JDK wird die Idee des Sicherheits-Managers abgelöst beziehungsweise durch sogenannte ›protection domains‹ [BERG97] erweitert (aus Kompatibilitätsgründen bleibt der Sicherheits-Manager weiter bestehen). Hauptproblem bei der Verwendung eines Sicherheits-Managers ist ja wie erwähnt, daß dieser sehr starr ist. Änderungen in der Sicherheitspolitik bedürfen bei den meisten Browsern einer Änderung des Quellcodes (die Ausnahme Internet Explorer siehe in Abbildung 5–16). Und für selbständige Anwendungen liegt die Entscheidung über eine Implementierung und die Art der Implementierung des Sicherheits-Managers in der Hand des Programmierers und nicht in der Hand der Endbenutzer. Darüber hinaus ist die bestehende Sicherheits-Manager-Struktur schwer zu erweitern beziehungsweise an bestehende Anwendungen anzupassen.

Die erwähnten ›protection domains‹ sollen helfen, diese Probleme zu lösen. Sie sind in die virtuelle Maschine eingebaut und daher unabhängig von der Anwendung vorhanden. Sie sind auch dynamisch erweiter- und änderbar. Die Grundidee ist dabei, daß alle Anwendungen innerhalb von Schutzbereichen laufen und auch selbst solche definieren können. So kann beispielsweise ein Browser für zertifizierte Applets einen eigenen Schutzbereich definieren, in dem diese Applets erweiterte Zugriffsrechte haben. Der Browser selbst ist dabei wiederum auf die in der virtuellen Maschine vorhandenen Schutzbereiche angewiesen.

5.7.5 SSL und SHTTP

SSL und SHTTP sind grundlegende Technologien, die beispielsweise als Basis zur Implementierung von Geschäftstransaktionen über das Internet verwendet werden können.

Secure Sockets Layer (SSL) ist eine Entwicklung von Netscape, die derzeit der IETF (Internet Engineering Task Force) zur Standardisierung vorliegt. SSL stellt eine zusätzliche Schicht im Netzwerkprotokoll dar, und zwar zwischen Anwendungs- und TCP/IP-Verbindungsschicht.

Secure HTTP (SHTTP) ist ein ›Meta‹-Protokoll der Anwendungsschicht, das es Anwendungen erlaubt, über Verschlüsselungs- und Authentisierungsverfahren übertragener Dokumente zu verhandeln. SHTTP wurde von CommerceNet, einem Non-Profit-Konsortium mit dem Ziel der Schaffung eines elektronischen Marktplatzes im Internet, entwickelt.

Näheres zu SSL findet man unter: http://home.mcom.com/SSL

Näheres zu SHTTP findet man unter http://www.commerce.net/information/standards/draft/shttp.txt

5.7.6 Sicherheit in ActiveX

ActiveX ist Microsofts Ansatz, multimediale Objekte und Programme über das Internet verfügbar zu machen. Sogenannte *Controls* übernehmen dabei die Rolle von Java-Applets; Controls sind dabei nicht auf mehreren Plattformen lauffähig: Sie müssen für jede Plattform neu übersetzt werden. Dieser wesentliche konzeptionelle Unterschied wird auch als ›cross-platform‹ (für mehrere Plattformen mit Neuübersetzen) im Unterschied zu ›multi-platform‹ (auf mehreren Plattformen gleichzeitig) bezeichnet. Derzeit unterstützt nur Microsofts Internet Explorer diese Controls (für Netscape ist der *Ncompass*-Plug-In verfügbar).

Auch das Sicherheitskonzept unterscheidet sich wesentlich von jenem Javas. ActiveX setzt keine Restriktionen, was das Verhalten eines Applets (Control) betrifft: Controls dürfen alles, beispielsweise auch eine Festplatte formatieren. Um daher Sicherheit zu gewährleisten, hat Microsoft eine Zertifizierung für Controls (Applets) eingeführt. Ein Programmierer kann sich von Microsoft ein solches Zertifikat für sein Control holen. Dabei ist sichergestellt, daß das Zertifikat nicht manipuliert werden kann. Im Standardverhalten ist der Browser Internet Explorer so konfiguriert, daß er nur zertifizierte Controls ablaufen läßt; der Benutzer kann allerdings entscheiden, auch nicht zertifizierte Controls ablaufen zu lassen: Er ist dann dem Control richtiggehend ausgeliefert, da wie erwähnt, das Control ohne (lokale) Sicherheitsstrategie abläuft. So existiert beispielsweise ein zertifiziertes Control mit Namen Exploder, das bei Aktivierung den Rechner einfach ausschaltet. Die Zertifizierung für dieses Control ist inzwischen von Microsoft aufgehoben worden; ältere Versionen des Internet Explorer erlauben aber noch die Ausführung von Exploder.

Das Exploder Control ist unter: http://www.halcyon.com/mclain/ActiveX/Exploder/ verfügbar

5.7.7 Entwicklung sicherer Anwendungen mit Java

Dieser Abschnitt beschreibt die grundlegende Vorgangsweise zur Entwicklung sicherer Java-Anwendungen. Dabei muß in sogenannte ›Standalone‹-Anwendungen, also solche, die ohne Browser oder Appletviewer gestartet werden können, und Applets unterschieden werden.

Selbständige Anwendungen

Die Erstellung selbständiger Anwendungen folgt im wesentlichen folgenden Schritten:

1. Festlegen der Datenquellen: Dabei legt man fest, woher Klassen geladen werden sollen. Möglich sind alle über die CLASSPATH-Variable erreichbaren Klassen, in einer bestimmten Datenbank gespeicherten Klassen oder über das Internet geladene Klassen.
2. Erstellen eines Klassenladers: Dieser Schritt ist dann notwendig, wenn Klassen aus einer nicht standardmäßigen Quelle geladen werden sollen, zum Beispiel aus einer speziellen Datenbank mit sicheren Klassen (›trusted classes‹).
3. Entwickeln eines Sicherheits-Managers: Wesentlich dabei ist, Sicherheitskonzepte für kritische Methoden zu erstellen und deren Einhaltung sicherzustellen. Sicherheitskonzepte (auch ›security policies‹) haben dabei verschiedene Varianten, z.B können spezifische Parameter der Konfiguration entscheidend sein:

```
if (Configuration.parameter ! = IS_OK)
    throw new SecurityException();
```

Oder man überprüft die Sicherheit durch Ausführung spezieller Methoden:

```
if (!checkAuthorization(userID, password)
    throw new UnAuthorizedException();
```

Der zweite Ansatz hat den Vorteil, daß – falls erlaubt – diese Methoden auch überschrieben werden können und somit beispielsweise eine angepaßte Variante möglich ist. Die einfache Überprüfung von Parametern kann für viele Fälle ausreichend sein. Auch ist ein einfaches Ändern durch Setzen der gewünschten Parameter möglich.

Tabelle 5–5 gibt eine Übersicht, welche Methoden der Klasse Security-Manager automatisch vom Framework aufgerufen werden. In der Standardimplementierung wird immer FALSE zurückgegeben, d.h., es wird nichts erlaubt. Will man eigene Funktionalität beziehungsweise ein angepaßtes Sicherheitskonzept, muß man die jeweiligen Methoden überschreiben.

Kategorie	Betroffene Methoden
Sockets	checkAccept(String host, int port)
	checkConnect(String host, int port)
	checkConnect(String host, int port, Object executionContext)
	checkListen(int port)
Threads	checkAccess(Thread thread)
	checkAccess(ThreadGroup threadgroup)
Klassenlader	checkCreateClassLoader()
Dateisystem	checkDelete(String filename)
	checkLink(String library)
	checkRead(FileDescriptor filedescriptor)
	checkRead(String filename)
	checkRead(String filename, Object executionContext)
	checkWrite(FileDescriptor filedescriptor)
	checkWrite(String filename)
Systembefehle	checkExec(String command)
Interpreter	checkExit(int status)
Package	checkPackageAccess(String packageName)
	checkPackageDefinition(String packageName)
Properties	checkPropertiesAccess()
	checkPropertyAccess(String key)
	checkPropertyAccess(String key, String def)
Netzwerk	checkSetFactory()
Fenstersystem	checkTopLevelWindow(Object window)

Tab. 5–5
Sicherheitskategorien und betroffene Methoden

5.7.8 Applets

Applets werden im allgemeinen unter den weitverbreiteten Browsern laufen, also etwa Netscape. Netscapes Klassenlader (`netscape.applet.AppletClassLoader`) ist ein gewöhnlicher Klassenlader mit der Möglichkeit, Klassen innerhalb des eigenen Kontextes zu laden (`MozillaAppletContext`). Der Sicherheits-Manager von Netscape ist, wie bereits erwähnt, sehr einfach gehalten: Er erlaubt praktisch gar nichts.

Suns Klassenlader (`sun.applet.AppletClassLoader`), der im Appletviewer Verwendung findet, erlaubt das Laden von Klassen für einen gegebenen URL. Der Sicherheits-Manager (`sun.applet.AppletSecurity`) kann durch das Entwickeln geeigneter Interfaces (siehe *Interfaces*, S. 26) an eigene Bedürfnisse angepaßt werden.

Applets können auch durch das Importieren lokaler Klassen geändert werden. Dies ist möglich, in dem man zu den Standardklassen, die beispielsweise in Form der Datei `classes.zip` (Appletviewer) oder `moz31.zip` (Netscape) vorliegen, eigene Klassen hinzufügt. Dies erfordert allerdings eine Änderung auf allen Rechnern, die von den Klassen Gebrauch machen wollen. Lokal geladene Klassen erlauben auch das Laden von nativen Klassen, und für diese gelten – wie bereits erwähnt – die Sicherheitsüberprüfungen nicht.

Zertifizierte Applets

Die bestehenden Sicherheitsmechanismen für Applets, wie sie oben beschrieben wurden, sind für eine Reihe von Anwendungen zu restriktiv. Man könnte sich beispielsweise vorstellen, daß man bestimmten Applets, d.h. solchen, denen man trauen kann, erweiterte Rechte einräumt und diesen Applets auch das Lesen oder Schreiben lokaler Dateien erlaubt. Zertifizierte Applets stellen eine Möglichkeit dar, dies zu erreichen. Im Unterschied zum bisherigen Modell – dies wird auch als das ›Sandbox-Modell‹ bezeichnet –, in dem Applets in einer abgesicherten Umgebung sehr eingeschränkten Zugriff auf lokale Ressourcen eines Rechners haben, wird es Applets durch den Einsatz von Zertifikaten möglich, Zugriffe auf lokale Dateien zu realisieren.

Ein digitales Zertifikat besteht aus zwei Teilen: dem öffentlichen Zertifikat und dem privaten Schlüssel. Mit dem privaten Schlüssel wird das (eindeutige) Zertifikat vom Entwickler unter Zuhilfenahme eines autorisierten Zertifikationsherstellers (z.B. VeriSign) erstellt. Der öffentliche Teil dient dazu zu überprüfen, ob der private Schlüssel bei der Erstellung des Zertifikats verwendet wurde und das Zertifikat somit gültig ist. Der private Schlüssel wird auf einem Rechner des Entwicklers generiert und bleibt

VeriSigns Homepage ist als http://www.verisign.com/ erreichbar

dann immer auf diesem Rechner, er wird also nicht als Teil des Zertifikats übertragen.

Browser wie zum Beispiel Netscape oder Internet Explorer haben einen Mechanismus zum Validieren von Zertifikaten, die Verifikationsmechanismen von VeriSign sind beispielsweise in beiden Browsern bereits inkludiert; jene anderer Hersteller müssen vom Endbenutzer explizit installiert werden.

Die Art und Weise, wie zertifizierte Applets von den Browsern behandelt werden, ist dabei unterschiedlich. Microsoft vertraut auf das Zertifikat der Archivedatei. Ist dieses gültig, so wird allen Klassen des Archivs der volle Zugriff auf den Rechner erlaubt. Falls nicht, versucht der Browser, das Applet im ›Sandbox-Modell‹ laufen zu lassen.

Netscape verfolgt einen anderen Ansatz. Applets müssen explizit vom Browser (und Benutzer) das Recht verlangen, gefährliche Operationen durchführen zu dürfen. Dies erfordert zusätzlichen Programmieraufwand und die Verwendung des *Capabilities API*. Falls der Benutzer dann die zusätzlichen Rechte gewährt, kann das Applet ablaufen.

Nähere Informationen zum Capability API finden Sie unter: http://developer.netscape.com/library/documentation/signedobj/capsapi.html

Beide Mechanismen (jener von Microsoft und jener von Netscape) sind derzeit nur unter Windows 95 verfügbar; die Zertifikate sind mit jenen von Suns HotJava Browser nicht kompatibel [KNUD98]. Bleibt noch zu erwähnen, daß Zertifikate auch durch Zeitablauf ungültig werden. Der Standardwert für die Gültigkeit ist ein Jahr.

Neben VeriSign gibt es eine Reihe von anderen autorisierten Zertifikationsfirmen. Netscape empfiehlt jedoch nur zwei: VeriSign und Thawte (http://www.thawte.com/). Am populärsten ist derzeit VeriSign: Private Zertifikate sind auf Einwohner der USA beschränkt, Entwicklerzertifikate kosten 400 US-$.

5.8 Intelligente Agenten

Wie bereits im Szenario über Software-Agenten erwähnt (siehe *Szenario ›Software-Agenten‹*, S. 113), stellt die Technologie intelligenter Agenten einen stark wachsenden Markt im Bereich der Informationstechnologie dar. Für die Implementierung intelligenter Software-Agenten stehen eine Reihe von Programmiersprachen zur Verfügung, die die Anforderungen, die an solche Agenten gestellt werden, unterstützen. Zu den bekanntesten dieser Sprachen zählen *Telescript* von General Magic, *Tool Command Language (TCL)*, *April* und natürlich *Java*. In diesem Abschnitt erläutern wir kurz, warum Java zur Entwicklung von Software-Agenten besonders gut geeignet ist; wir führen zwei Beispiele für Entwicklungsumgebungen an und demonstrieren am Beispiel eines Software-Agenten, der automatisch Schlüsselwörter aus Textdokumenten herausfiltert, die Einsetzbarkeit von Java für diese Art von Anwendung.

5.8.1 Java als Implementierungsplattform für Software-Agenten

Es ist vor allem das Merkmal der Plattformunabhängigkeit, das Java als Entwicklungsplattform für Software-Agenten besonders gut geeignet erscheinen läßt. Die Plattformunabhängigkeit erlaubt einerseits das Entwickeln von Agenten-Frameworks, die für eine Reihe von Plattformen verfügbar sind. Verteilung kann dadurch realisiert werden, daß Teile einer Anwendung auf unterschiedlichen Rechnern laufen. Javas Netzwerkfähigkeiten in Form von Sockets, RMI oder auch der Unterstützung von CORBA vereinfachen die Entwicklung dieser Art von Anwendungen zusätzlich.

Das Konzept der virtuellen Maschine und das damit verbundene Laden von Anwendungen von anderen Rechnern erlaubt aber auch die Realisierung sogenannter ›mobiler Agenten‹. Mobile Agenten sind auf anderen als dem Ursprungsrechner lauffähig. Die Hauptmotivationen liegen vor allem darin, daß Benutzer mobil sind und daher auch Software-Agenten, die Benutzer unterstützen, über diese Eigenschaft verfügen sollen, sowie in der Tatsache, daß durch mobile Agenten Netzwerkkapazität gespart werden kann. Die Grundidee ist dabei, daß mobile Agenten Ergebnisse dort produzieren, wo die Daten liegen, und dann nur das Resultat – und nicht der gesamte Datenbestand – übertragen werden muß.

Java bietet durch sein in der Sprache beziehungsweise der virtuellen Maschine verankertes Sicherheitskonzept eine weitere wichtige Voraussetzung für mobile Agenten. Dadurch ist sichergestellt, daß Anwendungen, die von anderen Rechnern geladen werden, nur auf jene Daten Zugriff haben, für die sie eine Berechtigung besitzen.

Was in der derzeitigen virtuellen Maschine noch fehlt, ist ein Konzept zur Ressourcenkontrolle. Die Zugriffsrechte für Anwendungen sind durch den Sicherheits-Manager beziehungsweise das Sicherheitskonzept geregelt. Wieviel Speicher oder aber auch Rechenzeit ein Prozeß verbrauchen darf, ist jedoch nicht geregelt. Künftige Versionen der virtuellen Maschine werden daher neben der Sicherheitskontrolle auch über eine Ressourcenkontrolle verfügen müssen und eine solche Schnittstelle für die Entwickler von Frameworks für Software-Agenten zur Verfügung stellen müssen.

5.8.2 Entwicklungsplattformen in Java für Java

Aus der Reihe der Entwicklungsplattformen für Software-Agenten wollen wir stellvertretend zwei beschreiben: das Java Agent Template (JAT) und die Aglets Library.

Weitere Infos zu JAT finden Sie unter: http://cdr.stanford.edu/ABE/ documentation/

Das *Java Agent Template* (JAT) ist eine Sammlung von Klassen und Methoden zur Entwicklung von Software-Agenten, die vollständig in Java programmiert wurde. Die Agenten kommunizieren dabei peer-to-peer mit

5.8 Intelligente Agenten

anderen Agenten auf entfernten Rechnern. JAT sieht nicht vor, daß Agentenprozesse selbst auf anderen Rechnern laufen können – also mobil sind – wohl aber können Agenten durch die Verwendung von RMI (siehe auch *RMI*, S. 134) eine gewisse Mobilität erreichen. Die Knowledge Query and Manipulation Language (KQML, [GEN94]) wird als Sprache zur Kodierung der Nachrichten verwendet.

IBMs *Aglets Workbench* ist der Name einer Klassenbibliothek zur Entwicklung mobiler Software-Agenten [IBM98]. Ein mobiler Agent wird dabei als ›Aglet‹ bezeichnet. Ein solches Aglet ist ein persistentes mobiles Java-Objekt, das asynchron Anweisungen ausführt. Besonderes Augenmerk wurde bei der Entwicklung auf die Sicherheit gelegt. Zwei beispielhafte Anwendungen demonstrieren die Einsetzbarkeit der Aglets Library: *Tahiti*, ein Desktop-Werkzeug zur Steuerung und Verwaltung lokaler Aglets; und *Fiji*, ein Aglet, das als Applet in HTML Seiten eingebunden werden kann und ebenfalls die Verwaltung von Software-Agenten durch den Benutzer ermöglicht. Folgende Abbildung zeigt beispielhaft eine Anwendung mit Tahiti, das den aus Unix bekannten ›finger‹-Dienst implementiert. Dabei müssen zwei Aglet-Server gestartet sein – jeweils einer auf dem Rechner, der mit dem anderen Rechner kommuniziert; ein Finger-Aglet bewegt sich dann vom ersten Rechner zum zweiten, erfragt Finger-Informationen und liefert diese an den Auftraggeber zurück.

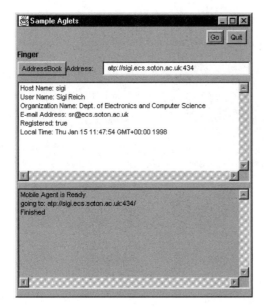

Abb. 5–17
Anwendung des Finger-Dienstes mit Hilfe der Aglets WorkBench

5.8.3 Ein Java-Agent, der Schlüsselwörter aus Textdokumenten extrahiert

Das folgende Beispiel wurde im Rahmen einer Anwendung programmiert, die Software-Agenten dazu einsetzt, Dokumente, die von Benutzern mittels Web-Browsern verarbeitet werden, aufzuarbeiten. Der Software-Agent basiert vor allem auf einem bekannten Algorithmus zur Extraktion von Schlüsselwörtern und der Verwendung des Java-Netzwerk-Packages. Die grundsätzliche Vorgangsweise ist folgende: Der Agent läuft entweder selbständig als Thread (*Parallelisierung*, S. 141) bzw. wird vom Benutzer direkt gestartet. Seine Hauptaufgabe ist es, eine HTTP-Verbindung zu einem entfernten Rechner aufzubauen, falls vorhanden das Textdokument zu laden und dann gemäß dem vorgegebenen Algorithmus automatisch auf Schlüsselwörter hin zu überprüfen. Schlüsselwörter sind übrigens jene Wörter, die im Vergleich zu ›Standardtexten‹ unüblich oft auftreten. Das Programm besitzt etwa folgenden Aufbau:

Weitere Infos zur Textanalyse und zum Filtern von Schlüsselwörtern findet man unter: http://www.oup.co.uk/elt/catalogu/multimed/4589846/-4589846.html

```
public class GetKeywords{

  static Refelement rel[];
  static int nofref = 0;

public static void main(String[] args) throws Exception {
  URL u = new URL ("http://www.ifs.uni-linz.ac.at/");
  String [] kws = new String[ 255];

//read reference file
  readRefFile("nttfr");
//extract keywords
  kws = extractKeywords(u);
  for (int l=0; l<10; l++)
     System.out.println("Keyword [ "+l+"] = "+s[ l]);
}
```

Die Methode `readRefFile()` liest dabei eine Datei, in der Wörter bzw. Wortsilben und deren Häufigkeit vermerkt sind. Die Wörter des zu ladenden URL werden mit dieser Referenzdatei (›ntt.fr‹) verglichen. Die Einträge in dieser Datei sind etwa von folgender Form:

```
agency
0.00553495
agent
0.0110699
agents
0.00553495
agility
0.00553495
```

In der Methode `extractKeywords()` wird nun der URL geladen. Dabei findet die Klasse `StreamTokenizer` Verwendung:

```
public static String[] extractKeywords(URL urlAddr)
  URLConnection conn = urlAddr.openConnection();
  BufferedReader in = new BufferedReader(new
    InputStreamReader(conn.getInputStream()), 4096);
  String line;
  StreamTokenizer st = new  StreamTokenizer(in);
    //die Zeichen ", \ ... sollen als gewöhnliche
    //Zeichen behandelt werden
    st.ordinaryChar('"');
    st.ordinaryChar('\'');
    st.slashSlashComments(false);
    ...
    while ((nt=st.nextToken()) != st.TT_EOF) {
      //falls token ein Wort ist
      if (st.ttype == st.TT_WORD) {
        System.out.println(st.sval);
        float nfr=bsearch(st.sval,0,nofref);
        selem=new KWElement(st.sval,nfr,tagtype);
        kwlst.insert(selem);
      }
      else continue;
    }
    kwlst.sort();
    return kwlst.asStrings();
}
```

Die Methode `extractKeywords()` vergleicht im wesentlichen jedes gelesene Wort mit der Referenzdatei (`bsearch()`). Der Vergleichswert wird mir dem Wort gespeichert, die Liste der Wörter sortiert und das Ergebnis zurückgegeben.

Der Algorithmus ließe sich insbesondere für eine Anwendung im World Wide Web noch weiter verfeinern: ›Normale‹ Textauszeichnungen könnten herausgefiltert werden, gleichzeitig aber spezielle (z.B. Headings) und auch die Meta-Textauszeichnungen eine höhere Priorität erhalten.

5.8.4   WIDL – Web Interface Definition Language

Eine interessante und vor allem für den Bereich autonome Software-Agenten im Internet relevante Technologie stellt WIDL dar [ALLE97]. WIDL steht für *W*eb *I*nterface *D*efinition *L*anguage und ist eine Anwendung von XML, der *Ex*tensible *M*arkup *L*anguage [BRAY97]. Die Motivation für WIDL liegt in der weiten Verbreitung des Web und der vor allem exponentiell steigenden Menge an Information. Diese Information muß großteils immer noch von ›Hand‹, d.h. durch den Benutzer, verarbeitet werden. Für viele Anwendungen – eben beispielsweise Software-Agenten – ist aber eine automatisierte Verarbeitung notwendig und wünschenswert. Denken Sie an einen WebCrawler, der die Finanzdaten einiger von Ihnen ausgewählter Web-Server sammelt, analysiert und Ihnen Vorschläge für den nächsten Aktienkauf liefert. WIDL macht sich dabei die Meta-Informationen von XML zunutze und ermöglicht mit Hilfe eines eigenen Servers eine gewisse Flexibilität beziehungsweise Unabhängigkeit von Web-Ressourcen. Abbildung 5–18 veranschaulicht die grundsätzliche Architektur einer WIDL-Anwendung:

Abb. 5–18
Beispiel einer Anwendung mit WIDL

WIDL führt dabei eine zusätzliche Schicht ein, den sogenannten Automations-Server. Mit Hilfe eines eigenen Werkzeugs können Variable von HTML Forms von Web-Servern auf lokale Variable zugewiesen werden. Auf diese Weise ist es auch möglich, Daten zu filtern. In obigem Beispiel des Aktienkaufs sind Sie beispielsweise nur an jenen Aktienwerten interessiert, die an zwei aufeinanderfolgenden Tagen um mehr als 5% gefallen sind – alle anderen Werte und auch sonstige Daten wie Bilder, Werbung usw. können gefiltert werden. Die abgefragten Werte können über den Server an beliebige Client-Anwendungen übergeben werden. Andere nützliche beziehungsweise notwendige Eigenschaften wie die Verwendung von Proxies oder das Verwalten von Cookies werden ebenfalls vom Automations-Server unterstützt. Der wesentliche Vorteil der Verwendung dieses Konzepts liegt in der Kapselung der Anwendung von der Informationsquelle sowie in der Automatisierung des Zugriffs.

6 Zusammenfassung und Ausblick

Seit Anfang 1995 ist Java als Programmiersprache und Entwicklungsumgebung für viele Programmierer verfügbar. Jede Menge Projekte und Entwicklungen rund um die Sprache haben bereits stattgefunden beziehungsweise sind derzeit im Gange. Somit gibt es eine Reihe von Erfahrungen, über die nach drei Jahren berichtet werden kann. Gleichzeitig erscheint es aber auch sinnvoll, einen Blick nach vorne zu werfen und absehbare Entwicklungen anzusprechen.

Dieses Kapitel folgt dieser Sichtweise dadurch, daß es in zwei Abschnitte geteilt ist. Der erste Abschnitt reflektiert unsere Erfahrungen im Umgang mit der Sprache Java. Der zweite Abschnitt beschäftigt sich mit der künftigen Entwicklung von Java. Da wir einerseits schlechte Weissager sind und andererseits sämtliche Entwicklungen rund um Java von einer atemberaubenden Geschwindigkeit gekennzeichnet sind, führen wir im zweiten Abschnitt jene absehbaren Entwicklungen an, die auch von Sun selbst diskutiert werden.

6.1 Erfahrungen mit Java

Wie bereits in der Einführung zu diesem Buch erwähnt, haben wir an der Abteilung für Informationssysteme Java neben dem Einsatz in der Lehre zur Grundausbildung der Informatikstudenten auch in einer Reihe von Projekten eingesetzt. Unsere Hauptmotivatoren für die Verwendung Javas waren dabei die Plattformunabhängigkeit, die Netzwerkfähigkeit sowie die Einbindung in das World Wide Web.

Plattformunabhängigkeit und Performanz

Javas Ansatz der virtuellen Maschine verspricht Plattformunabhängigkeit und Sicherheit um den Preis verminderter Performanz. Dieses Konzept – insbesondere der virtuellen Maschine – ist auch von anderen Sprachen beziehungsweise Umgebungen wie beispielsweise SmallTalk oder LISP bekannt und so gesehen nichts Neues. Fairerweise muß man auch erwähnen, daß Java *als Programmiersprache* nicht unbedingt den Anspruch erhebt, besonders neuartig zu sein [GOSL97]. Dennoch gibt es eine Reihe interessanter Entwicklungen, wie etwa Just-In-Time(JIT)-Übersetzer, die die Performanz dramatisch verbessern können und für viele Anwendungen – vor allem jene, die häufig auf Benutzereingaben angewiesen sind – eine ausreichende Performanz garantieren. Die Technologie der dynamischen Übersetzer, wie sie mit *HotSpot* forciert wird, wird darüber hinaus die Performanz weiter verbessern (siehe auch *Performanzverbesserungen*, S. 198).

Dennoch muß festgehalten werden, daß die Performanz von Java-Anwendungen teilweise enttäuschend ist. Suns hauseigener Newsletter gibt zwar Tips, wie durch einfache Programmiertricks die Performanz zu verbessern ist – beispielsweise durch Vermeiden der Klasse `Vector` oder Verwenden der Klasse `StringBuffer` anstelle von `String` –, das Grundproblem wird dadurch allerdings nicht behoben. Für echte Server-Anwendungen beziehungsweise komplexe Berechnungen wird man daher immer noch auf C- beziehungsweise C++-Implementierungen zurückgreifen.

Ein Archiv des JDC Newsletters ist unter: http://java.sun.com/jdc/tech Docs/newsletter/ verfügbar

Plattformunabhängigkeit und Benutzerschnittstelle

Ein wesentliches Argument für die Verwendung von Java bildet die plattformunabhängige Programmierung der Benutzerschnittstelle. Plattformunabhängig bedeutet dabei natürlich, daß der kleinste gemeinsame Nenner an Komponenten der unterschiedlichen Plattformen zur Benutzerschnittstellengestaltung unterstützt wird. Somit wird die Benutzerschnittstellenunterstützung Javas immer nur durchschnittlich sein. Und insbesondere die ersten Versionen des AWT sehen immer noch eher nach 70er Jahre Mainframe als State-of-the-Art-Benutzerschnittstelle der 90er Jahre aus.

Sun hat darauf natürlich reagiert und eine ganze Reihe von Framework-Erweiterungen freigegeben, insbesondere die Java-Swing-Klassen, die dieses Problem lösen beziehungsweise lindern sollen. Auch andere Entwickler haben sich mit der Erarbeitung von speziellen Klassen für Benutzerschnittstellengestaltung beschäftigt: Netscapes *Internet Foundation Classes* etwa (die übrigens wiederum als Grundlage für die Swing-Klassen dienten) oder *SubArctic*, eine Universitätsentwicklung des Georgia Tech Instituts, die sogar nicht traditionelle Metaphern für Benutzerschnittstellen unterstützt [SMIT97]. Abbildung 6–1 zeigt ein solches Anwendungsbeispiel der SubArctic-Klassen. Eine verschiebbare ›Linse‹ unterstützt Programmierer beim Debuggen von Programmen, indem beispielsweise x- und y-Koordinaten von grafischen Komponenten angezeigt werden.

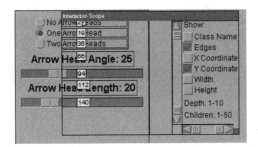

Abb. 6–1
›SubArctic-lense‹ zum
Debuggen von Benutzerschnittstellen. Weitere Beispiele finden Sie unter:
http://www.cc.gatech.edu/-gvu/ui/sub_arctic/sub_arctic/doc/demos.html

Das Hauptproblem der meisten dieser Entwicklungen liegt darin, daß viele Endbenutzer immer noch über Browser verfügen, die JDK 1.0 unterstützen, und somit diese Erweiterungen nicht lauffähig sind. Und insbesondere Unternehmen können und wollen nicht ständig Updates auf die allerneuesten Versionen durchführen. Es wird also noch etwas dauern, bis die Masse der Endbenutzer in den Genuß dieser Erweiterungen kommen wird und mittels zeitgemäß gestalteter und in Java entwickelter Benutzerschnittellen ihre Daten manipulieren wird können.

Plattformunabhängigkeit und Verfügbarkeit

Das Motto ›Write once run anywhere‹, das von Sun sogar als Warenzeichen eingetragen wurde, ist leider nicht immer wahr. So gibt es mittlerweile auch schon Abwandlungen dieses Spruchs in Richtung ›Write once debug everywhere‹, was viele Programmierer aus ihrer täglichen Praxis leider bestätigen werden müssen. Die Ursachen dafür sind vielfältig. Einerseits sind – insbesondere in den 1.0-Versionen des JDK – immer noch jede Menge Bugs und nicht implementierte Funktionen vorhanden. Andererseits sind nicht alle JDK-Versionen auf allen Plattformen verfügbar. Apple unterstützt z.B. für den Macintosh derzeit JDK 1.1.3, für Windows 95 ist bereits ein JDK 1.2 als Beta-Version verfügbar, und manche Plattformen unterstützen immer noch JDK 1.0. Ständige Erweiterungen beziehungsweise Änderungen des Frameworks tun ein übriges, um Kompatibilität zum Problem werden zu lassen.

Die Entwicklung der *Activator* Software durch Sun selbst dokumentiert sehr gut, wie wenig plattformunabhängig Java eigentlich ist. Der Activator ist eine Software für Windows-Browser, die die Unterstützung von JDK 1.1 garantieren soll. Activator ist sowohl für Internet Explorer als auch für Netscape gedacht (interessanterweise nicht für den HotJava-Browser). Grundfunktionsweise ist dabei, daß, bevor ein Applet ablaufen kann, zusätzlich zur virtuellen Maschine des Browsers die Activator Software geladen wird. Diese garantiert dann eine reine Java-Umgebung, so daß sichergestellt ist, daß Java-konforme Applets ablaufen können. Das

Eine Übersicht über Verfügbarkeit des JDK und Plattformen finden Sie unter: http://www.javasoft.com/cgi-bin/java-ports.cgi

Activator-Projekt ist Teil einer größeren Initiative von Sun, die unter dem Namen ›100% Pure Java‹ läuft. Im Rahmen dieser Initiative wurde übrigens auch ein Werkzeug entwickelt, das das Testen von Java-Programmen im Hinblick auf das Kriterium der Kompatibilität erlaubt. Die Funktionsweise ist denkbar einfach: Das Werkzeug überprüft in zwei Phasen, ob etwa native Methoden verwendet werden oder ob sonstige plattformspezifische Aufrufe erfolgen. Die erste Phase bezieht sich dabei auf jede einzelne Klasse, die zweite Phase prüft das Zusammenspiel aller Klassen auf Plattformunabhängigkeit. Das Werkzeug mit dem Namen *JavaPure Check (JPC)* ist unter `http://www.suntest.com/100percent/tools.html` verfügbar.

Plattformunabhängigkeit und JavaOS

Die bestehenden Implementierungen der Java-virtuellen Maschine bilden derzeit keine geeignete Basis zur Entwicklung eines JavaOS. So unterstützen die derzeitigen Implementierungen der virtuellen Maschine beispielsweise nur jeweils eine Ein- und Ausgabevariable. Wenn nun eine solche virtuelle Maschine als Basis für ein JavaOS verwendet werden soll, heißt das, daß alle Anwendungen sich diese Variable teilen müssen und es daher leicht zu Konflikten kommen kann. Auch das plattformunabhängige Ausführen externer Programme ist schwer möglich. Der Mechanismus der virtuellen Maschine zum Starten externer Anwendungen (`theRuntime.exec("java" + classpath+ ...)`) erfordert das explizite Angeben von Pfadnamen und ist wenig flexibel, was plattformspezifische, aber allgemein erforderliche Parameter, wie etwa die Variable `CLASSPATH`, betrifft.

Netzwerkfähigkeit

Java unterstützt eine Reihe von Möglichkeiten, Netzwerkanwendungen zu implementieren. Sockets beispielsweise sind von Anfang an Bestandteil des Frameworks gewesen und haben sicher zur weiten Verbreitung von Java beigetragen. Und wenn auch die Unterstützung von Sockets speziell in der Version 1.0 des JDK nicht besonders ›großzügig‹ ausgefallen ist, so kann man dennoch positiv vermerken, daß die Netzwerkklassen zum stabilen Kern Javas zählen.

Moderne Netzwerkanwendungen basieren zwar immer noch sehr stark auf dem Socket-Konzept, allerdings gibt es eine Reihe von Weiterentwicklungen beziehungsweise erweiterten Konzepten, die die Programmierer vom Hantieren mit reinen Sockets entlasten sollen. Zu diesen Entwicklungen zählen Remote Method Invocation (RMI, siehe *RMI*, S. 134) und natürlich CORBA (siehe dazu auch *Middleware*, S. 131).

Die Unterstützung beider Technologien ist sehr gut, und durch die Tatsache, daß immer mehr Endgeräte Java-kompatibel werden, entstehen interessante Perspektiven. Stellen Sie sich vor, Ihr Telefon könnte via RMI mit Ihrer Kaffeemaschine kommunizieren und diese starten!

Anbindung an das World Wide Web

Eine der Kerneigenschaften Javas, nämlich die Idee von Applets, die über das Netzwerk geladen werden und lokal ablaufen, war mit einer der Hauptgründe für die Aufregung rund um Java. Applets werden zwar immer noch in vielen Fällen zur Gestaltung animierter Web-Seiten verwendet, aber mehr und mehr kommerzielle Anwendungen bedienen sich der Applet-Technologie. Applets dienen dabei vor allem als Benutzerschnittstelle für jene Anwendungen, bei denen das Abfragen von Daten im Vordergrund steht. Der Hauptgrund für diese Beschränkung liegt vor allem in den Restriktionen, die durch das Sicherheitskonzept entstehen.

Zertifikate sollen helfen, Applets vermehrt als Möglichkeit der Implementierung von Benutzerschnittstellen zu sehen. Was wir uns dabei wünschen würden, ist eine plattformunabhängige Realisierung dieses Konzepts. Konsequenterweise bedeutet das, daß der Zertifizierungsmechanismus durch die virtuelle Maschine unterstützt wird und für Programmierer über eine Schnittstelle zugreifbar wird.

Einer der Kernvorteile von Applets – die Wartungsfreundlichkeit – ist dagegen jetzt schon gegeben. Anstatt Updates beziehungsweise Änderungen auf sämtlichen Clients installieren zu müssen, werden neue Versionen einfach über das Netzwerk geladen. Dadurch wird wirklich eine wesentliche Vereinfachung der Wartung erreicht.

6.2 Absehbare Entwicklungen

Wie bereits einleitend erwähnt, sind sämtliche Entwicklungen im Bereich Javas von einer atemberaubenden Geschwindigkeit geprägt. Wir wollen daher in diesem Abschnitt jene Entwicklungen aufführen, die absehbar sind und somit die nahe Zukunft, das heißt etwa die kommenden zwei Jahre, betreffen. Zu diesen Herausforderungen an Java zählen wir Performanzverbesserungen, das Ersetzen der Request/Reply-Technik durch die Pull/Push-Technik, kollaborative Anwendungen sowie das sogenannte ›Disconnected Computing‹, also das Arbeiten mit Rechnern ohne permanente Netzwerkverbindung.

Es sollte auch erwähnt werden, daß diese Konzepte nicht unbedingt spezifisch für Java sind – mit Ausnahme vielleicht der Performanzverbesserungen. Wenn Java aber als Plattform für verteilte Informationssysteme erfolgreich sein will, wird es diese Konzepte unterstützen müssen.

Performanzverbesserungen

Das Konzept der virtuellen Maschine mit portablem, plattformunabhängigem Bytecode, der darauf ausgeführt wird, sowie das Sicherheitskonzept, das in Java ›eingebaut‹ ist, machen in Java implementierte Programme langsamer als vergleichbare in Maschinensprache übersetzte Anwendungen.

Sogenannte Just-In-Time(JIT)-Übersetzer erreichen eine drastische Verbesserung der Performanz. Dennoch bleibt der Einsatz Javas für rechenintensive Anwendungen begrenzt.

Eine Analyse des Zeitverhaltens von Java-Programmen ergibt das in Abbildung 6–2 gezeigte Bild. Der weitaus größte Anteil an Rechenzeit wird für die Interpretation des Bytecodes (60%), Allokieren und Freigeben von Speicher (20%) sowie die Synchronisation von Threads (19%) verwendet.

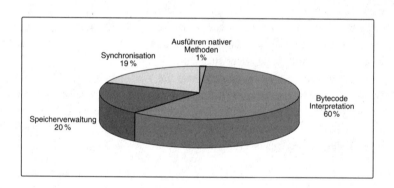

*Abb. 6–2
Zeitaufwand typischer Anwendungen für Garbage Collection, Synchronisation und Interpretation
[ARMS98]*

Sun forciert mit *HotSpot* eine Technologie für die virtuelle Maschine, die eine dramatische Verbesserung der Performanz zum Ziel hat, ohne dabei die Eigenschaft der Plattformunabhängigkeit zu verlieren. Das Konzept, das dabei verwendet wird, nennt sich dynamisches Übersetzen. Die (neue) Java-virtuelle Maschine wird neben einem Bytecode-Interpreter auch über einen Übersetzer sowie einen sogenannten *Profiler* verfügen.

Die Funktionsweise von HotSpot ist folgende: Grundsätzlich wird der Bytecode interpretiert. Der Profiler analysiert jedoch die Anweisungen zusätzlich und übersetzt bei wiederholt vorkommenden Anweisungen diese in native Methoden. Diese Methoden werden zwischengespeichert und bei erneutem Aufruf anstelle der Interpretation des Bytecodes aufgerufen. Dadurch kann für viele Anwendungen die Performanz drastisch verbessert werden. Im Gegensatz zu Just-In-Time-Übersetzern sind dynamische

Übersetzer Teil der virtuellen Maschine und somit auf allen Plattformen verfügbar.

Zusätzlich wird durch eine spezielle Art der Garbage Collection der Zeitaufwand, der für die Speicherverwaltung anfällt, minimiert. *Generational Garbage Collection* verfolgt dabei den Ansatz, daß genau so wie Speicher in größeren Blöcken allokiert wird, auch die Freigabe in Blöcken erfolgt. Dadurch wird das Durchsuchen des gesamten Speichers nach freizugebenden Blöcken vermieden und Zeit gespart. Sun plant übrigens als Erscheinungstermin für eine erste Version dieser neuen Generation der virtuellen Maschine den Sommer 1998.

Publish and Subscribe statt Request/Reply

Die allermeisten derzeit verfügbaren Anwendungen sind ereignisbasiert, das heißt, Anwendungen reagieren je nach Art beziehungsweise Typ des eintreffenden Ereignisses. Die Frage, die sich dabei stellt, ist, woher die Anwendung vom Ereignis erfährt. Ein Texteditor beispielsweise wartet auf Benutzereingaben, setzt diese direkt in Zeichen am Bildschirm um und speichert sie bei Bedarf. Die Ereignisse entstehen dabei unmittelbar ›in‹ der Anwendung. Anders ist das bei Netzwerkanwendungen, die teilweise auch asynchron miteinander kommunizieren. Das heißt, Ereignisse entstehen in externen Anwendungen.

Eine an einem bestimmten Ereignis – zum Beispiel einer neuen Version einer Web-Seite – interessierte Anwendung könnte nun ständig eine andere Anwendung (einen Web-Server) nach Auftreten des Ereignisses abfragen. Dies ist einerseits ineffizient, weil man nie weiß, wie oft man das Eintreten des Ereignisses abprüfen soll, und zweitens nicht immer möglich, da beispielsweise nicht immer eine Netzwerkverbindung vorhanden ist. Es wäre daher sinnvoll, wenn der Web-Server alle jene Anwendungen, die an einer neuen Version einer Web-Seite interessiert sind, informiert. Dieses Modell wird als *Publish and Subscribe* (oder auch *Pull/Push*-Technologie) bezeichnet. Es steht im Gegensatz zum Modell des *Request/Reply*, das vielen bestehenden Systemen zugrunde liegt.

Das aktuelle Java Framework zur Benutzerschnittstellengestaltung (AWT) beispielsweise folgt dieser Philosophie. Das bestehende Modell der Ereignisbehandlung wurde in ein Modell, das der Idee von *Publish and Subscribe* folgt, abgeändert (siehe *Kontrolle durch Ereignisbehandlung*, S. 74, und *Ereignisbehandlung des AWT 1.1*, S. 77). Dieser aktive Mechanismus läßt sich auch auf andere Bereiche ausdehnen. Voraussetzung dafür ist, daß Komponenten verteilter Systeme jene Komponenten über auftretende Ereignisse informieren, die durch Anmelden daran Interesse bekundet haben.

Kollaborative Anwendungen

Computer Supported Cooperative Work (CSCW) steht als Schlagwort für eine Forschungsrichtung einerseits und für eine Kategorie von Anwendungen andererseits. Wesentliche Motivation ist es, das Zusammenarbeiten von Menschen mittels Software zu unterstützen. E-Mail beispielsweise ist ein Werkzeug, das die asynchrone Kommunikation unterstützt. Netzwerkbasierte Konferenzwerkzeuge stellen eine weitere Art von Anwendungen dar, mit dem Ziel, die Kollaboration von Menschen zu unterstützen.

Kollaboration bedeutet dabei in vielen Fällen mehr, als das gleichzeitige Nutzen eines gemeinsamen Datenbereichs. Viele Anwendungen sind sehr stark am Begriff der ›Session‹ orientiert. Online-Konferenzen müssen geplant werden, und auch das Starten einer Sitzung ist meist mit hohem technischen Aufwand verbunden. Spontane ›ad hoc‹-Treffen, wie sie zum Beispiel im gewöhnlichen Büroalltag üblich sind, sind daher nicht immer einfach möglich.

Was kann Java zur Lösung dieser Problematik beitragen? Die sogenannten *Java Spaces* werden als ein möglicher Ansatz gesehen. Java Spaces sind eine Technologie, die einen Mechanismus zur Persistenz von Daten realisieren und auch den Zugriff mehrerer Anwendungen auf diese Daten steuern. Java Spaces sind Datenräume, die im Internet existieren und auf die über spezielle Werkzeuge – z.B. auch Applets – zugegriffen werden kann. Daten in diesen Räumen werden beispielsweise über Online-Konferenzen hinaus gespeichert, Informationen über Updates können den Benutzern in virtuellen Konferenzräumen über Java-Applets mitgeteilt werden. Mit Hilfe von Standard-Konferenzwerkzeugen wie gemeinsamen ›White Boards‹ und Video-Werkzeugen können Benutzer jederzeit an Online-Treffen teilnehmen.

Ubiquitous and Disconnected Computing

Ubiquitous (= allgegenwärtig) und *Disconnected Computing* (= ohne permanente Netzwerkverbindung) sind zwei Schlagworte, die seit einiger Zeit als Konzepte für künftiges Arbeiten mit Rechnern existieren. Die Herausforderungen, die dabei an Computer-Programme gestellt werden, sind unterschiedlich, aber verwandt.

Die Idee der Allgegenwart des Computers mag manchem schon als Realität erscheinen. Das Konzept meint jedoch, daß Rechner überall und jederzeit zur Verfügung stehen – etwa so, wie das Medium ›Papier‹ derzeit verfügbar ist. Man macht auf einem Blatt Papier Notizen, nimmt diese mit ins Büro und gibt sie einem Kollegen. Der bessert sie aus und gibt sie an eine Kollegin weiter, die daraus eine Präsentation vorbereitet. Ähnliches soll mit Computern möglich werden (und ist es teilweise schon). Wenn Sie aber beispielsweise von zu Hause aus mit Ihrem Laptop Ihre E-Mails samt mitgesendeter Dokumente lesen, korrigieren und beantworten, dann wollen Sie auch, daß Ihre Daten auf Ihrem Rechner im Büro aktuell sind, das heißt sämtliche Änderungen auch dort mitgeführt werden.

Heutige Anwendungen bauen zu einem Großteil auf der Idee immer verfügbarer Netzwerkverbindungen auf. Was diese Annahme bedeutet, merken Sie meist erst, wenn das Netzwerk ausfällt beziehungsweise überlastet ist und Sie entweder nur mühsam oder gar nicht auf Ihre Daten zugreifen können. Das Arbeiten ohne permanente Netzwerkverbindung wird in Zukunft immer alltäglicher werden, und eigene Protokolle und Schnittstellen sind dafür nötig. Das Internet Message Access Protocol (IMAP) beispielsweise ist ein solches Protokoll für E-Mail-Clients, das das Bearbeiten von E-Mails auf Rechnern ohne Netzwerkverbindung erlaubt und bei einer späteren Verbindung mit einem Netzwerk automatisch die Daten synchronisiert.

Weitere Informationen zu IMAP finden Sie unter: http://www.imap.org/biblio.html

Die Rolle Javas in einer solchen Welt ist durch die vermehrte Verfügbarkeit Javas auf unterschiedlichen Endgeräten sichergestellt. Aber auch auf Anwendungsebene kann Java durch Erweiterung von Schnittstellen das Erstellen von Anwendungen, die ›Disconnected Computing‹ unterstützen, erleichtern. Javas standardisierte Schnittstelle zu Datenbanken (JDBC) etwa könnte um neue, weniger strenge und flexiblere Transaktionskonzepte erweitert werden. Verteiltes Arbeiten ohne permanente Netzwerkanbindung sowie das spätere automatische Abgleichen der bearbeiteten Dokumente würden damit auf plattformunabhängige Art ermöglicht.

Literaturverzeichnis

Die untenstehenden Literaturhinweise enthalten auch eine Reihe von elektronischen Publikationen. In den allermeisten Fällen beziehen sich diese auf Internet-Referenzen. Aufgrund der möglichen raschen Änderungen haben wir daher diese Literaturhinweise mit einem Datum versehen; dieses Datum gibt den Zeitpunkt an, zu dem wir letztmalig den Zugriff sowie die Richtigkeit der Referenzen überprüft haben. Das Datum wird in eckigen Klammern in der Form [Tag/Monat/Jahr] angegeben.

[ACKE96] ACKERMANN Philipp: *Developing Object-Oriented Multimedia Software Based on the MET++ Application Framework*. dpunkt.verlag, 1996.

[ALLE97] CHARLES Allen: *Automating the Web with WIDL*. In: World-Wide Web Journal (2), Issue 4 Fall 1997: XML Principles, Tools and Techniques. O'Reilly, 1997.

[ARMS98] ARMSTRONG Eric: *HotSpot: A new breed of virtual machine*. In: Javaworld, März 1998. Verfügbar als http://www.javaworld.com/javaworld/jw-03-1998/jw-03-hotspot.html. [09/MAR/1998]

[AUTO97] AUTONOMY Inc.: Autonomy. 301 University Avenue, Suite 200 Palo Alto, CA 94301. Verfügbar als http://www.agentware.com/. [09/MAR/1998]

[BACK96] BACK Svend: *Bunte Bohnen. Einführung in die Programmierung mit Java*. In: c't, Heft 7, 1996.

[BAL90] BAL Henri: *Programming Distributed Systems*. Prentice-Hall International, 1990.

[BARR97]
BARRETT R., MAGLIO P. P. und KELLEM D. C.: *How to personalize the web*. In Conference on Human Factors in Computing Systems (CHI97), Atlanta, Georgia, USA, 22.–27. März 1997.

[BERG97]
BERG Daniel und FRITZINGER Steven: *Advanced Techniques for Java Developers*. John Wiley & Sons, 1997.

[BERN94]
BERNERS-LEE Tim und CAILLIAU Robert, LUOTONEN Ari, NIELSEN Frystyk Henrik and SECRET Arthur: *The World Wide Web*. Communications of the ACM, 37 (8), 76–82, 1994.

[BJÖR95]
BJÖRN Michael und HOTAKA Ryosuke: *A WWW Gateway for Interactive Relational Database Management*. AusWeb 95 – The First Australian World Wide Web Conference, Ballina, 1995.

[BOS98]
BOS Bert, LIE Håkon Wium, LILLEY Chris und JACOBS Ian: *CSS2 Specification*. W3C-technischer Report. Verfügbar als http://www.w3.org/TR/WD-CSS2/. [09/MAR/1998]

[BRAY97]
BRAY Tim, PAOLI Jean, SPERBERG-MCQUEEN C. M.: *Extensible Markup Language (XML) W3C*. Verfügbar als http://www.w3.org/TR/PR-xml.html. [09/MAR/1998]

[EHMA97A]
EHMAYER Gerald und REICH Siegfried: *Kaffee für Kaffeemaschinen. Java, JavaScript und Konsorten*. In: Online Mitteilungen, Nr. 57, S. 6–12, Februar 1997.

[EHMA97B]
EHMAYER Gerald, KAPPEL Gerti und REICH Siegfried: *Connecting databases to the web: A taxonomy of gateways*. In Proceedings of the 8th International Conference on Database and Expert Systems Applications (DEXA 97), Toulouse, France, Springer (Sept. 1997), Vol. 1308 LNCS, pp. 1–15.

[EICH96]
EICHELBERG Dominik und WAGNER Bernhard: *MET++: An Object-Oriented Multimedia Framework*. Tutorial No. 6. In: ECOOP '96 10th European Conference on Object-Oriented Programming, July 8–12 1996, Linz, Austria.

[FIEL97]
FIELDING R., GETTYS J., MOGUL J. C., FRYSTYK H., BERNERS-LEE T.: *Hypertext Transfer Protocol – HTTP/1.1*, RFC 2068, U.C. Irvine, DEC W3C/MIT, DEC, W3C/MIT, W3C/MIT, January 1997. Verfügbar als http://ds.internic.net/rfc/rfc2068.txt. [09/MAR/1998]

[FISC96]
FISCHBACH Rainer: *Kalter Kaffee*. In: iX Oktober 1996, S. 84–89.

[FLAN97]
FLANAGAN David: *Java in a Nutshell*, 2nd Ed. O'Reilly & Associates, 1997.

[FREI96]
FREI Christoph und SCHAUDT Hans: *ET++ Tutorial*. Diplomarbeit T24.4 der Software Schule Schweiz. Bern, Dezember 1991.

[GAMM95]
GAMMA Erich, HELM Richard, JOHNSON Ralph und VLISSIDES John: *Design Patterns. Elements of Reusable Object-Oriented Software*. Addison-Wesley, 1995.

[GEN94]
GENESERETH Michael R. und KETCHPEL Steven P.: *Software Agents*. Communications of the ACM (37), S. 48–53, 1994.

[GOLD89]
GOLDBERG Adele und ROBSON David: *SmallTalk-80. The Language*. Addison-Wesley, 1989.

[GOSL96]
GOSLING James und MCGILTON Henry: *The Java Language Environment. A White Paper*. Verfügbar als http://java.sun.com/docs/white/langenv/CreditsPage.doc.html. [09/MAR/1998]

[GOSL97]
GOSLING James: *The Feel of Java*. IEEE Computer (30), Numer 6, Juni 1997, S. 53–57.

[GOOD96]
GOODMAN Danny: JavaScript Bible, Kapitel *LiveConnect: Scripting Java-Applets and Plug-Ins*. S. 425–444. IDG Books Worldwide, Inc., Chicago, 1996.

[GRØN97]

GRØNBÆK Kaj, BOUVIN Niels Olof und SLOTH Lennerth: *Designing Dexter-based hypermedia services for the World Wide Web*. Proceedings of Hypertext 97, Southampton. S. 146–156, 1997.

[GUIL95]

GUILFYOLE C.: *Vendors of Agent Technology*. In: Proceedings of the UNICOM Seminar on Intelligent Agents and their Business Applications. S. 135–142; London, UK, November 1995.

[HADJ97]

HADJIEFTHYMIADES Stathes P. und MARTAKOS Drakoulis I.: *Improving the performance of CGI compliant database gateways*. Sixth International World Wide Web Conference. Santa Clara, 1997.

[HAMI97]

HAMILTON Graham, CATTELL Rick und FISHER Maydene: *JDBC Database Access with Java*, 2nd Printing, S. 462, Addison Wesley, 1997.

[HITZ92]

HITZ Martin: *C++ Grundlagen und Programmierung*. Springer, 1992.

[HOAD95]

HOADLEY Christopher, HSI Sherry und BERMAN Benjamin P.: *Networked Multimedia for Communication and Collaboration*. Paper presented at the Annual Meeting of the American Educational Research Association, San Francisco, California, April 1995. Verfügbar durch die Autoren und WWW http://obelisk.berkeley.edu/kiosk/hoadley-hsi95.html. [09/MAR/1998]

[HOFF96]

van HOFF Arthur, SHAIO Sami und STARBUCK Orca: *Hooked on Java*. Creating Hot Web Sites with Java-Applets. Addison-Wesley, 1996.

[HUBE96]

HUBER Gerald: *Java – die Referenz*. dpunkt.verlag, 1996.

[HUHN97]

HUHNS Michael N. und SINGH Munindar P.: *Agents on the Web*. In: IEEE Internet, Spetember-Oktober 1997, S. 78–79. IEEE 1997.

[IBEX95]
IBEX Corporation SA: *ITASCA Distributed Object Database Management System*. Release 2.3.5, Technical Summary. F-74160 Archamps, France, 1995.

[IBM98]
Aglets Workbench – Programming Mobile Agents in Java. IBM Tokyo Research Laboratory. Verfügbar als http://www.trl.ibm.co.jp/aglets/ [09/MAR/1998]

[JANS95]
JANSON P. und WAIDNER M.: *Electronic Payment over Open Networks*. SI Informatik / Informatique 3/1995, S.10-15. Verfügbar als http://www.zurich.ibm.ch/Technology/Security/publications/1995/JaWa95.dir/JaWa95e.html. [09/MAR/1998]

[JOAC97]
JOACHIMS, T., FREITAG, D. und MITCHELL T.: *Webwatcher: A tour guide for the World Wide Web*. In Fifteenth International Joint Conference on Artificial Intelligence (IJCAI-97), 1997.

[JOHN96]
JOHNSON Jay: *Java as an Application Development Language*. Object Magazine, Juni 1996.

[KAHL98]
KAHLE, B. und GILLIAT B.: *Alexa – Navigate the Web smarter, faster, easier*. Alexa Internet, Presidio of San Francisco, CA. Verfügbar als http://www.alexa.com/. [09/MAR/1998]

[KAPP95]
KAPPE Frank M.: *Hyper-G Text Format (HTF)*. Version 2.11, Institute for Information Processing (IIG), Mai 1995.

[KAPP96]
KAPPEL Gerti und SCHREFL Michael: *Objektorientierte Informationssysteme. Konzepte, Darstellungsmittel, Methoden*. Springer, 1996.

[KAPP97]
KAPPEL Gerti und REICH Siegfried: *Tankstellen am Infohighway – Bibliotheken im Jahr 2000 aus informationstechnischer Sicht*. In: Mitteilungen der Vereinigung Österreichischer Bibliothekarinnen und Bibliothekare, Nr. 3/4, S. 62–72, 1997.

[KERN84]

KERNIGHAN B.W. und PIKE R.: *The Unix Programming Environement*. Prentice-Hall, 1984.

[KLAS95]

KLAS Wolfgang und SCHREFL Michael: *Metaclasses and Their Application*. Springer, 1995.

[KNUD98]

KNUDSEN Jonathan B.: *Java Cryptography*. O'Reilly, Mai 1998.

[KRIS96]

KRISHNA Dileep: *Café: The right place for Java*. IEEE Computer, July 1996, S: 104–108.

[KÜHN96]

KÜHNEL Ralf: *Die Java-Fibel. Programmierung interaktiver Homepages für das World Wide Web*. Addison-Wesley, 1996.

[LALO91]

LALONDE Wilf R. und PUGH John R.: *Inside SmallTalk*. Volume II. Prentice-Hall International, 1991.

[LEMA88]

LEMAY Laura und PERKINS Charles L.: *Teach yourself Java in 21 days*. Sams.net Publishing 1996.

[MAES90]

MAES P. (Ed.) *Designing Autonomous Agents*. MIT Press, 1990.

[MAES94]

MAES P.: *Agents that Reduce Work and Information Overload*. In: Communications of the ACM, 37 (7), S. 31–40, 1994.

[MAUR96]

MAURER Hermann: *Hyperwave™: The Next Generation Web Solution*. Addison-Wesley, 1996.

[MCMA97]

MCMANIS Chuck: *Desgning Secure Systems in Java*. Verfügbar als http://professionals.com/~cmcmanis/java/security/. [09/MAR/1998]

[MENG96]
MENGELBIER Magnus: *Extended Persistent Client State HTTP Cookies*. Temple University, School of Business and Management. Verfügbar als http://www.sbm.temple.edu/~magnus/ext_cookie_spec.htm. [09/MAR/1998]

[MEYE88]
MEYER Bertrand: *Object-Oriented Software Construction*. Prentice-Hall International, 1988.

[MEYE95]
MEYERS Scott: *How to Navigate the Treacherous Waters of C++ Exception Handling*. In: Microsoft Systems Journal, November 1995.

[MIDD88]
MIDDENDORF Stefan, SINGER Reiner und STROBEL Stefan: *Java. Programmierhandbuch und Referenz*. dpunkt.verlag, 1996.

[MÜLL96]
MÜLLER Claus M.: *Java – mehr als eine Programmiersprache*. dpunkt.verlag 1996

[MÜNZ96]
MÜNZENBERGER M. und WIECZOREK A.: *Einführung in Java*. GI Emisa Forum, Heft 2, S. 22–31, 1996.

[NCSA97]
THE NATIONAL CENTER FOR SUPERCOMPUTING APPLICATIONS (NCSA): *The Common Gateway Interface*, Version 1.1. http://hoohoo.ncsa.uiuc.edu/cgi/. [04/JUL/1997]

[NGUY95]
NGUYEN T. und SRINIVASAN V.: *Accessing relational databases from the World Wide Web*. In : SIGMOD '96, Montreal Canada, S. 529–540, Juni 1996.

[NIEL97]
NIELSEN H.F.: *PEP – an Extension Mechanism for HTTP*. W3C Working Draft 28 April 1997. Edited by Henrik Frystyk Nielsen. Verfügbar als http://www.w3.org/TR/WD-http-pep, [09/MAR/1998]

[NWAN96]
NWANA, H. S. und NDUMU, D. T. *An introduction to agent technology*. BT Technology Journal 14, 4 (Okt. 1996), S. 55–67.

[ODER96]

ODERSKY Martin: *Connecting with Java*. Tutorial No. 11. ECOOP '96 10th European Conference on Object-Oriented Programming, July 8–12 1996, Linz, Austria.

[ORFA97]

ORFALI Robert und HARKEY Dan: *Client/Server Programming with Java and CORBA*. John Wiley & Sons, 1997.

[PICH97]

PICHLER Maria: *Der Einsatz von Intranet – Eine Betrachtung aus organisatorischer Sicht* (1997). Diplomarbeit an der Johannes Kepler Universität Linz, Abteilung für Informationssysteme, Linz 1997.

[POST94]

POSTEL J.: *Media Type Registration Procedure*. Internet RFC 1590. Updates RFC 1521 MIME (Multipurpose Internet Mail Extensions), 1994. Verfügbar als http://ds.internic.net/rfc/rfc1590.txt. [09/MAR/1998]

[READ96]

READ Tim und HALL Hazel: *Java. An explosion to the Internet*. In: 20th International Online Information Meeting, London, Dezember, S. 49–55, 1996.

[RITC95]

RITCHEY Tim: *Programming with Java!* Beta 2.0. New Riders Publishing, 1995.

[SCHN96A]

SCHNEIDER Ute: *Applets, schöne Applets*. iX, Mai 1996.

[SCHN96B]

SCHNEIDER Ute: *Vorgemahlen*. iX, Juni 1996.

[SMIT97]

SMITH Ian: *Java for Web-based Application Deployment*. Tutorial der Hypertext '97 Konferenz. Southampton, UK, April 1997.

[SOMM97]

SOMMER Ulrike und ZOLLER Peter: *Online-Datenbanken, Internet – von der Technologie zum Wirtschaftsfaktor*. Deutscher Internet-Kongress'97, Düsseldorf, S. 333–341, 1997.

[SUN97]

SUN Microsystems: *Java Database Access, Specification*. Verfügbar als http://java.sun.com/products/jdbc/. [09/MAR/1998]

[TANE87]
TANENBAUM Andrew S.: *Operating Systems. Design and Implementation*. Prentice-Hall International, 1987.

[TANE95]
TANENBAUM Andrew S.: *Verteilte Betriebssysteme*. Prentice-Hall International, 1995.

[TEMP96]
TEMPL Josef: *Schwarzes Loch*. iX, Mai 1996.

[TOLK96]
TOLKSDORF Robert: *Die Sprache des Web: HTML3*. dpunkt. verlag, 1996.

[WEIN89]
WEINAND André, GAMMA Erich und MARTY Rudolf: *Design and Implementation of ET++, a Seamless Object-Oriented Application Framework*. In: Structured Programming 2 (1989), S. 63–87. Springer, 1989.

[WIRF90]
WIRFS-BROCK Rebecca und JOHNSON Ralph: *Surveying current research in object-oriented design*. Communications of the ACM, Vol. 33, No. 9, 1990.

[WOOL95]
WOOLRIDGE M und JENNINGS N.R.: *Intelligent Agents: Theory and Practice*. In: Knowledge Engineering Review, 10 (2), S. 115–152, 1995.

[ZIMM95]
ZIMMER, D. E.: *Die Bibliothek der Zukunft*. Die Zeit, 47 (17. Nov. 1995), S. 94.

Glossar

Abstrakte Klasse
Eine abstrakte Klasse ist eine Klasse, von der es keine Instanzen gibt. Sie stellt nur ein Protokoll (auch Schnittstelle) zur Verfügung.

ActiveX
Microsofts ActiveX stellt ein erweitertes Object Linking und Embedding (OLE) dar, d.h., daß sich Programmelemente (sogenannte ›Controls‹) nicht nur auf einem Rechner, sondern via Netzwerk auch auf beliebigen anderen Rechnern steuern lassen. Im Gegensatz zu Java ist ActiveX also keine Programmiersprache, sondern der Sammelbegriff für eine Gruppe von Technologien, die die Einbindung multimedialer Komponenten in Dokumente erlauben.

API
Ein API (Application Programming Interface) besteht aus den Funktionen und Variablen einer Klasse – also der Schnittstelle –, die ein Programmierer verwenden kann.

Applet
Applets sind Java-Programme, die in HTML Seiten integrierbar sind.

Application Framework
Ein Application Framework ist ein vorgefertigtes (leeres) Gerüst mit Standardverhalten, das die objektorientierte Anwendungsentwicklung erleichtert. Der Kontrollfluß der Anwendung liegt im Framework selbst.

Ausnahme
Eine Ausnahme (Exception) ist ein Signal, das anzeigt, daß in einem Programm ein unerwarteter Zustand aufgetreten ist.

AWT	Abstract Windowing Toolkit ist der Name für das plattformunabhängige Toolkit Javas für die Programmierung grafischer Benutzerschnittstellen.
Café	Café ist der Name der Java-Programmierumgebung von Symantec.
Caffeine-Mark	CaffeineMark ist ein Benchmark-Test zur Analyse der Performanz von Java-Programmen. Er erlaubt das Vergleichen verschiedener virtueller Maschinen, Just-In-Time-Übersetzer oder Appletviewer. CaffeineMark ist via `http://www.webfayre.com/pendragon/cm2/` verfügbar.
COM	COM steht als Abkürzung für Component Object Model. Das Component Object Model bildet gemeinsam mit OLE die Grundlage für Microsofts ActiveX-Technologie. DCOM steht für Distributed COM und unterstützt die Verteilung.
Cookie	Cookies stellen einen allgemeinen Mechanismus dar, um Zustandsinformation browserseitig zu speichern. Auch serverseitiges Anfragen beziehungsweise Speichern ist möglich. Die Größe eines Cookies ist mit 4 kByte beschränkt.
CORBA	CORBA steht als Abkürzung für Common Object Request Broker Architecture, eine Middleware-Architektur, die vor allem Interoperabilität zum Ziel hat.
DCE	DCE steht als Abkürzung für das Distributed Computing Environment von DEC.
DIS	DIS ist die Abkürzung für die virtuelle Maschine von Inferno.
Embedded Java	Embedded Java ist eine Umgebung, die das Erstellen von Java-Anwendungen auf Geräten wie zum Beispiel mobile Telefone, Pager, Netzwerk-Router, Drucker und dergleichen erlaubt. Durch die Tatsache, daß Embedded Java eine Untermenge von Java bildet, ist die Kompatibilität gegeben. Embedded Java wurde mit der Anforde-

rung entworfen, weniger als 500 KByte Hauptspeicher zu benötigen.

Garbage Collector Manche Programmiersprachen (z.B. C++) verlangen, daß dynamisch erzeugte, nicht mehr gebrauchte Objekte (garbage) vom Programmierer explizit wieder freigegeben werden. Andere Systeme kümmern sich um nicht mehr verwendete Objekte selbst, d.h., es gibt einen automatisch gestarteten Prozeß, der Speicher wieder freigibt. Diesen Prozeß nennt man garbage collection.

HotJava HotJava ist der Web-Browser von Sun, der in Java implementiert ist.

HotJava HTML Component HotJava HTML Component ist ein JavaBean, der das Parsen und Anzeigen von HTML-Dokumenten ermöglicht. Im Unterschied zum Browser HotJava kann diese Komponente für sich alleine wiederverwendet werden.

HotJava Views HotJava Views ist eine sogenannte Webtop-Umgebung, die E-Mail, Kalender, Adreßverzeichnis usw. enthält. Endbenutzern soll dadurch der Zugang zu Internet-Diensten erleichtert werden; Systemadministratoren sollen vor allem durch die Plattformunabhängigkeit von Installations- und Wartungsaufwand entlastet werden.

HotSpot HotSpots sind sogenannte ›dynamischer Übersetzer‹, die von Sun als Teil der virtuellen Maschine voraussichtlich im Sommer 1998 freigegeben werden. Die Grundidee dabei ist, zur Laufzeit ausgeführten Programmcode zu analysieren und dann durch Puffern von nativen Methoden die Performanz zu verbessern. Gleichzeitig sollen auch die Garbage Collection (20% der Laufzeit) sowie die Thread Synchronisierung (ebenfalls 20% der Laufzeit) effizienter gestaltet werden.

HTTP HTTP steht als Abkürzung für HyperText Transfer Protocol. HTTP ist das Anwendungsprotokoll, das im World Wide Web verwendet wird.

IDL — Eine Interface Definition Language (IDL) ist eine standardisierte, programmiersprachenunabhängige Darstellung von Objekten und Methoden, die zur Definition einer CORBA-Schnittstelle verwendet wird.

Inferno — Inferno ist ein Netzwerkbetriebssystem von Lucent Technologies und kann als Konkurrenzprodukt zu JavaOS gesehen werden. Informationen zu Inferno findet man unter http://www.lucent-inferno.com/.

InfoBus — Der InfoBus ermöglicht den dynamischen Austausch von Daten zwischen JavaBeans. Dabei werden schmale Schnittstellen und ein Protokoll zur Kommunikation definiert. Alle Komponenten, die diese Schnittstellen beziehungsweise Protokolle unterstützen, können sich in den InfoBus ›einklinken‹.

Interface — Interfaces sind Sammlungen von abstrakten Methoden (ohne Implementierung) und Konstanten. Sie werden dazu verwendet, um Verhalten, das von beliebigen Klassen implementiert werden kann, zu definieren.

Internet Explorer — Internet Explorer ist der Browser von Microsoft und auch die virtuelle Maschine von ActiveX.

Internet Interorb Protocol — Das Internet Interorb Protocol (IIOP) erlaubt es Object Request Brokern (ORBs), über das Internet miteinander zu kommunizieren.

Jakarta — Jakarta ist der Name der Java-Programmierumgebung von Microsoft.

Java Activator — Java Activator ist ein Produkt von Sun, das die Java-Laufzeitumgebung (JRE) für Web-Browser zur Verfügung stellt. Dabei wird die eigentliche virtuelle Maschine (JVM) durch den Activator ersetzt. Dadurch soll sichergestellt werden, daß der Java-Standard wirklich implementiert ist (100% Pure Java).

Glossar

JavaBeans	JavaBeans implementieren ein Komponentenmodell für Java. JavaBeans erlauben die Integration mit OLE.
JavaBeans Activation Framework	Das JavaBeans Activation Framework (JAF) stellt die nächste Generation von JavaBeans dar. Das Projekt läuft unter dem Namen ›Glasgow‹. Glasgow wird vor allem eine verbesserte Anbindung an das Laufzeitsystem, erweiterte Drag-&-Drop-Möglichkeiten sowie Verbesserungen zur Erkennung und Bearbeitung beliebiger Datentypen, die z.B. über das Internet geladen werden, bieten.
Java Blend	Java Blend soll vor allem das Entwickeln von Datenbankanwendungen erleichtern. Die Idee dabei ist, eine automatische und transparente Verknüpfung von Datenbankobjekten auf Datensätze zu ermöglichen. Programmierer müssen daher im Idealfall kein Wissen über die Datenstruktur einer Datenbank haben und können somit in Java Daten einer Datenbank manipulieren.
Java Card	Das Java Card API ist eine Spezifikation, die das Entwickeln von Java-Anwendungen für Smart Cards und andere Plattformen mit limitierten Speichermöglichkeiten erlaubt.
Java Commerce Message Format	Das Java Commerce Message Format (CMF) beschreibt das Aussehen von Messages, die zwischen JECF-Anwendungen und Web-Servern ausgetauscht werden.
Java Developers Companion CD-ROM	Java Developers Companion CD-ROM ist die Bezeichnung für eine Sammlung von Java-Software-produkten und Dokumentation für Java-Entwickler.
J/Direct	J/Direct ist der Name von direkten Aufrufen des Windows-32-Bit-APIs aus Java-Anwendungen heraus. Die Möglichkeit, solche Aufrufe durchzuführen, wird von Microsoft für die Windows-Plattform forciert. Dadurch

sind Java-Anwendungen, die mit Microsoft-Werkzeugen entwickelt werden, die diese Schnittstelle unterstützen, nicht mehr plattformunabhängig. Sun hat deshalb Microsoft verklagt.

Java Electronic Commerce Framework (JECF)

Dieses Framework stellt Suns Architektur zur Unterstützung sicherer elektronischer Transaktionen über das Internet dar. Das Framework inkludiert Java Wallet, Java Commerce Message Format (CMF) und Java Card.

Java Foundation Classes

Die JFC sind eine Sammlung von Klassen, die das Erstellen von Anwendungen durch vorgefertigte Konstrukte erleichtert. Dabei steht nicht zuletzt die Qualität der Darstellung, wie sie vom darunterliegenden Betriebssystem zur Verfügung gestellt wird, im Mittelpunkt. Diese Komponenten sind auch unter dem Namen ›Swing‹ bekannt.

Java Management API

Das Java Management API (JMAPI) ist eine Sammlung von Klassen und Methoden, die das Erstellen und die Wartung von Netzwerkanwendungen und -diensten beziehungsweise das Management dieser Anwendungen und Dienste unterstützt.

Java Media

Java Media ist ein API, das multimediale Datentypen möglichst plattformunabhängig unterstützt.

Java Naming and Directory Interface

Das Java Naming and Directory Interface (JNDI) ermöglicht es Java-Anwendungen, über *eine* Schnittstelle auf Namens- und Verzeichnisdienste in einer Organisation zuzugreifen. Die Einbindung neuer Java-Anwendungen in bestehende Dienste wird dadurch erleichtert.

Glossar

Java Pure Check
Java Pure Check (JPC) ist ein Software-Werkzeug, das es erlaubt, Java-Programme dahingehend zu überprüfen, ob sie 100% Java-konform sind. JPC ist Teil der ›100% Pure Java‹-Initiative von Sun, mit dem Ziel, Plattformunabhängigkeit von Java-Programmen zu garantieren.

Java Runtime Environment
Das Java Runtime Environment (JRE) ist die Laufzeitumgebung für Java. JRE besteht aus der Java-virtuellen Maschine und den Kernklassen.

Java Server Toolkit
Das Java Server Toolkit ist eine Sammlung von Java-Klassen, die das Erstellen von Server-Anwendungen erleichtert.

Java Spaces
Java Spaces sollen Mechanismen zur verteilten Persistenz und zum Datenaustausch für Java-Anwendungen zur Verfügung stellen. Java Spaces befinden sich derzeit im Draft-Zustand.

Java Studio
Java Studio erlaubt das Erstellen von Java-Anwendungen durch grafische Manipulationen.

Java Telephony API (JTAPI)
Das Java Telephone API (JTAPI) ist eine Sammlung von Klassen zur Unterstützung der Programmierung von Schnittstellen zu Telefonanlagen. Mit Hilfe des API ist es beispielsweise möglich, Anrufe anzunehmen, umzuleiten oder auch ›aufzulegen‹.

Java Virtual Machine
Die virtuelle Maschine ist eine plattformabhängige Software-Komponente, die das Laufenlassen von Java-Programmen erlaubt.

Java Wallet
Java Wallet ist der Name eines Java API für kommerzielle Anwendungen im Internet.

Java Web Server
Java Web-Server ist der Name eines Web-Servers, der von Sun vertrieben wird und der in Java implementiert ist.

Glossar

Java Workshop Java Workshop ist die Java-Programmierumgebung von Sun.

JavaChips JavaChips stehen als Bezeichnung für jene (Hardware) Chips, die die Java-CPU-Spezifikationen erfüllen und somit als Basis für virtuelle Maschinen dienen.

javadoc `javadoc` ist die Bezeichnung des Java-API-Dokumentationsgenerators. Dieser dient dazu, automatisch Dokumentation für Java-Programme zu generieren.

JavaHelp JavaHelp ist ein plattformunabhängiges und erweiterbares Hilfesystem. JavaHelp unterstützt auch das Erstellen von Online Dokumentation für das WWW.

JavaMail JavaMail ist eine Sammlung abstrakter Klassen mit Schnittstellen, die ein Mail-System implementieren.

JavaOne JavaOne ist der Name der ersten Java-Entwicklerkonferenz, die im Mai 1996 in San Francisco stattgefunden hat. Der Name JavaOne wird seither als Bezeichnung für die alljährliche Entwicklerkonferenz verwendet.

JavaOS JavaOS ist ein Betriebssystem, das die Java Virtual Machine unterstützt.

JavaPC JavaPC ist eine Software-Lösung, die bestehende Rechner zu Java-fähigen Netzwerkrechnern konvertiert. Der Preis für JavaPC beträgt etwa 100 US$. JavaPC läuft ab Intel 486-Rechnern aufwärts.

JavaScript JavaScript ist eine objektbasierte Skriptsprache, die es erlaubt, HTML Seiten mit Kontrollstrukturen zu versehen und damit aktive Seiten zu erstellen. Netscapes LiveWire erlaubt auch serverseitige Anwendungen, die beispielsweise auch Datenbankzugriffe oder ähnliches realisieren können.

JDBC Java Database Connectivity ist Javas Pendant zu ODBC und stellt die Komponente zur Datenbankanbindung in Java dar.

JDK	Java Development Kit oder auch Java Base ist die Bezeichnung der Entwicklungsumgebung von Java.
JDK Japanese Supplement	Das JDK Japanese Supplement ist im wesentlichen ein Standard-JDK, das dahingehend erweitert beziehungsweise geändert wurde, daß die Werkzeuge Übersetzer, Dokumentationsgenerator und Appletviewer Meldungen in japanischer Sprache ausgeben.
Jeeves	Jeeves ist der Name von Suns hauseigenem Web-Server, der vollständig in Java implementiert ist.
Just-In-Time-Übersetzer	Sogenannte Just-In-Time Übersetzer verbessern die Geschwindigkeit von Java-Anwendungen, indem sie die Ausführung der Bytecode-Operationen der virtuellen Maschine für das jeweilige Betriebssystem optimieren.
Latte	Latte ist der Name der Java-Programmierumgebung von Borland.
Limbo	Limbo ist die Bezeichnung für die Programmiersprache von Inferno.
LiveConnect	LiveConnect steht für eine Reihe von Technologien, die von Netscape entwickelt wurden, um sogenannte Plug-Ins mit Java und JavaScript zu verbinden beziehungsweise die Kommunikation zwischen diesen Komponenten zu ermöglichen. Somit können Plug-Ins durch Java-Applets oder auch JavaScript gesteuert werden – die Kontrolle bleibt beim Browser und wird nicht an eine externe Anwendung weitergegeben.
LiveWire	LiveWire und LiveWire Pro sind Pakete für die Verwaltung von WWW-Servern. LiveWire besteht dabei aus den Komponenten Browser, dem ›Site Manager‹, Java-Script-Übersetzer sowie einer Bibliothek, die Funktionen für den Datenbankzugriff enthält. LiveWire Pro enthält zusätzlich eine Entwicklerversion der ›Informix OnLine Workgroup‹-Datenbank.
Meta-Daten	Meta-Daten allgemein sind Daten über Daten. Im Zusammenhang mit Software-Entwicklung wird der

Glossar

	Begriff für jene Informationen verwendet, die zur Implementierung einer generischen Verarbeitung verschiedenartiger Objekte benutzt werden können.
Middleware	Als Middleware werden Programme bezeichnet, die Gateway-Funktionalität aufweisen. Diese Programme übernehmen eine spezielle Vermittlerrolle zwischen Client- und ServerProgrammen.
NEO workshop	NEO workshop ist der Name der Entwicklungsumgebung, die Suns CORBA-Implementierung enthält.
Oak	Oak ist der ursprüngliche Name von Java.
OLE	Abkürzung für Object Linking and Embedding. OLE dient als Basistechnologie für Microsofts ActiveX.
ONE	Das Open Network Environment (ONE) ist der Name einer Initiative von Netscape, eine interoperable Middleware für das Internet zu schaffen. ONE basiert unter anderem auf den Internet Foundation Classes (IFC) und kommuniziert via IIOP.
OpenDoc	OpenDoc ist die Bezeichnung der Komponenten-Software von Apple/IBM. OpenDoc kann als Sammlung von vordefinierten Schnittstellen beschrieben werden, die Funktionalität zur Erstellung von multimedialen Anwendungen aufbauend auf CORBA erlauben.
ORB	ORB steht als Abkürzung für Object Request Broker (siehe auch CORBA).
Orbix	Orbix ist ein CORBA-Produkt für Windows von IONA Technologies.
Package	Ein Package beschreibt eine Sammlung zusammengehörender Klassen. Welche Klassen zu einem Package gehören, wird vom Programmierer festgelegt.
PDA	PDA ist die Abkürzung für Personal Digital Assistant wie z.B. der Apple Newton.

Personal Java

Personal Java ist eine Entwicklungsumgebung, die das Erstellen von Java-Anwendungen auf Endbenutzergeräten wie Fernsehern, Radios, Kaffeemaschinen usw. erlauben soll. Im Gegensatz zu Embedded Java liegt der Schwerpunkt daher auf der grafischen Repräsentation und Manipulation von Daten durch Endbenutzer. Personal Java erfordert mindestens 2 MByte Hauptspeicherkapazität und die Möglichkeit der grafischen Ausgabe von Daten.

Personal WebAccess

Personal WebAccess ist ein anpaßbarer, kompakter Web-Browser, der unter Personal Java läuft. Grundidee ist, eine simple grafische Benutzerschnittstelle für Internet-Anwendungen zur Verfügung zu stellen.

Plug-In

Sogenannte Plug-Ins sind Erweiterungen von Browsern, die es ermöglichen, zusätzliche Datentypen mit dem gewohnten Browser zu bearbeiten beziehungsweise zu betrachten. Plug-Ins sind immer plattformabhängig. Die Hauptanwendung liegt im Anzeigen von Videos, Abspielen von Tönen, usw.

Port

Rechner besitzen im allgemeinen nur einen Netzwerkanschluß. Damit mehrere Anwendungen, die mittels TCP über das Internet miteinander kommunizieren, gleichzeitig ein und denselben Rechner kontaktieren können, verwenden sie unterschiedliche Ports. Ports werden durch einen 16 Bit großen Integer-Wert dargestellt.

RDBMS

RDBMS steht als Abkürzung für Relationales Datenbankmanagement-System.

Remote Method Invocation

Remote Method Invocation (RMI) erlaubt das Erstellen verteilter Anwendungen in Java. Konzeptionell entspricht RMI dem Remote Procedure Call (RPC) in funktionsorientierten Sprachen.

RPC

RPC ist die Abkürzung für Remote Procedure Call, d.h., das Aufrufen von Funktionen auf entfernten Rechnern.

Servlet	Servlets dienen dazu, die Funktionalität von Web-Servern auf eine standardisierte Weise zu ändern beziehungsweise zu erweitern. Mann kann sich Servlets als Applets auf der Server-Seite vorstellen (daher auch der Name).
Servlet Development Kit	Das Java Servlet Development Kit ist Suns Entwicklungsumgebung zum Erstellen sogenannter Servlets. Das Kit enthält Beispiel Servlets für Apache, Netscape und Microsoft Web-Server.
SQL	SQL (Structured Query Language) stellt eine Datenbankabfrage- und Datenbankmanipulationssprache für relationale Datenbanken dar.
Stream	Ein Datenstrom (Stream) ist eine Sequenz von einzelnen Zeichen.
Styx	Styx ist der Name des Kommunikationsprotokolls von Inferno.
Swing	Swing ist der Name für eine Reihe von Klassen, die einen Teil der JFC bilden und vor allem das Erstellen grafischer Benutzerschnittstellen unterstützen.
Task	Als Task wird ein Prozeß bezeichnet, der aus mindestens einem Thread, einem eigenen Speicherbereich mit Daten sowie Kontextinformationen wie beispielsweise einem Dateizeiger besteht.
TCP	Das Transmission Control Protocol (TCP) ist ein verbindungsorientiertes Transportprotokoll, das einen verläßlichen Datenfluß zwischen zwei Computern ermöglicht.
Thread	Ein Thread ist ein primitiver Prozeß, der durch einen Zustandsvektor (z.B. Programmzähler) beschrieben wird. Ein Thread ist einem Benutzerprozeß (Task) zugeordnet.
Toolkit	Ein Toolkit ist eine Sammlung zusammengehörender Klassen, die allgemein verwendbare Funktionalität aufweisen, z.B. Klassen für die Ein- und Ausgabe.

UDP Das Universal Datagram Protocol (UDP) ist ein verbindungsloses Transportprotokoll, das unabhängige Datenpakete – sogenannte Datagrams – von einem Rechner zu einem anderen sendet.

URL URL ist die Abkürzung für Uniform Resource Locator. Ein URL bezeichnet eine Adresse (eine Ressource) im Internet.

Reservierte Schlüsselwörter

Untenstehende Tabelle faßt die reservierten Schlüsselwörter von Java zusammen. Die mit * gekennzeichneten Wörter sind zwar reservierte Schlüsselwörter, haben aber im derzeitigen Sprachumfang keine besondere Bedeutung.

abstract	default	goto*	operator	synchronized
boolean	do	if	outer*	this
break	double	implements	package	throw
byte	else	import	private	throws
byvalue*	extends	inner*	protected	transient
case	false	instanceof	public	true
cast*	final	int	rest	try
catch	finally	interface	return	var
char	float	long	short	void
class	for	native	static	volatile
const	future*	new	super	while
continue	generic*	null	switch	

Reservierte Schlüsselwörter in Java

Index

Symbols

<APPLET> 92
<PARAM> 93
100% Pure Java 196, 219

A

Abgeleitete Klassen 11
Abmessungen 87
Abstrakte Klasse 12, 24, 213
Access-Control-List 179
Activator 195
ActiveX 5, 149, 183, 213
Adapter 77
Agentware i3 114
Alexa 114
anonyme Klassen 28
API 213
Applet 16, 69, 73, 92, 96, 186, 213
Appletviewer 17, 44, 67, 179
Application Framework 63, 65, 213
April 187
Atlas Server 115
Ausnahme 213
Ausnahmebehandlung 164, 169, 176
Auswahlfeld 70
Autonomes Verhalten 115
AWT 67, 72, 152, 214

B

Baumstruktur 11, 22
BDK 151
Bean 149
BeanBox 151
Beans Development Kit 151
Benutzeroberfläche 73

Bezeichner 19
Bibliotheksansatz 64
Bilder 88
Bildverarbeitung 67
Block 18
Bridge 149
Browser 117
BSD Socket 103
BufferedReader 58
BufferedWriter 58, 62
by reference 20
by value 20
Bytecode-Verifier 177

C

Café 214
CaffeineMark 214
Canvas 89
Cast 18
CGI 117
Choice 81
CLASSPATH 30
clean-up code 166, 169
Client Side Include 124
Client-Objekt 134
Codeverdoppelung 166
COM 214
Component 68
Container 67, 68
Controller 65, 75
Controls 183
Cookie 122, 214
CORBA 53, 131, 214
Core Reflection 171
C-Schnittstellengenerator 39
Customization 150

D

Daemon 47, 143
Datagrams 103, 106
Dateien 56
Datenbank 119
Datentyp 15, 17, 23, 26
Datenübertragung 59
DCE 214
DCOM (Distributed Component Object Model) 133
Debugger 38
Default-Konstruktor 26
Delegation Model 77, 155
Destruktor 18, 21
Dimension 87
DIS 214
Disassembler 42
Doclet 44
Documentum 113
Dokumentationsgenerator 43
Duke 3
dynamischer Typ 25
Dynamisches Binden 12, 25

E

Ein- und Ausgabe 55
Ein- und Ausgabe auf Dateien 56
Einfachvererbung 11
Embedded Java 214, 223
EntireX 134
Ereignisbehandlung 74, 98, 152, 155
Ersatz-Package 31
Erscheinungsregeln 144
Erweiterbarkeit 170
Event 74, 150
Exploder 183
Externe Anwendung 118

F

Fenster 68
FileWriter 62
final 23, 25
finalize() 18, 19, 21, 26
finally 166
Firewall 45
first-fit 169

Frame 69
funktionsorientiert 9

G

Garbage Collector 19, 21, 36, 37, 176, 199, 215
Gefilterte Ein- und Ausgabe 58
Geheimnisprinzip 12, 15, 20
GIF 88
Glasgow 217
Grafiken 87
Green Project 3
GUI 66, 72
Gültigkeit 18

H

handleEvent() 76
Hauptprogramm 16
Hollywood-Prinzip 64
HotJava 3, 5, 45, 97, 143, 215
HotJava HTML Component 215
HotJava Views 215
HotSpot 194, 198, 215
HTF 117, 127
HTTP 105, 117, 215
HttpURLConnection 103
HyperWave 117, 127

I

IDL 216
Images 88
import 31
Indexprüfung 177
Inferno 5, 216
InfoBus 216
Information Hiding 12, 15
Initialisierung 4, 18, 19, 176
init() 69
innere Klassen 28
instanceof 81
Instanz 12, 17
Instanziierung 17
Instanzvariablen 11
Interface 133, 216
Interface Definition Language (IDL) 131

Interface-Hierarchie 26
Internet 2, 101, 103, 105
Internet Explorer 216
Internet Foundation Classes 194
Internet Interorb Protocol (IIOP) 132, 216
Interpretation 4
Interpreter 17, 35
Introspection 150, 156

J

J/Direct 217
Jakarta 216
Japanese Supplement 221
jar 49
jarsigner 50
java 35, 37
Java Activator 216
Java Agent Template (JAT) 188
Java ARchive (JAR) 49
Java Base 53
Java Blend 217
Java Card 217
Java Commerce Framework 53, 54
Java Commerce Message Format (CMF) 217, 218
Java Developers Companion CD-ROM 217
Java Development Kit 53
Java Electronic Commerce Framework (JECF) 218
Java Enterprise Frameworks 53
Java Foundation Classes 34, 218
Java IDL 53
Java Management API (JMAPI) 218
Java Management Frameworks 54
Java Media Framework 53, 54, 218
Java Native Interface 39
Java Pure Check (JPC) 219
Java Runtime Environment (JRE) 219
Java Security Framework 53
Java Serialization 53
Java Server Framework 54
Java Server Toolkit 219
Java Servlet Development Kit 224
Java Share 54
Java Spaces 219
Java Standard Extension Classes 54
Java Studio 219
Java Telephone API (JTAPI) 219
Java Virtual Machine (JVM) 176, 177, 196, 219
Java Wallet 53, 219
Java Web Server 219
Java Workshop 220
java_g 36
JavaBeans 5, 34, 54, 149, 171, 217
JavaBeans Activation Framework 217
javac 35
JavaChips 5, 220
javadoc 43, 220
javah 39
JavaHelp 220
javakey 50
JavaMail 220
JavaOne 220
JavaOS 5, 220
javap 42
JavaPC 220
JavaPure Check (JPC) 196
JavaScript 5, 96, 98, 100, 220
jdb 38
JDBC 53, 124, 150, 157, 220
JDK (Java Development Kit) 221
JDK 1.0 33
JDK 1.1 33
JDK 1.2 34
Jeeves 221
JPEG 88
jre 37
Just-In-Time-Übersetzer 37, 194, 198, 221

K

Kapselung 12, 15
keytool 50
Klassen 10, 14
Klassendeklaration 14
Klassenhierarchie 11, 22, 26
Klassenlader 171, 178, 186
Klassenmethoden 16, 17
Klassenname 31
Klassenvariablen 11, 16, 17, 19
Kommandozeile 17
Kommunikation 95
Kompatibilitätsproblematik 33
Komponente 67, 72, 149
Komponentenhierarchie 74

Index

Konstante 25
Konstruktor 18, 19
Konstruktor- und Destruktorverkettung 26
Kontrollfluß 74
Konvertierung 20
Koordinaten 73
Koordinatensystem 87
Koordinaten-Ursprung 73
kopieren 20
Kosten von Ausnahmebehandlung 170

L

Latte 221
Laufzeit 171
Laufzeitinterpreter 37
Layout-Manager 68, 86
Lebensdauer 18
Lernfähigkeit 116
Limbo 221
Listener-Objekt 77
LiveConnect 149, 221
LiveWire 221

M

Marshalling 139
Maus 74
Mehrfachvererbung 11, 26
Menü 69
Menühierarchie 71
Menüleiste 70
Menüpunkt 71
Message 11
Meta-Daten 221
Methode 11, 15
Middleware 118, 222
MIME-Type 118
Mobilität 116
Model 65
Multithreading 21
MVC 67, 75

N

Namensbereich 30
Namensraum 178

native 177
native2ascii 48
NEO workshop 222
NetAttaché Pro 115
Netzwerk 101, 103
Netzwerkcomputer 5
new 17, 18
notify() 144

O

oak 2, 222
Object Request Broker (ORB) 132
ObjectInputStream 60
ObjectOutputStream 59
Objekte 10
Objektorientiert 10
Objektorientierung 4
Objektserialisierung 59, 139
ODBC 123, 157
OLE 149, 222
OMG (Object Management Group) 131
Open Network Environment (ONE) 222
OpenDoc 149, 222
ORB 222
Orbix 222
overloading 11

P

Package 14, 31, 222
paint() 72
Panel 69
Parameter 92
Parameterübergabe 20, 138
Parametrisierte Typen 13
PDA 222
PEP 118
Performanz 21
Persistenz 59
Personal Digital Assistant 5
Personal Java 223
Personal WebAccess 223
Pfadname 30
PipedReader 61, 62
PipedWriter 61, 62
Pipes 61
plattformabhängig 86

Index

Plug-in 118, 126, 223
Pointer-Arithmetik 20
policytool 50
Polymorphismus 12
Port 104, 223
Priorität 146
private 15, 31
Proaktivität 115
problem domain 65
Problematik von Ausnahmebehandlungen 169
Property 150
protected 15, 31
protection domain 182
Protokoll 13, 117
Prototypen 24
Proxy 45, 139
public 15, 31

R

race condition 144
RandomAccessFile 57
RDBMS 223
Reaktivität 115
Referenz 17
Referenzierung 17
Referenzmodell 20
Registrierungssystem 137
Rekonstruktion 60
relationale Datenbank 157
Remote Interface 135
Remote Method Invocation (RMI) 53, 134, 223
Remote Procedure Call (RPC) 134, 223
return 15
rmic 46, 139
rmid 47, 48
rmiregistry 47
Robustheit 4
Rückgabewert 16
Runnable 142

S

Sandbox-Modell 186
Scheduler 142
Schnittstelle 24, 26
Schnittstellengenerator 39

Scrollbar 89
Secure HTTP (SHTTP) 183
Secure Sockets Layer (SSL) 183
Security Manager 92, 137, 178, 179
Serialisierung 59
serialver 47
Server 117
Server Side Include 122
Server-Anwendung 118
Server-Objekt 134
ServerSocket 101
Servlet 51, 224
servletrunner 51
Sicherheit 4, 20, 23, 177
Sicherheits-Manager 137, 171
Sicherheitsmaßnahmen 177
Sicherheitspolitik 171
skeleton 46, 132, 139
Socket 104
Software-Agent 113, 115, 188
Software-Komponenten 149
Software-Krise 9
Sourceobjekt 77
Soziale Interaktion 115
spätes Binden 25
Speicher-Management 21
Speicherplatz 17
Speicherplatzfreigabe 19
Speicherverwaltung 176
SQL 224
SSL 183
start() 141
starvation 143
static 59
statischer Typ 25
stop() 141
Stream 224
Stub 46, 132, 139
Stylesheet 129
Styx 224
SubArctic 194
super 26
Superklasse 11
Swing 218, 224
Synchronisation 143

T

Task 224
Tastatur 74, 76
TCP 103, 224
TCP/IP 134
Telescript 187
Text 88
Textbereich 70
Textzeile 70
this 19
Thread 224
Thread-Gruppen 145
throw 166
throws 165
time-slice 143
Tool Command Language (TCL) 187
Toolkit 224
Top Down Design 10
transient 59
Transmission Control Protocol (TCP) 103
Typ 23
Typumwandlung 176

U

Überladen 11
Übersetzer 35
Übersetzungseinheit 14
UDP 101, 103, 106, 225
Umrisse 87
Unicode 48, 56
Unterklasse 11
update() 72
URL 101, 225
URLConnection 102, 105

V

Variable 15, 17
VBX 149
verbindungsorientierte Kommunikation 104
Vererbung 11
Vergleich 20
Verhalten 11, 15, 18, 26, 63, 73, 87
Verifier 178
Verketten von Datenströmen 62
Verschlüsseln 61
Version 33
Vielgestaltigkeit 24
View 65, 67
Virtuelle Methoden 11
VisualBasicScript 96
void 16
volatile 144
Vrisko 115

W

Waldstruktur 11
Wartepunkte 144
Web Browser Intelligence 114
WebWatcher 115
WIDL 191, 192
Wiederverwendbarkeit 30
Window 69
Window-System 71
Wrapper-Klassen 20
Write once debug everywhere 195
Write once run anywhere 195

X

XML 191

Z

Zeiger 20
Zeigerarithmetik 176
Zeitscheiben 143
Zertifizierung 183, 186
Zugriffsrechte 14, 15, 31, 146, 179
Zuweisung 20

Joachim Knecht
Java WorkShop 2.0
**Ein Einführungskurs
in die Programmierung**

1998. 277 Seiten, 129 Abbildungen,
broschur, mit CD-ROM
DM 59,00 / öS 431,00 / sFr 52,00
ISBN 3-920993-65-9

Das Buch gibt eine Einführung in die Java-Programmierung mit dem Java WorkShop 2.0. Anhand von Beispielen und Übungen wird die Grafikeinbindung, das Erstellen von Benutzeroberflächen und die Integration von Multimedia aufgezeigt.
Es werden Java-Programme in der Java-Version 1.1 für das Internet oder als Stand-alone-Version programmiert. Dazu können 55 Beispielprogramme und Übungen direkt mit dem Java WorkShop 2.0 von der CD eingelesen werden.
Auf der CD befinden sich außerdem eine 30 Tage gültige Vollversion des Java WorkShop 2.0 und das JDK 1.1.

Ringstraße 19 • 69115 Heidelberg
fon 0 62 21/14 83 40 • fax 0 62 21/14 83 99
E-Mail hallo@dpunkt.de
http://www.dpunkt.de

Stefan Middendorf •
Rainer Singer • Stefan Strobel

Java
**Programmierhandbuch
und Referenz
Band 1:
Einführung und Kernpakete**

erscheint im 3. Quartal 1998,
ca. 1100 Seiten, 90 Abbildungen,
gebunden, mit CD-ROM
ca. DM 88,00 / öS 642,00 / sFr 77,00
2., überarbeitete und erweiterte Aufl.
ISBN 3-920993-82-9

Dieses Buch bietet eine Einführung in die Konzepte und die Programmierung von Java. Es zeichnet sich besonders aus durch eine detaillierte Darstellung der Kernbereiche der Java-API, die durch zahlreiche ausprogrammierte Beispiele illustriert ist, sowie durch einen ausführlichen Referenzteil. Die zweite, komplett überarbeitete Auflage deckt nunmehr die Neuerungen bis Java 1.2 ab.
Das Buch wendet sich an Leser, die über Grundkenntnisse von C und C++ oder einer anderen objektorientierten Sprache verfügen und sich die Java-Programmierung aneignen wollen. Auf der beiliegenden CD befindet sich eine HTML-Version des kompletten Buchs, in die zahlreiche Applets zur Demonstration der jeweils dargestellten Sachverhalte integriert sind. Darüber hinaus enthält die CD die Quelltexte aller Beispielprogramme sowie Demo-Versionen einiger Java-Entwicklungsumgebungen.

Ringstraße 19 • 69115 Heidelberg
fon 0 62 21/14 83 40 • fax 0 62 21/14 83 99
E-Mail hallo@dpunkt.de
http://www.dpunkt.de

Claudia Piemont
Komponenten in Java
Professioneller Einsatz und effiziente Entwicklung von JavaBeans

Edition iX
erscheint im 3. Quartal 1998,
ca. 350 Seiten, broschur
ca. DM 68,00 / öS 496,00 / sFr 60,00
ISBN 3-932588-21-5

Java Beans ist das Komponentenmodell von Java. Neben der Darstellung der Grundstrukturen geht der Text auf weiterführende Themen ein, wie zum Beispiel Customizing, Design Patterns für Beans, BeanInfo-Klasse, Serialization und das Zusammenspiel von Java und Active/X. Ein weiterer Teil beschäftigt sich mit dem Einsatz von Java-Komponenten in Geschäftsanwendungen (Zugriff auf RDBMS, verteilte Systeme).
Ferner bietet der Text einen Überblick zu Entwicklungswerkzeugen und Beans-Bibliotheken sowie eine Einführung in die komponentenorientierte Softwareentwicklung.

Ringstraße 19 • 69115 Heidelberg
fon 0 62 21/14 83 40 • fax 0 62 21/14 83 99
E-Mail hallo@dpunkt.de
http://www.dpunkt.de